明清汉语语法研究丛书

丛书主编　石锓

○ 国家社会科学基金重大项目“类型学视角下的明清汉语语法研究”(15ZDB098)成果

○ 江西省社会科学“十三五”基金项目“汉语空间交互表达演变研究”（20YY16）成果

基于类型学视角的明清汉语交互表达研究

刘云峰◎著

華中科技大學出版社
http://press.hust.edu.cn
中国·武汉

◎丛书主编

石锓　男，湖南临澧人。文学博士，博士生导师，湖北大学文学院二级教授，湖北大学“沙湖学者计划”领军教授。公开出版学术专著6部（含合著），主编、协助主编和参与撰写教材多部。在华中科技大学出版社主编“明清汉语语法研究系列丛书”。主持并完成国家社会科学基金重大项目1项（首席专家）、国家社会科学基金一般项目2项。曾获得第六届高等学校科学研究优秀成果奖（人文社会科学）二等奖、第十四届北京大学王力语言学奖二等奖、第六届湖北省社会科学优秀成果奖三等奖、第十届湖北省社会科学优秀成果奖二等奖、第十二届湖北省社会科学优秀成果奖三等奖。曾获得“湖北省有突出贡献中青年专家”称号、湖北省第二届“楚天园丁奖”。

◎作者简介

刘云峰　男，江西峡江人。文学博士，豫章师范学院讲师。主要从事近代汉语语法、语言学等方面的研究，在《语言研究》《新疆大学学报（哲社版）》等核心刊物发表论文多篇。主持江西省社会科学基金规划项目1项，主持并完成南昌市社科联及豫章师范学院校本课题多项。

总序

Introduction

“明清汉语语法研究丛书”是国家社会科学基金重大项目“类型学视角下的明清汉语语法研究”（项目编号：15ZDB098）的结项成果，由《基于类型学视角的明清汉语连动式研究》《基于类型学视角的明清汉语交互表达研究》《基于类型学视角的明清汉语焦点结构研究》《基于类型学视角的明清汉语并列标记研究》《基于类型学视角的明清汉语“V得”致使构式研究》《明代南方官话语法研究》《汉语历时语法与词汇研究》七部著作组成。

《基于类型学视角的明清汉语连动式研究》通过对明清时期大规模历时语料的调查、分析，从类型学的角度考察了汉语连动式的性质和范围，探讨了明清汉语连动式的跨语言共性特征及个性特征，对明清汉语连动式的使用情况与历时发展进行描写，进而分析和讨论其发展趋势与动因机制。本书从类型学的角度重新考察了汉语连动式的属性特征和界定范围，提出了类型学比较概念下汉语连动式的定义，并从类型学的视角探讨了明清汉语连动式的跨语言共性特征及个性特征。从使用面貌来看，明清汉语连动式的发展已较为成熟，结构形式和语义表达丰富多样，主要由两个连动项连用构成，最多可以由五个连动项连用构成。逻辑语义关系则有六类，即承接类、方式类、“行动—目的”类、因果类、补充说明类和解释说明类。其中，承接类占据主体地位。从区域特征来看，明清时期北方官话连动式比南方官话连动式在结构形式上更为复杂，分布态势更为成熟，南北区域存在各自特有的句式。总体来说，相较于上古和中古时期的汉语连动式，明清时期汉语连动式在表达上更加精密，主要体现在两个方面：一是句法结构的复杂化；二是连动共宾句式的衰落。明清汉语连动式还处于进一步语法化的过程中。

《基于类型学视角的明清汉语交互表达研究》以表达交互义的核心要素为线索，从交互标记、指代交互、言语交互、空间交互和行为交互五个方面，全面综合地描写了明清交互词语的使用情况。通过广泛细致分析各核心要素的交互表达理据，本书发现普遍存在的交互范畴可以从施受关系、共事关系和客观时空关系三个方面进行描写和判定，并依次制定了与以往不同的更全面的交互判定标准。通过细致的考察，本书揭示了“相”与“互”交互义的来源差异以及由此带来的用法上的差异，发现并揭示了比较范畴中的交互表达的典型性斜坡，发现并揭示了“彼此”的交互表达功能源于它的指代性。交互范畴是语言中的显性范畴，本书力图通过对明清汉语交互词语的描写与解释，以期能起到抛砖引玉的作用，从而推动更多相关研究的出现。

《基于类型学视角的明清汉语焦点结构研究》以明清汉语焦点结构为研究对象，考察了明清汉语焦点结构的使用情况与整体特征，重点探究了明清汉语中特有的“×的是、×便是”以及“是、只、就、才、连”字结构、“重动句和分裂结构”在这一时期的使用，对它们的句法和语义特征进行了详尽的描写。本书在共时层面上提出了全新的焦点结构分类方法，根据焦点结构所处的逻辑位置将焦点结构分为前置型焦点结构、后置型焦点结构、连接型焦点结构以及背景标记型焦点结构。前置型焦点结构句法上具有浮动性，语义上表示排他或者限定；后置型焦点结构句法上常位于句末，语义上暗含取舍；连接型焦点结构在句法上连接两个成分，语义上则存在多种类型；背景标记型焦点结构存在提示句中某项作为背景的成分。在历时层面上探讨了各类焦点结构的来源及其演变，前置型焦点结构最早产生，连接型焦点结构随后，后置型焦点结构在元明汉语中产生并出现了结构替换，背景标记型焦点结构则是在近代汉语中产生。本书对部分结构的来源及演变提出了新的看法，其中包含了前置型焦点结构“是”的产生历程，前置型焦点结构（限定副词）“就”来源于纵予连词“就”等相关研究。

《基于类型学视角的明清汉语并列标记研究》以明清汉语为研究时段，以“并列聚合”下的并列、承接、递进、选择四类连词为具体切入点，在系统描写的基础上，着重从历时性角度对汉语并列标记的来源、发展、演变及其内部动因进行了系统性的探讨。明清时期单语素并列连词仍占重要地位，主要承担句内连接的作用。这一时期，框架式并列连词集中出现并臻于成熟，填补了汉语句际并列连词的缺失。明清时期单语素承接连词衰萎，双音承接连词占主导地位，并且单语素双音节两类连词语法功能上的分工更加明显。单语素承接连词主要用于句内连接，没有句际分句或句子之间的用法，双音承接连词则一般用在句际分句，基本没有句内用法。明清时期通过同义复合、词组凝定、词汇黏合等方式新生一批双音递进连词，否定词和限止副词跨层黏合而成的“不但”类与否定词和言说动词黏合而成的“不说”类，在这一时期表现出强大的能产性和类推性。明清时期新生选择连词构成这一时期选择连词系统的主体，结构式的连词化是选择连词生成的重要方式。本书较为完整地描写了明清时期并列结构的概貌，并通过与共同语乃至其他地区的方言进行比较，从而弄清共同语和不同方言区之间并列标记的共性和个性，为更准确、科学地勾勒近代汉语语法提供了材料及理论支撑。

《基于类型学视角的明清汉语“V得”致使构式研究》以明清汉语“V得”致使构式为研究对象，在类型学视角与构式语法框架下，从构件特点、各子构式的形式与语义特点、构式在时间和空间上的特征等角度对该构式进行了全面、详尽的描写。同时基于构式层级互动与构式网络理论，研究了该构式内部、外部的互动，构建其所在的汉语致使构式网络，并从历时演变角度探讨了该构式在网络中作为节点的出现及其演变路径。基于相关研究，本书得出了主要结论：明清该构式各类子构式在形式结构、语义特征上都存在明显区别；该构式处于致使连续统的最右侧，是间接致使；其构式内部和构式外部存在互动关系和承继链接，其与英语into-致使构式存在特殊联系；从明清到现代汉语，该构式谓词性致使者趋多，无生命致使者趋多，特殊子构式种类增多，多结果类“V得”致使子构式趋少；该构式在南北官话中存在不同特征。本书提出了汉语“V得”致使构式新的分类方法，并基于构式语法层级互动理论，探讨了“V得”致使构式内部、外部的互动。此外，本书结合语义地图与致使连续统理论，简略绘制出了汉语致使构式网络，分析了其在汉语致使构式网络中的地位及作用，考察了该构式与英语into-致使构式的异同，为完善世界语言致使构式网络提供了类型学支撑。

《明代南方官话语法研究》以《初刻拍案惊奇》和《二刻拍案惊奇》（合称《二拍》）作为“明代南方官话”的代表语料，立足于《二拍》的文本语言事实，从语言类型学理论的思路和视角，对《二拍》的词类和句法现象进行描写和解释。由于涉及“明代南方官话”这个比较大的概念，《明代南方官话语法研究》采用了点面结合、以点带面的撰写原则，既关注描写范围的广度，也对重要的语法点进行专题阐释，关注描写内容的深度。本书坚持的基本研究价值观是描写出明代南方官话语法的基本面貌和重点语法现象的语言学特征，并进行合理的解释。本书的词类部分，主要描写了代词、数量词、介词、连词、助词等语法问题。本书的句法部分，主要阐释了动补结构、双宾语结构、被动结构、疑问句、“比”字比较句、致使结构、处置式等七个重要的句法现象。本书对明代南方官话句法部分的阐释，兼顾了已有的相关研究，同时根据语言类型学的基本原理和理念，结合现代语言学跨学科的价值取向和数据人文研究方法，在对句法现象和句法特征进行具体描写的过程中，融入了新的思考。

《汉语历时语法与词汇研究》基于典型、可靠的文献语料，借鉴语法化、认知语言学等的理论方法，重点对一系列明清时期的语法、词汇现象进行了研究，分析语言成分的典型意义、扩展功能和边缘功能，讨论其历时来源、演变过程和相应的机制与动因。本书所涉及的研究对象，大多是方所词或与方所词有历史关联的语言成分。全书的主要内容包括：样态（或情态）助词“家”的来源和形成以及后续变化；派生语素“家”的类型及其来源与形成；“里”由方位词到语气助词和情貌助词，以及词缀成分“里”的演变；方位词“后”是怎样变化为假设助词和语气助词的；方位语素“头”表示时间的类型、来源与形成；“×间”“×/中间”表达时间和事件的类型及其关系；情状助词与词缀“生”的来源；指物名词“东西”的来源及形成；清代以来北京话副词“左不过”“左不是”的来源与构成；约量助词“许”与数量形容词“少许”的来源和形成；量词“合”与“盒”之间的关系及其形成；“多”“多么”的来源与形成；明清时期南方方言问数词“许多”和问数词“几化（×）”的来源以及功能变化等。结论是基于各章对问题的研究做一些理论或综合性的思考。

“明清汉语语法研究丛书”的出版，不仅得到了国家社会科学基金重大项目资金的资助，也得到了湖北大学文学院“双一流”学科建设经费的支持。在此，对支持本项目立项和结项的各位匿名专家表示衷心感谢，感谢你们一直以来关心和支持本项目的研究工作，并对本项目结项成果提出了宝贵的修改意见。同时，还要感谢湖北大学人文社会科学研究院和文学院领导对本项目的重视，并提供了部分资金支持。最后，感谢本丛书各位作者的努力研究和辛勤付出，以及华中科技大学出版社各位领导和周晓方、宋焱编辑对本丛书出版的大力支持。

石锓

2022 年 11 月于湖北大学文学院

前言

Preface

交互范畴是语言中一个重要的语法范畴，以往学界对该范畴的研究往往重在考察其形式标记的形式、功能等问题，研究方法大多采用类型学上的比较研究法，且研究大多为现代的共时研究。明清时期是汉语语法史研究的重要时期，目前尚未发现有学者对这一时期的交互表达进行研究。对于汉语来说，除了“相互”“互相”等交互标记外，还有许多没有标记的隐性交互词语，这些隐性交互词语的交互表达机制、交互义隐现的原则以及使用的句法语用环境等长期被人们忽视。

本书以单音节交互义表达要素（上古汉语单音交互词）为线索，将明清汉语交互表达的词和短语串接起来作为考察研究的对象，从汉语交互标记、指代交互、言语交互、空间交互和行为交互等几个方面出发，考察和描写显性交互和隐性交互要素交互义起源、交互词语的句法现状、交互认知的机制、交互义隐现的原则及制约因素等，力求从新的角度揭示明清交互词语的面貌。

目录

Contents

第 1 章
绪论

1.1 研究对象、现状及选题来源

1.1.1 研究对象

1.1.1.1 人类的交互关系是生物界互惠关系

英语中表示语言学“交互”概念的单词是“reciprocal”。语源上“reciprocal”来自拉丁语“reciprocus”，后者在拉丁文中意为“往复”，既表示动作行为在方向上的相向，又表示动作行为在频率上的反复。而英语中的“reciprocal”主要是继承了第一个语义特点，它除了“交互”义外，还有“互惠”的意思。那么“交互”与“互惠”有何关联呢?

自然界的生物间普遍地存在着各种互惠互利的行为，如某种蚂蚁与真菌的共生关系等。生物学家 Frans de Waal（2005）将动物界的互惠行为区分为三种机制：地位对等机制，如“我们是铁哥们”；态度对等机制，如“如果你们友善，我就友善”；估算机制，如“你以后会对我做什么?”（转自 Ekkehard König and Volker Gast，2008）现代生物学家和社会学家们进一步认为，生物间的各种利他行为也是互惠的一种曲折表现。也就是说，利他行为的出发点和最终目标都是为了自身利益，在有利于他人的前提下，也有利于自己。因此，凡是利他行为都是一种伪装了的利己主义，是一种追求互惠的行为。

当代人类社会中的各种活动大多数是以“利他”的形式出现，如给学生讲授知识、工厂里生产自己不用的产品等。这些活动的本质也是基于利己的互惠行为。因此互惠行为在创造、强化和保持人际社会关系中充当了重要的角色。当前人类学和社会学将人类的互惠行为分为两类加以研究：第一种是直接的互惠，捐赠者在稍后的时间里也是受捐者，这种互惠普遍存在于个体和集体之间；第二种是角色的交互性，涉及人类或动物间的相互作用（施事者和接受者）中的角色互换，这也包括观点的交互性，涉及交际中“相互关系识别”的辩证关系（Ekkehard König and Volker Gast，2008）。这两类行为都具有明显的交互性。换句话说，交互行为与互惠行为是有着相当大交集的两类行为，前者着眼于行为本身的交互性，后者着眼于行为结果的交互性。因此，如果将互惠行为参与者之间的具体行为泛化为抽象的无差别行为，那么互惠行为也是一种交互行为。从这个角度上看，交互行为的外延还要大于互惠行为。因此，既然互惠行为在生物界普遍存在，那么交互行为也应该是生物界（含人类）普遍存在的基本社会行为之一。进而，施事交互行为的参与者间的交互关系是地球生物界基本的关系之一，因而也是人类社会基本的关系之一。

1.1.1.2 语言中的交互表达是交互关系的反映

当代语言学认为，语言不仅是交际的工具，还是思维的工具。而当代哲学认为，思维是人类对客观事物间接的、概括的反映（叶蜚声、徐通锵，2010）。由此可知，语言是人类反映客观事物的工具。因此，作为客观事物的交互现象必然要在世界各语言中得到表现和反映。

语言反映客观事物的根本方式就是描摹，即按照认知中的客观事物的现实情况进行描写和摹状。如连动句中动词的先后顺序往往就是现实中（认知中的现实，下同）相应动作行为的先后顺序的表述；语言表述的因果关系也正是现实中相应因果关系的反映等。因此，语言中的交互表达方式往往就是现实交互关系的描写与摹状，一般而言二者具有同构性。

1.1.1.3 世界语言交互关系表达机制的差异

虽然所有的语言都具有表达交互关系的功能，但是表达机制却存在很大的差异。例如，同是用构词法来表示交互关系，Kugu Nganhcara 语与英语的表达机制就有很大不同：前者主要采用改变动词形态的构形方式，即将动词词干中的元音换为“o”来表示交互关系；后者则用交互代词“each other”或者“one another”来表示交互关系。如 Kugu Nganhcara 语动词 waa-意为“责怪、批评”，将“a”换成“o”后的 woo-就变成交互性的“辩论、争辩”的意思（Dixon，2012）。英语则在动词“criticize”等词后附加交互代词“each other”或“one another”表示。此外，还有其他的表达机制。如汉语可以用副词性前缀“互”和副词性交互标记“互相”来表示交互关系；下坳壮语则使用交互助词 to^{31} 来表示交互关系（如例 1），等等。

(1) $rə:u^{231}$　$wə:n^{231}$ $la:i^{421}$　to^{31} $paŋ^{42}$.（我们大家互相帮忙）
我们　大　家　互相帮忙

（韦茂繁，2012）

1.1.1.4 世界语言交互关系表达方式的差异性

世界语言类型是如此的丰富，以至于即使是相同的表达机制，不同的语言采取的具体表现形式也有很大差异。同样采用动词手段表达交互关系，汉藏语系藏缅语族景颇语支的阿依语采用的方式是在动词前加前缀 a^{31}，如动词 vam^{55} 是“射击”的意思，$a^{31}vam^{55}$ 则意为“互相射击”①；阿尔泰语系突厥语族西匈奴语支的撒拉语则是在动词词干后添加后缀表示交互，元音结尾的动词词干后加后缀-ʃ，辅音结尾的动词词干后加后缀-iʃ 或-əʃ②。如：

(2) ular　oj-de　gahʤa-la-ʃ-ba（r）.（他们在屋里交谈。）
他们　房屋　交谈

(3) u　igisi　vur-əʃ-ba（r）.（他们俩正在打架。）
他　二　打

而纳西语则是通过动词重叠来表示交互概念③。如动词 la^{55} 是“打”的意思，重叠后的 $la^{55}la^{33}$ 就成了交互义动词“打架”。还有的语言采用动词词干元音变化的方式来表示交互，如前面所说的 Kugu Nganhcara 语等。

同样采用代词表达机制，不同语言的具体交互表现方式也有着很大的差异。有的语言用自由代词表示交互关系，如汉语的“彼此”和英语的“each other”或者“one another”等；有的语言采用的是黏着代词的形式，如澳大利亚 Wambaya 语，它由黏着代词-ngg-表示交互(Dixon，2012)。上述的两类语言中，后者的交互关系代词与反身代词往往在形式上和语源上密切相关，如 Wambaya 的-ngg-既是交互代词后缀，也是反身代词后缀；而前者的反身代词和交互代词常常是不同的词，甚至语源上也没有明显的关系，如汉语的交互代词“彼此”与反身代词“自己”。

---

① 参见孙宏开（2005）。

② 撒拉语的材料来自林莲云（1985）。

③ 纳西语属于汉藏语系藏缅语支。本书的纳西语材料来自和即仁、姜竹仪（1982），为了书写的方便，我们将原文用调号标注的声调改写为调值标注。

1.1.2 交互研究现状

20 世纪最先关注交互现象的可能是著名语言学家、丹麦人叶斯伯森（Otto Jespersen）。他于 1924 年出版的《语法哲学》中提到了语言中的交互现象，并专门用一节加以分析。叶氏认为交互动词是“根据意义可以改变主语和宾语的关系”（Some verbs by virtue of their meaning make it possible to reverse the relation between subject and object）的动词，如“如果 A 遇到 B，B 也遇到 A”（If A meets B，B also meets A）。这其实就是指，谓词所表示的动作行为在事件参与者 A 与 B 之间交相发生。该表述方式虽然与当前的主流表述不同，但仍然明显地表达了交互的核心意义。不过直到 20 世纪 70 年代，生成语言学家们着手研究反身与交互的回指现象以后，语言学界才开始真正重视交互现象并展开系统的研究。

1.1.2.1 交互的国外研究概况

1.1.2.1.1 交互的生成语法研究

20 世纪 70 年代，生成语言学家在以反身代词为重点研究代词回指（anaphora）现象时，发现交互代词（each other/one another）的回指及其消解现象有其特殊之处。于是，交互代词的回指现象便逐渐进入学者们的视野；尤其是 1979 年乔姆斯基提出“管约理论”后，相关研究逐渐多了起来。

早期的交互结构研究主要关注“each other”的回指识解问题，即确定“each”和“other”各自所指代的先行词问题。在此过程中，语言学家们探讨了“each... other”向“each other”演变的历程、动因、机制等。相关的代表有 Fiengo & Lasnik（1973）、Dougherty（1974）、Langendoen（1978）、Higginbotham（1980）和 Langendoen & Magloire（2003）等。

管约理论提出以后的 20 世纪 80 年代，生成语言学家们主要还是关注反身代词的回指照应问题。到了 20 世纪 90 年代，探讨交互代词的辖域制约问题的文章就多了起来。

Heim 等（1991）运用生成语法的管约理论，从句法和语义上分析了相互结构“each other”的歧义问题。作者认为主语的复数特性是造成“each other”歧义的重要原因。从分布策略（distributive strategy）出发，Heim 等认为“each other”经历了逻辑形式移位（LF-movement）过程，按照这种分析，“each other”倾向于解读为“each... the other”。但是这种分布策略只适用于弱交互现象的分析，与“each other”用于表示强交互的语言事实相矛盾。Heim 等注意到了“each other”

在使用中会出现歧义这一现象，但对歧义产生的原因并没有提出令人信服的分析，因而没能提出解决歧义的有效办法。

Williams (1991) 将 Heim 等学者的主要观点称为“量词提升理论”（简写作“HLM”，这是文章作者 Heim、Lasnik 和 May (1991) 首字母的合写），认为该理论的分析主要存在三个方面的错误：第一，在识解“each other”时暗示的数量化分布范围以及由此引起的预期与事实并不吻合；第二，该理论使得分布性成为名词短语自身（或关于名词）的属性，而不是名词短语和其他事物间的关系；第三，该理论框架在对交互实例的解释上也并不特别有效。为此，Williams 认为应该将“each”和“each other”区别对待：“each”是严格的分布数量词；“each other”是需要复数先行词的回指词（照应词），为弱分布数量词。“each other”不含任何数量词成分，应该被看作具有某种性质的原子表达，是一个不能拆分的整体。

Dalrymple 等（1998）把各种“each other”句法结构进行参数化处理，由此将它们分为三大类型：强相互结构、中等相互结构和弱相互结构。与 Williams 一样，作者也认为“each other”本身并没有歧义，其意义表达不直接受到语用条件的制约。它的交互义从交互义库藏中提取，在给定的语境中可以通过先行词、辖域、语境等进行预测；“each other”作为量词（quantifer）并不直接“管约”(binding) 先行项，而是起到约束其范域内变量的作用。

生成语言学家大多认为交互代词遵循普遍语法，对它的理解主要依赖语义。Philip（ 2000）通过心理实验，分别比对英语、挪威语、荷兰语中成年人和儿童在理解交互代词上的异同，表明人们对交互代词理解的限制更多地来自语用方面，而非语义方面。具体而言，儿童对交互代词的理解大多存在语用上的过度概括现象，这与成年人的理解差异很大；而且即使是成年人，对同一代词的理解也有出入。通过实证的手段，Philip 对交互义相关的语言理论进行了证伪，这在方法上和理论上都是新的突破。

生成语法的交互研究主要以“each other”为研究对象，范围过于狭窄以至于难以发现交互义表达的普遍规律。而且生成语言学家们考察的重点是“each other”出现的句法结构，而对其他问题，如“each other”是否只能表示交互义，其交互义是强还是弱等，都视而不见，罕有关注。因此，生成语法的交互研究有其自身的局限性。

1.1.2.1.2　交互的类型学研究

语言类型学研究源远流长，19 世纪初期，德国语言学家施莱格尔 (Friedrich von Schelegel) 把世界语言分为三大类型：孤立型、黏着型和屈折型。后来洪堡特（Wilhelm von Humboldt）又增加了一类：多式综合语。这是古典语言类型学的研究成果，当代语言类型学一般认为起于 Greenberg（1966）的*Universal of Language*。用当代类型学的方法研究语言中的交互现象则始于20世纪90年代。

Zygmunt Frajzyngier 和 Tracis 于1999年编著的论文集《交互：形式与功能》（*Reciprocals：Forms and Functions*）可能是第一部从语言类型学角度系统论述交互现象的专著。它共收录八篇论文，研究的语言来自南美洲之外其他各洲。这些文章虽然理论立场各不相同（包括生成理论），但是它们都采用类型学视角来考察不同语言的交互现象。Frantisek Lichtenberk 在《没有反身的交互》（*Reciprocals without reflexives*）中，讨论了诸如 Fijian 和 Futunan 等大洋洲语言。文章发现它们用相同的形态形式表达的是集合或分配的复数和交互功能，但是（这些形式）没有反身意义。《回指表达的类型》（*Types of Anaphoric Expressions*）一文中，Martin Everaert 探索了影响各种反身和交互名词形式的句法约束。来自英语、希腊语、巴斯克语和其他欧洲语言的数据支持 Everaert 的结论：标准的生成管约理论必须改良，以更好地解释像英语"each other"和-self 这样有不同句法理解的回指现象。Willam McGregor 在《Nyulnyulan 语的反身和交互结构》（*Reflexive and Reciprocal Constructions in Nyulnyulan Languages*）一文中，检视了澳大利亚西北部濒危的一组语言的大量新数据。基于全面的描写和分析，McGregor 认为 Nyulnyulan 语的反身/交互结构是典型不及物性的，有时候会涉及及物性增强现象（相较于减弱，这是更常见的跨语言现象）。在《汉语普通话的交互标记：趋向动词"来"和"去"》（*Reciprocal Marking with Deictic Verbs Come and Go in Mandarin*）中，Liu Meichun 讨论反复体"×来×去"（×为动词）的语义和语用的来源。该构式的交互性以前从未被人们注意。《哈尔魁梅林语反身和交互的组合限制》（*Combinatory Restrictions on Halkomelem Reflexives and Reciprocals*）的作者 Donna Gerdts 对一种多式融合萨利希语（加拿大不列颠哥伦比亚省）的三类及物性衰减后缀的影响限制做了词态语义分析。Elena Maslova 在《交互和集合解释》（*Reciprocals and Set Construal*）中比较了 Tundra Yukagir 语（西伯利亚东北）和 Bantu 语，两种语言都在交互义中兼有协同格（sociative）（多主语协调行为格）和伴随格（comitative）意义。Zygmunt Frajzyngier 的《交互功能的编码：两种解释》（*Coding of the Reciprocal Function：Two Solutions*）展示了通过调查收集的单个语言中交互标记语法化的大量可能动因。总之，该论文集发布了很多新数据，包括以前没有发表的田野调查笔记，并为这些数据提供了有用的分析，同时该书提出了有待将来研究的相关问题。它的出版大大促进了交互的研究。

Maslova 和 Nedjalkov（2005）致力于交互的表达策略和编码方式的研究成果。他们将交互结构分为像似和非像似两类，同时又将像似结构细分为句子重复式结构（如汉语“回环”式交互复句）和词重复式结构（如通过重复表达交互义的结构）。非像似结构指不是通过重复表达交互义的形式，包括交互词、附缀、黏着成分等。

König 和 Kokutani（2006）按照性质将交互结构分为体词性交互结构和谓词性交互结构。体词性交互结构通过“代词”“量化”来实现，谓词性交互结构则通过合成（synthetic）手段和复合（compound）手段实现。

Nedjalkov（2007）将交互义表达结构分为语法交互和词汇交互。语法交互的实现方式有三种：句法、形态、附着词。其中，句法手段包括并列复句和自由标记。其中自由标记手段，如汉语中的“相互”“互相”。形态手段包括迂回结构（如“分词＋助动词”）、复合词、动词策略（如前缀等）、加重复性标记的动词。

Haspelmath（2007）将相互结构分为显性结构和隐性结构。显性结构包括自由表义结构和特殊表义结构。自由表义结构是指并列复句相互结构，特殊表义结构是指单句层面的由相互义编码形式实现的相互结构。特殊表义结构又包括并列复句形式和单句形式，单句形式下再分为词汇相互结构和语法相互结构。所谓的隐性结构是指像“张三和李四打架了”这种有歧义的结构①，也就是说要在具体语境中才能判断交互关系的语言结构。

Dixon（2012）根据交互主体的空间位置关系，将交互分为完全交互（full reciprocal）和线性交互（linear reciprocal）。完全交互指的是主语参与者成员两两之间互为施受关系，空间上两两之间一一对应。线性交互指的是主语参与者在空间上依次先后为施事和受事。依据主语参与者间交互动作发生的时间序列不同，Dixon 又把交互分为共时交互和相继交互。共时交互指的是交互动作同时发生，相继交互指的是参与者前后相继给对方施加同一动作，如“互相写信”。Dixon 这种深入交互表达内部的细致的下位分类法，对我们揭示交互的语义特征很具启发性。

1.1.2.1.3　交互的历时研究

早在 1999 年 Zygmunt Frajzyngier 和 Tracis 编著的论文集《交互：形式与功能》中，Heine 就于《非洲语言反身和交互标记的多义性》（*Polysemy Involving Reflexive and Reciprocal Markers in African Languages*）一文中，提出了普遍的语法化链条：名词＞强调＞反身＞交互＞中动＞被动（基于 62 种非洲语言，涵盖该洲主要基因种群）。作者认为，在每个连续阶段之后，反身和交互标记总

① “张三和李四打架了”通常被理解为他们互相打架，其实在特定语境中也可以表示他们俩跟其他人打架。

是倾向于日益融合进动词形态中。而且语言中的共时差异主要源于它们的形式在历时层级中所占据的位置。

Haas（2007，2010）着重考察了英语“each other”的语法化和词汇化，从历时发展的角度探讨了现代英语交互义表达的情况。作者通过研究认为：现代英语中交互的表达方式源于其与其他表达方式的竞争。

Nedjalkov（2007）根据现有的个案研究，总结出世界语言交互义发展和演变的规律，即它们大都具有以下语义上的多义性：① 反身—交互；② 交互—协同；③ 反复—交互。

总体来说，交互式语义和形式的发展演变研究成果仅限于少量的单篇论文，而且大多散见于论文集中。交互表达的历史研究仍然很薄弱，我们不仅几乎见不到相关专题的研究专著，即使是单篇的研究论文，无论是在数量还是在质量上，也都远远不够。

1.1.2.2 交互的国内研究概况

1898 年马建忠在《马氏文通》中专门用一小节讨论“互指代字”：“互指代字，必合动字，以明其互为宾主也。盖动字之行，有施有受，施者为主，而受者为宾，故有宾主之次。互指代字，即‘自’‘与’‘相’‘交’诸字。关于动字，即以表施者受者之为一也。”这里，马建忠从代词与动词的关系，以及动词所具有的特性两个方面讨论互指代词。其中，动词是表示施受者为一的观点极有创见，是后来学者们“交互动词施受同一”观点的滥觞。

与马建忠认为“相”是代词不同，吕叔湘在 1942 出版的《中国文法要略》中认为“相”是一个副词，同时其又指出在古汉语中“相”可以有偏指一方的功能。1980 年吕叔湘先生在《现代汉语八百词》中进一步认为“互”和“互相”“表示甲对乙和乙对甲进行相同的动作或具有相同的关系”。文中虽然没有明确提出交互的概念，吕先生的讨论实际上已经触及交互的实质——参与者为复数、交互事件发生于参与者之间等。

王力先生 1958 年在《汉语史稿》中对“相”的讨论非常全面而深入。他认为“相”是一个具有指代性的副词，在先秦时期的基本意义是“交互”。同时，王力先生认为“相”字“就词汇意义说，它指施事者同时成为同一种行为的受事者；就语法作用来说，它所饰的必须是外动词，而且不能带宾语”。这从意义和语法功能两个方面对“相”的交互用法进行了限定，在马建忠的基础上又前进了一大步。王力先生同时指出“相”除了可以表示“交互”义之外，还有表示“递相”“单方面的行为”等意义和用法；当修饰内动词的时候，“相”还有共指用法，相当于“大家”的意义。

邓守信（1970）可能是最早关注并专题论述汉语交互现象的海外华裔学者。

朱德熙先生（1982）指出有一类动词表示的动作都有双方参加，而且它们间的关系是对称的。朱先生以后，对汉语“对称”现象的研究日益增多。

1.1.2.2.1　交互的界定研究

朱德熙先生（1982）首先提出“对称性动词”后，学界对汉语中的 reciprocal（交互、相互）日益关注，研究成果日渐增多。但时至今日，国内对交互的界定远未一致。

陶红印（1987）认为相互动词需要有多个参与者才能实现，在句法上要求具有代表复数实体的复数名词和动词，其中动词必须表示复数名词内部成员之间发生的关系。相互动词语义上的特点是：① 这些动作是多个参与者交互的；② 有的动作是多个参与者共有的。徐峰（1998）认为，互相（相互）就是“交互”的意思，表示几方面的彼此对待关系。刘丹青（2000）认为，“相互性实词即具有‘相互’这一语义成分（义素）的名词、动词和形容词”，刘认为“‘相互’是两个方面对等的相互作用或相互关系”，“相互性涉及两个个体或两个方面，其语义原型是互为施受”。

唐贤清（2006）认为交互就是“彼此互为施受”关系。刘丹青（2008）认为“相互义……是对先行词的回指，就行为来说，都是施受同一的现象”。从语义角色的角度出发，国内学者大都接受了交互“互为施受”的观点。可是实际上，事件参与者的“彼此互为施受”并不能涵盖汉语交互的全部情况。如“小王和小李在商量一件事”中的“小王”和“小李”不是施受关系，而是互为对象的共事关系。又如“王强结婚了”中，表层结构中只有一个事件参与者，显然没有施事和受事。有鉴于此，有的学者（刘丹青，1987a、1987b；袁毓林，1989，等等）提出，像“结婚、打架”等交互动词自己带有一个隐性的事件参与者，如“结婚”就包含了与一个未明确指出的对象结为夫妻的行为。所以“结婚”表层结构上是一价动词，其深层结构上是隐性二价动词（或一价二向动词）。但是就语义上讲，我们认为，“结婚”等词所连接的参与双方仍然不是互为施事与受事的关系，而是互以对方为共同参与者的共事关系。

张谊生（1997）认为“凡是在语义上要求有两个方面的人或物同时参与才能实现或实施的动词，称之为交互动词”。在此基础上，作者提出了辨析交互动词的两个结构框架。徐峰（1998）在张谊生（1997）的基础上，进一步将交互动词界定为“凡在语义上要由两个方面或两个方面以上的人或物同时参与，且至少有两个事物之间存在对等动作关系才能实现或实施的动词，称之为交互动词”。按照他们的界定，交互动词包括两种动词：交互义动词和共同义动词。①

① 具体分析请参见第 2 章。

1.1.2.2.2 交互的分类研究

国内学界不仅对交互现象的界定不统一，而且采用的术语也不一致。以目前研究最为充分、成果最为丰富的交互动词为例，比较有代表性的术语有：邓守信（1970）、李临定（1990）的“多（复）指动词”，朱德熙（1982）的“对称性动词”，刘丹青（1987a）的“相向动词”，陶红印（1987）、刘丹青（2000）的“相互动词”，袁毓林（1989）的“协同动词”，张谊生（1997）、刘丹青（2008）的“交互动词”等。术语既然不同，表明各家分类的基础和视角也不同，术语涵盖的范围因而也不尽相同。

邓守信（1970）把 reciprocal（verbs）称为“多指动词”（multiple-reference verbs），并认为，多指动词交互性的本质就是（多个）事件参与者同时充当共事和受事。李临定（1990）认为，复（多）指动词要求和两个或两个以上的参与者/相关者发生关系，而不与单一的参与者发生关系。邓守信对多指动词界定的范围比通常意义上的交互动词要狭窄：有的交互事件中并没有受事，如：他俩结婚了。有的即使有受事，受事也不一定就是事件参与者，如：我们正商量这个问题。李临定仅从事件参与者数量的角度界定多指动词，范围稍显宽泛。

朱德熙（1982）先生在《语法讲义》中，谈及连谓结构的谓词类型时提出了“对称性动词”的概念，可惜的是先生没有展开分析和论述。王传经（1994）认为，对称类关系是逻辑学上的概念，它揭示的是相互关系，用逻辑表达式为：若 aR→b，则 bR→a（若 a 蕴涵 b，则 b 蕴涵 a）。资中勇（2005）则更进一步将表达对称关系的手段进行次级划分，认为“融合”和“穿插”是表达对称关系的两种句法手段，而“融合”手段主要通过添加相互标记和协同标记来实现。

刘丹青（1987）把涉及的参与者为两个或以上的动词分为两类：一类是相向动词，所表示的行为（及关系）的参与者通常可以分为两个方面，“其中任何一方都以另一方为行为对象……”；另一类是集体动词，“当主语由超过两个的个体充当时，这些个体既不形成两个方面的集体，也不组成若干个对子，而是每个个体只作为集体的一分子在起作用”，如“商量、讨论、串通、云集”等。集体动词表示的是“共同行为”，根据能否进入“N1＋P＋N2＋V”或“N1＋V＋N2”，刘丹青又将集体动词分为准相向动词和普通集体动词。准相向动词有“商量、讨论、合作、共事、聚会、串通”等，普通集体动词有“传阅、凑合、鼎立、起哄、群居、散居、云集”等。刘丹青（2000）在语义上对相互性（相向动词）和共同性（一般集体动词）做了进一步区分：“相互性涉及两个个体或两个方面，其语义关系的原型是互为施受，如‘对骂’；而共同性涉及多个个体，其语义关系的原型是共为施事，如‘齐唱’。”刘丹青先生这两篇文章，明确地提出了将交互义和共同义相区别的观点，并进行了卓有成效的研究，很有启发性。

袁毓林（1989）将准双向动词分为协同动词和针对动词两类，其中协同动词指“所表示的动作、状态是由两个或两个以上的个体协同作用而形成的”动词。根据作者的行文，这里的协同动词概念比较宽泛，其动作既可以是事件参与者之间发生（交互义），如“搏斗”；也可以是事件参与者共同发生（共同义），如“合作”。但是该文中的协同动词仅仅是准双向动词的一个次类，而准双向动词本身的范围未能完全涵盖交互动词，所以，该文中协同动词的外延远小于交互动词。

张谊生（1996b）将交互短语分为三个小类：对待类、相对类和关系类。此外，文章认为“协同标记是指协同副词‘一起、一齐、一同、一道、一处、一块儿’等”。从语义上讲，这些词都表示共同义，因此文章的协同副词就是共同义副词。资中勇（2005）也认为协同标记“表达一种事件发生的同时性关系，即共为施事关系”。

1.1.2.2.3　交互的历史研究

除了前面所述吕叔湘、王力等老一辈历史语言学家的研究外，江蓝生、蒋冀骋、吴福祥、杨永龙和杨荣祥等学者对汉语史中的交互现象均有论述。吴福祥（1996），蒋冀骋、吴福祥（1997）认为“‘互相’表示不同主体发出同一动作，而该动作又交互作用于各主体”。杨荣祥（2005）将近代汉语的“相”字词语划归为“情态方式副词”。杨永龙、江蓝生（2010）把《刘知远诸宫调》中的“相”“厮”等副词归为“范围副词”一类，指出它们有“互指”和“偏指”两种用法。相对于现代语言学者，汉语史学者虽然也关注到汉语史中的语言交互现象，但是相关研究成果相对甚少，除了于各自著作的小章节之中稍加介绍之外，未见专门的深入的分析和探讨。

1.1.2.2.4　国内研究的现状分析

到目前为止，国内的语言交互研究还只限于对具体词类的形式、用法和功能的探讨，如交互动词（吕叔湘，1980；朱德熙，1982；刘丹青，1987a、2008；陶红印，1987；袁毓林，1989；张谊生，1997，等等）、交互副词（吕叔湘，1988；赵静，1999；汪兰，2004；唐贤清，2006；颜明，2012；李兰霞、王若江，2014；魏海平，2015，等等）、交互代名词（刘丹青，1983；周国光，1990；刘探宙，2003，等等）和相互形容词（刘丹青，1987b、2000；谭景春，1992）。研究的范围也局限于现代汉语交互现象的探讨，汉语史交互现象的研究相对薄弱，交互表达的演变研究几乎未见。就研究对象而言，目前的研究也还只是局部性的专题研究，尚未见到横向和纵向的全景性研究。就研究成果的形式而言，现在多见的是单篇研究论文，全景式或专题性的著作几乎没有。

1.1.3 选题来源

从国内外的研究现状看来，与连动、话题、焦点等研究热点相比，国内外对语言交互现象的关注度还很不够，研究成果相对更少。已有的研究成果中，单篇的论文占多数，整体性专题性的著作少见；共时层面研究交互的成果多，历时层面的研究成果少。本书拟从汉语史的角度出发，以明清汉语为横断面，比较全面地梳理描写此期汉语交互关系的词汇表达脉络，在专题性的基础上力求做到描写得全面和深入。

1.2 研究目的、意义及方法

1.2.1 研究目的

交互关系是人类重要的社会关系，在世界各语言中都有其表现形式。世界很多语言有专门的形态标记标注交互关系，作为形态不发达的意合语言，汉语交互关系的表现形式是怎样的？它们与非交互的界限在哪里？如何进行有效的判定？如何建立汉语典型交互、非典型交互及其与非交互的连续统？明清时期汉语交互关系在词汇层面的表达状况如何？……以上种种都是本书所感兴趣、想进一步探究的问题。具体地讲，本书想达到如下目的。

首先，从理论上探讨汉语交互表达的特点和层级性规律，并揭示汉语交互表达的典型性的连续统，在此基础上建立汉语交互的判定基础和标准。

其次，从历时的角度描写汉语交互关系的词汇表达在明清时期的整体面貌，尝试描述其句法结构、语义和语用上的特点，希望能有某些规律性发现。

1.2.2 研究意义

1.2.2.1 理论意义

首先，随着语言类型学的兴起，国内外语言学界日益重视交互现象的跨语言比较研究。汉语交互表达研究的全面深入开展，不仅能提升本体研究的水平，拓宽汉语历史研究的广度和深度，还能为语言学家的类型学研究提供汉语史的参照和类型标本。

其次，当前汉语语言学界交互研究的热点在于相关语言学理论的探讨和应用的深入探究，现代汉语共时层面的研究势头强劲，成果突出。与之相比，汉语史的交互关系表达研究则冷清得多，成果严重不足。本书尝试将现代语言学的交互理论与汉语史联系起来，对明清时期交互关系的词汇表达进行充分描写，希冀以此能为丰富汉语史研究做点什么。

1.2.2.2　应用价值

首先，为汉语规范化提供参考。使用规范汉语是每个中国人的责任和义务，要做到这点首先就要确定什么是规范的汉语表达形式，以及它们的历史情况。本研究可以为现代汉语交互表达的规范化提供明清汉语史上的佐证。

其次，随着中国在世界上日益增强的影响力，汉语日益成为外国人学习外语的重要选择。故而对外汉语的教学与研究，是当今汉语及语言学界的工作重点之一。交互关系作为人类普遍存在的基本关系之一，其表达方式教学也是对外汉语教学与研究的重要内容。因此，相关研究成果会有益于汉语的对外教学，为汉语的国际化进程起到一定的作用。

在信息化的今天，自然语言的信息化处理是研究者们面临的重大命题。随着 AI 研究的深入，计算机语言学逐渐摆脱了语法形式的束缚，转而把语义结构作为自然语言理解和生成的基点。汉语交互义的相关研究正好契合了这种趋势，因此只要我们的研究足够细致精确，就会为计算语言学的历史词库、词类意义标注等工作提供一些参考视角。

1.2.3　拟解决的主要问题及研究途径和方法

1.2.3.1　拟解决的问题

概念的界定是一切研究的基础，只有明辨相关概念的异同，我们才能明确研究对象范围，展开针对性的研究。本书拟分析汉语交互关系的层级性，并辨析以下几组概念：交互、共同、协同、反身。在此基础上，本书拟提出自己的交互判定标准，以使本书的研究更具可操作性。

邢福义先生说过："语言学研究要力求做到'三个充分'（观察充分、描写充分和解释充分）"，如若不能做到解释充分，"能做到描写充分的文章也是好文章”[①]。蒋绍愚先生也认为：“汉语史的基础研究是对汉语历史演变的语言材料作全面的调查、细致的描写和深入的分析。这方面的工作必须加强，没有扎实的材料，就谈不上汉语史研究。”[②] 因此我们从系统的观点出发，拟从形态、语义、功能、语用等方面展开全面的观察与描写，以期准确地揭示明清汉语交互表达的面貌。

明清汉语中，并非所有的交互表达结构自产生之初便具有此项语义功能。有的词，自产生之初就具有交互语义特征；而有的词在产生之初并没有此项功能，但在长期的历史发展中，通过转喻、隐喻等方式演变出了表达交互义的功能。到了明清时期，由这些词构成的词汇在交互义表达的深度和广度上有着较大的差异，因此我们有必要探究明清交互词语出现的时代。

1.2.3.2 研究途径

为了达到预期目的，本书打算主要从以下途径展开研究：

首先，以描写为主，描写与解释相结合。观察充分和描写充分是决定研究深度与高度的前提条件，只有做好了前者才可能做到解释的合理和充分。从哲学层面来看，解释也是一种描写，一种语义语用的社会、心理和认知等层面上的理论描写。因此，本书以描写为主，在充分描写的基础上加以力所能及的解释，力求使我们的研究更加立体。

其次，传统方法与现代理论相结合。传统结构主义等语言学理论擅长于语法的结构形式分析，现代语言学理论擅长于语言的特征揭示。我们认为，只有将分类考察、排比归纳、溯源追流等传统语言学方法，与逻辑推理、演绎分析、类型比较等现代语言学方法结合起来，才能更好更全面地揭示和再现交互表达的语言事实。

1.2.3.3 研究方法

1.2.3.3.1 描写归纳法

首先，历时层面，全面细致地考察明清交互表达的语言现象，展现交互式结构在这一时期历史断面上的句法、语义和语用等方面的特色。

其次，与现代语言学常采用的演绎法不同，汉语史研究通常采用归纳法。本文打算在充分描写明清汉语各类交互表达方式的前提下，试着总结归纳它们各自的共性和特性。

---

① 刑福义：《现代汉语语法研究的三个“充分”》，《湖北大学学报（哲社版）》1991年第6期，61—69页。

② 蒋绍愚：《关于汉语史研究的几个问题》，《汉语史学报》2005年第1期，1—12页。

1.2.3.3.2　比较分析法

分类与比较是科学研究中两种常用的基本方法，运用得当会起到事半功倍的效果。本文打算从共时层面，对同一层次语言结构单位进行比较与分析，观察它们的结构、功能、语义、分布等各个方面的异同。

1.3　结构安排及语料来源

1.3.1　本书结构安排

1.3.1.1　全书章节安排

本书共 9 章，分两大部分：第一部分是理论前提部分，包括第 1、2 章；第二部分为语言事实的描写与分析部分，又可以分为三个部分。其中第一部分为交互标记的描写与分析，在本文的第 3、4 章，讨论的是明清时期的交互标记“互”与“相”；第二部分为第 5 章至第 8 章，讨论非标记的交互词语；第三部分第 9 章是结语部分，对全书进行概括和总结。各章节具体内容如下。

第 1 章是绪论，介绍本书的研究对象、研究现状、选题来源、研究目的、研究意义及研究方法、结构安排和语料来源等。

第 2 章首先从现在的研究成果出发，探讨了交互的一个长期被忽视的重要特征：相互依存性。其次介绍了本文所运用的判定交互的标准。再次，介绍了 Evans 与 Dixon 的冲突观点，探讨了判定多参与者间的链式关系到底是不是交互关系的决定性因素。最后辨析了几组人们常用的、易混的概念：交互与共同、交互与协同、交互与反身等。

第 3 章交互标记部分，我们分别探讨交互标记“互”与“相”在明清时期的使用状况，并尽可能地展示它们在交互表达中的特征。

第 4 章讨论明清时期指代类的交互表达，主要包括“厮”和“彼此”两类交互词语。

第 5 章讨论明清时期言语类的交互表达，主要包括“商”“议”“谈”等几类交互词语。①

① 本文所说的某类交互词语指的是以某字为核心语素的词和短语。如“商”类交互词语包括单音节词“商”，以“商”为核心语素的复音节词（主要为双音节词）“商量”“商议”等，以及以“商”为核心语素的交互短语“相商”“细商”等。

第 6 章讨论明清空间类的交互表达，主要包括“分”“离”“挨”“连”等几类交互词语。

第 7 章继续讨论明清空间类的交互表达，主要包括“比”“并”“通”“联”等几类交互词语。

第 8 章讨论明清时期行为类交互表达，主要包括“交”“错”“换”“对”等几类交互词语。

第 9 章为结语部分，对前面的考察从宏观角度略微做一些总结。

1.3.1.2 考察对象的选择

汉语词语众多，能够表达交互关系的词语也很多。囿于笔者的时间精力及能力，本文不能对明清时期所有的交互词语做穷尽性的描写和分析。因此选择代表性的交互词语就显得尤为重要。

在描写语言事实的第二部分，即第 3 章至第 8 章，本着典型性原则，我们先考察交互标记，然后考察具有代表性的普通交互词。在考察的时候，秉承“以点带线，以线带面”的原则进行。

所谓“以点带线”就是以笔者考察中发现的经典的单音交互词为突破口，首先探索其交互义的起源。希望通过梳理源头，帮助我们理解其在明清时期表现出来的种种句法、语义甚至语用上的特点。接着，考察明清汉语中，以这些单音词为核心构成要素的系列复音交互词、交互短语的使用情况，探究它们在交互义表达上的特点。比如，第 6 章第 1 节，我们先考察“分”字交互义出现的年代，接着考察明清汉语以“分”为核心语素的复音交互词的使用情况和特点，以及“分”类交互短语的情况等。它们用一个共同的要素——交互义核心语素“分”串联起来，这可能有助于我们对明清语言事实的发掘和描写。

所谓“以线带面”，就是将上述考察对象，按照指代交互、言语交互、空间交互、行为交互等意义类别划归不同的章节，形成大的语义聚落板块。例如，我们将“分”“离”“挨”“连”等四类表示空间交互关系的词语放在一起讨论，希望通过在空间交互这个“面”上的描写和分析有新发现。

1.3.2 语料来源

本书立足于明清，语料以明清为主，根据行文的需要而向前后延伸。语料来源分两个部分：第一部分是注明了引用来源的语料，这是语料的主体部分，包括古代汉语语料、外语语料及少数民族语言语料。

甲金文主要语料来源：《甲骨文字典》（四川辞书出版社，1989）、《甲骨金文字典》（巴蜀书社，1993）、《甲骨文字诂林》（中华书局，1996）、《古文字诂林》（上海教育出版社，1999—2004）、《金文引得》（广西教育出版社，2001）、《殷周金文集录》（四川人民出版社，1984）等。

先秦主要语料来源：《尚书正义》（北京图书馆出版社，2003）、《诗经》（中华书局，2006）、《春秋左传注》（中华书局，1990）、《新编诸子集成》（中华书局，2010）、《国语集解》（中华书局，2002）等。

两汉语料主要来源：《史记》（中华书局，1982）、《战国策》（上海书店，1987）、《汉书》（中华书局，1962）、《论衡校释》（中华书局，1990）等。

明代核心语料来源：《型世言》（中华书局，1993）、《金瓶梅词话》（人民文学出版社，1982）、《三宝太监西洋记通俗演义》（上海古籍出版社，1985）、《封神演义》（上海古籍出版社，1991）、《西游记》（人民文学出版社，1975）、《水浒传》（人民文学出版社，1981）、《二拍》（上海古籍出版社，1985）、《三国演义》（人民文学出版社，1973）、《万历野获编》（中华书局，1959）等。

清代核心语料来源：《红楼梦》（人民文学出版社，1982）、《儿女英雄传》（中华书局，2013）、《歧路灯》（上海古籍出版社，1990）、《跻春台》（上海古籍出版社，1990）、《野叟曝言》（上海古籍出版社，1990）、《醒世姻缘传》（中华书局，2005）等。

第二部分是没有注明引用来源的语料，又可以分为两个部分：现代汉语部分通常用内省的方式产生；甲金文字体除极少数来自相关论文、著作电子版的截图外，绝大部分来自《汉语大字典（电子版）》和北师大汉字全息资源应用系统。

第 2 章

交互的特征

2.1　交互的相互依存性

2.1.1　当前解释的困境

我国境内很多语言，如汉藏语系的藏缅语族诸语言、阿尔泰语系诸语言和南岛语系的语言等[①]，都有交互态这么一种独立的语态，它们有专门的形态进行

① 我国境内具有交互态的汉藏语系藏缅语族语言有：阿侬语（孙宏开、刘光坤，《阿侬语研究》民族出版社，2005 年）、白语（徐琳、赵衍荪，《白语简志》民族出版社，1984 年）、德昂语（陈相木等，《德昂语简志》民族出版社，1986 年）、纳西语（和即仁、姜竹仪，《纳西语简志》民族出版社，1985 年）、白马藏语（孙宏开、齐卡佳、刘光坤，《白马藏语研究》民族出版社，2007 年）、邦朵拉祜语（李春风，《邦朵拉祜语参考语法》中央民族大学博士论文，2012 年）、元江苦聪话（常俊之，《元江苦聪话参考语法》中央民族大学博士论文，2009 年）等。

我国境内具有交互态的阿尔泰语系语言有：撒拉语（林莲云，《撒拉语简志》民族出版社，1985 年）、土族语（照那斯图，《土族语简志》民族出版社，1981 年）、维吾尔语（赵相如、朱志宁，《维吾尔语简志》民族出版社，1985 年）、乌孜别克语（程适良、阿不都热合曼，《乌孜别克语简志》民族出版社，1987 年）、西部裕固语（陈宗振、雷选春，《西部裕固语简志》民族出版社，1985 年）、鄂温克语（胡增益、朝克，《鄂温克语简志》民族出版社，1986 年）、哈萨克语（耿世民、李增祥，《哈萨克语简志》民族出版社，1985 年）等。

我国境内具有交互态的南岛语系语言有：台湾高山族语言（陈赓，《台湾高山族语言》中央民族学院出版社，1992 年）、达悟语（何德华、董玛女，《达悟语：语料、参考语法、及词汇》"中央"研究院语言学研究所，2006 年）等。另外泰国清莱勉语（刘玉兰，《泰国清莱勉语参考语法》中央民族大学博士论文，2012 年）也具有独立的交互态，不过该语言的归属存在争议，有的学者认为是汉藏语系，有的认为是南岛语系。

标记。汉语是形态不发达的语言，时、体、态等都缺乏专门的形态标记，交互态也是如此。要辨别它们，只能通过以语义和功能为主的手段进行。

交互具有哪些独特的语义和功能呢？叶斯柏森（1924）认为交互动词是"根据意义可以改变主语和宾语的关系"的动词，如"如果 A 遇到 B，B 也遇到 A"。刘探宙（2003）认为"相互代词是具有交互意义的指代词，它的指称对象通常是两个或两个以上交互地对对方做相同动作的参与者"。Haspelmath（2007）认为"交互可以定义为这么一种情形：两个或两个以上参与者（A，B，...），其中至少有两个参与者 A 和 B，A 与 B 的关系等同于 B 与 A 的关系"。（A mutual situation can be defined as a situation with two or more participants〔A，B，...〕in which for at least two of the participants A and B，the relation between A and B is the same as the relation between B and A.）Dixon（2012）认为"两个参与者的交互结构从意义上可以直接解释为：X 以某种方式对 Y 采取了动作，并且 Y 用同样的方式对 X 采取了动作"。（A two-participant reciprocal is also straightforward：X acts in a certain way towards Y and Y acts in the same way towards X.）"但是如果，交互结构的参与者不止两个"（But what if a reciprocal construction features more than two participants），那么其深层语义基础应该按以下图式来表达（underlying semantic basis for a reciprocal construction which is expressed schematically as）：

(1) [the set of B] A	did action P	to [each other]
B 集合里的成员(及物主语)	执行动作 P	给彼此(及物宾语)

可分解为（以下三个句子）：

(2) —a subset of set B were referents of the A argument for action P
集合 B 里的一个子集是动作 P 的及物主语论元 A。
—another subset of set B were referents of the O argument for action P
集合 B 的另外一个子集是动作 P 的及物宾语论元 O。
—there is some overlap between these two subsets
这两个子集中存在交集。

以上观点将交互分为两类：一类是两个参与者（集合）的交互关系，另一类是两个以上参与者（集合）的交互关系。两个参与者（集合）的交互具有以下特点：互相给对方做动作（关系、方式），动作（关系、方式）是相同的。两个以上参与者（集合）的交互具有以下特点：这种交互关系是互相给对方做动作（关系、方式），动作（关系、方式）是相同的，上面两点关系至少存在于两个参与者（子集）之间。

按照以上学者的归纳，我们可以判定汉语中的大部分交互情况。如：

(3) 在找工作这件事上，他们俩互通有无，分享信息。

(4) 吐槽大会上，大家彼此揭短。

例（3）和例（4）都是很明显的交互句，前者的参与者是两个，后者的参与者是两个以上。但是除了这些典型的交互之外，还有些情况却并不那么容易判断。如：

(5) 李强和张铭一样高。

(6) 小明和爸爸一样高。

(7) 小明长得像他爸爸。

(8) 李世民像汉武帝一样雄才大略。

(9) 这个南瓜圆得像脸盆。

(10) 这只老鼠大得像猫。

上述诸例都是两个参与者的例子。例（5）、例（6）为等比句；例（7）、例（8）为类比句；例（9）、例（10）既是夸张句，又是比喻句。这些句子似乎都具有上述的两个特点：两个参与者，双方具有互相等同的关系。如例（5）、例（6）双方一样高，例（7）双方模样一样，例（8）双方的才略相同，例（9）南瓜和脸盆一样圆，例（10）双方同样大，等等。那么，这些句子都是交互句吗？我们认为不尽然。除了例（5）外，其他的句子不能分解成“甲＋V＋乙，乙＋V＋甲”的回环互文式的交互表达模式。也就是说，例（5）可以也说成下面两个句子：

(5) 李强和张铭一样高。

(5′) 张铭和李强一样高。

但是其他的几个句子这样颠倒过来通常不能成立。如：

(6′)?① 爸爸和小明一样高。

(7′)? 爸爸长得像小明。

(8′)* 汉武帝像李世民一样雄才大略。

(9′)* 这个脸盆圆得像南瓜。

(10′)* 这只猫大得像老鼠。

一般情况下，等比句所标示的等比关系是相互的，因此是交互句。有形态标记的语言，通常在等比句中也使用交互标记。如下坳壮语使用交互助词 to[31] 标示交互关系，在等比句中也使用该助词加以标注。

---

① 注：“?”表示不常见，成立与否有待商榷；下文“*”表示不成立。

(11) te^{42}　$re: ŋ^{231}$　$mə: ŋ^{231}$　$ra: ŋ^{42}$　$to^{31}lə: m^{42}$.
他　和　你　高　一样
他和你一样高。

（韦茂繁，2012）

由于缺乏形态标记，汉语的情况似乎有点模糊：例（5）是等比句，它的两个参与者能够前后颠倒互换，因而是明显交互句。例（6）则有点困难，虽然它也是等比句，但由于受到语用规律的限制①，日常表达中其参与者（“爸爸”和“小明”）并不能如例（6′）那般前后互换。但是，现实生活瞬息万变，在某些情况下，例（6′）又有可能成立。如小明的妈妈在向小明同学介绍他不在现场的爸爸的时候，就可以说“爸爸和小明一样高”。② 综上所述，一般情况下，例（6）为非交互句，特殊语用环境下也可以表达交互关系。

例（7）与例（6）情况相似。其他句子，例（8）为类比句，例（9）和例（10）为比拟（比喻）句，它们主语的性状都是依赖宾语而被认知，宾语的性状却不依赖主语。换句话说，这几例中的事件参与者（主宾语）之间都只存在单向的依存性关系，不存在双向的相互依存性关系，因而它们不是交互句。（详见下文）

2.1.2　相互依存性是交互的重要属性

为什么会出现这种不对称的现象？明明是等同的情况，为什么参与者之间的句法位置不能互相颠倒？刘云峰、石锓（2018）认为事件参与者之间是否存在相互依存关系是判定交互关系的重要标准。在其他条件具备的情况下，存在相互依存性的就是交互句，否则就不是交互句。这为上述困境提供了比较有力的解释。如例（5）李强和张铭两人在“一样高”这一方面存在互相依存，即李强的“一样高”的参照物是张铭的身高，反之亦然；因此例（5）是交互句。例（6）呢？通常情况下，小明“一样高”的参照物是爸爸，而爸爸的“一样高”的参照物却不是小明。因此，一般情况下例（6）不是交互句。相同的，例（7）至例（10）的事件参与者，在相同的性状或关系面前，都是前者依赖后者，而

① 通常情况下，汉语在语用上要遵循礼貌原则、认知先后原则和熟悉度优先原则。即年纪大的总是先于年纪小的被认知，新的事物总是被拿来与旧的事物比较，而非相反。例（6）中的“爸爸”既是“小明”的长辈，又是先为人认知的对象。因此通常情况下，前者只能作为描述后者“小明”的比较标准。

② 这时候的例（6′）虽然不符合语用的社会礼貌原则，但是符合认知先后原则。因为小明的同学先认识小明，然后才认识小明的爸爸。并且相较于小明的爸爸，同学们更熟悉小明。因此在同学眼中，“爸爸和小明一样高”是成立的。

后者却不依赖前者，二者不存在相互依存性，因此它们都不是交互句。

有些句子所表示的事件为复杂事件，其关联的事件参与者为两个以上，且该事件可以细分为至少两个原子事件（子事件）。这些事件的交互关系判定比较复杂。如：

（12）这座桥接通了两岸。

（13）我接通了水管。

（14）我和他商量问题。

这些句子都有三个参与者：例（12）为桥、岸 A 和岸 B；例（13）为我、水管 A 和水管 B；例（14）为我、他和问题。它们都可以细分为两个原子事件，其中一个是主要事件，另一个为次要事件。它们的交互性是一样的吗？如何辨别它们是否表达了交互关系呢？我们认为，复杂事件的交互性取决于其原子事件的交互性，多个原子事件的交互性取决于主要原子事件的交互性。

先看例（12），该事件包括过程原子事件“桥连接两岸”和结果原子事件“两岸相通”两个子事件。事件的最终状态是“桥与岸 A 连接，岸 B 与桥连接”和“桥与岸 A 相通，岸 B 与桥相通”，桥与两岸三者构成了一个统一体。在“连接与相通”这两个原子事件上，三者互相依存，所以我们认为该句是交互句（如图 2.1 所示）。

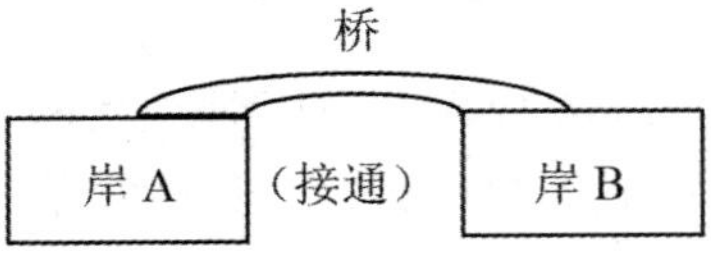

图 2.1　“桥接通了两岸”之图

例（13）也包含两个原子事件，一件是“我接水管”，另一件是“水管接通了”。这两件原子事件中，第一事件是主要事件。它的参与者“我”与“水管”之间没有相互依存性，不存在交互关系，故而该事件不是交互事件。第二事件是第一事件的结果，为次要事件。两段水管在“接通”上是互相依存的，因此是交互事件。但是，在例（13）的整体事件中，说话者强调和关注的是“我连接水管”并且使它连通的过程。也就是说，第一个原子事件被凸显为前景事件，而第二个原子事件则被说话者处理为背景事件。主观化的结果导致在人们的认知中将例（13）的整体事件视为非交互事件。

为什么会把第一事件凸显为前景事件，或者说为主要事件呢？这可以从生命度等级的角度加以解释。例（13）的两个原子事件中，第一个事件是生命度等级高的参与者执行事件，因而被关注度高，是焦点度高的事件。第二事件是无生命的事件，其关注度低。二者相结合的整个事件中，生命度高的参与者参与的子事件自然成为主要焦点事件。例（13）中的主要焦点子事件是非交互事件，因此该句自然是非交互句了。例（13）可以如图 2.2 所示。

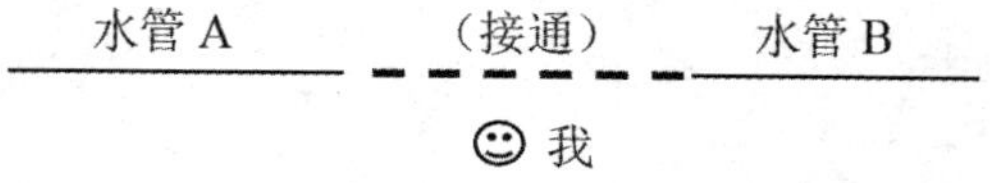

图 2.2　“我接通了水管”之图

例（14）的情况与例（13）又有些不同。它也可以分为两个原子事件：“我和他商量”和“说[①]问题”。第一个原子事件参与双方具有相互依存的交互性；第二个原子事件中，说话者和问题之间没有相互依存关系，不具有交互性。例（14）的第一个原子事件也是生命度等级高的事件，是被凸显的焦点事件。与例（13）中前景事件为非交互事件不同，例（14）的前景事件是个交互事件，因此例（14）在整体上被当作一个交互事件看待。

在阅读古汉语文献时，复杂事件交互关系的判定依然可以采用原子事件分析方法来处理。如：

（15）三太子对西海蛟说道：“‘兵之情贵速，兵之机贵密’。我和你两枝兵，不可连成一路。”西海蛟道：“怎么不可连成一路？”三太子道：“若只是连成一路，南兵得以悉力抵敌，胜败未可知也。”（明·罗懋登《三宝太监西洋记》）

（16）二人大笑，遂合兵共连而进。（明·谢诏《东汉秘史》）

例（15）中的“连成一路”，从上下文语境来看，指的是“两支军队（‘两枝兵’）联合成相同进攻路径的军队”事件，但该事件是在三太子和西海蛟的指挥下完成的。因此从复杂事件角度来看，它包括两个原子事件：一个是语境中隐含的过程原子事件，即三太子和西海蛟指挥各自的军队；另一个是结果原子事件，即两支军队（因进攻路径相同）联合成一路。因为主帅的生命度等级高于其下属，其自主性也高于后者，所以两个原子事件中第一个原子事件（过程子事件）是决定性的主体事件。该原子事件的参与者之间——主帅及其军队，不存在互相指挥的相互依存关系，因此该主体原子事件不是交互事件。虽然如此，但是这一主体事件是通过语境预设的隐含已知信息，是文章中的背景信息，不是话语所要表达的前景和焦点。相反，第二个原子事件即结果事件却是文章要表达的前景焦点事件。这就压制了第一事件的主体性及其地位，而将结果事件提升为具有决定性的主体事件。结果事件中的参与双方“联合成一路”就是

---

① 这里用“说”而不用“商量”或“讨论”等词，是因为后者为交互动词，天然预设了说话双方间的交互关系。用“说”表明的是人与问题间的非交互关系。

相互依存的交互事件，这就保证了整体事件“连成一路”的交互性。

同样是复杂事件，例（16）也包含两个原子事件：主要原子事件是“合兵”（军队联合），次要原子事件是“共连而进”（共同进军）。因为主要原子事件“合兵”是一个交互事件，所以例（16）是一个交互事件。同为交互事件，上述两例的认知识解的过程截然不同。

综上所述，无论是双方参与的简单事件，还是带有原子事件的复杂事件，事件参与者之间的相互依存性是交互事件的重要区别性特征之一。当面临难以判断的情况时，考虑参与者间是否存在相互依存性，是一个不错的选择。不过要注意的是，这一特点也不是单独起作用的，它也还要与其他条件配合使用[①]，才能真正准确判定是否为交互结构。

上述的仅仅是复杂事件的子事件中存在主次的情况，还有些复杂事件的子事件之间没有主次的并列关系。当出现这种情况的时候，我们认为前述的Haspelmath（2007）和Dixon（2012）的判定标准就是很好的可操作标准。

2.2 交互的判定标准

2.2.1 交互判定标准的前人研究

自王力（1958）、邓守信（1970）、吕叔湘（1980），尤其是朱德熙（1982）以后，国内对交互关系的研究便逐渐多起来。王力（1958）认为“相”字“就词汇意义来说，它的施事者同时成为同一种行为的受事者；就语法作用来说，它所饰的必须是外动词，而且不能带宾语”。邓守信（1970）把reciprocal（verbs）称为“‘multiple-reference’ verbs”，并认为，多指动词交互性的本质就是（多个）事件参与者同时充当共事和受事。[②] 国内最先界定交互的是吕叔湘先生，吕先生（1980）对“互相”一词的界定是“表示甲对乙和乙对甲进行相同的动作或具有相同的关系”。此后，学者们陆续提出各自的判定条件，概括起来大致可以分为以下几个方面。

首先，参与者数量上，研究者都认为交互事件的参与者一定要是两个或两个以上。有些句子表层结构中只有一个参与者，其实在逻辑语义中还预设了隐

---

① 具体的其他判定条件请参看本章第2节和刘云峰、石锓（2018）。

② 原文如下：In other words, they are an experiencer and a patient at the same time. This is due to the Intrinsic property of “reciprocity” of these multiple-reference verbs. 本文中加括号的内容是据邓文内容所补。

性的参与者。如：

（1）王强结婚了[①]。

像“结婚、打架”这类可带一个论元的交互动词，刘丹青（1987a、1987b）、袁毓林（1989）、张谊生（1996b）等认为，它们还带有一个隐性的事件参与者，该参与者为动词所隐含，不在表层结构中出现，如果出现了会带来歧义。

其次，从交互事件参与者之间的语义角色关系角度。马建忠（1898）认为“表施者受者之为一”，唐贤清（2006）是“彼此互为施受”关系，刘丹青（2008）认为“是施受同一的现象”[②]。

再次，刘丹青（1987a）、袁毓林（1989）、张谊生（1997）[③]、徐峰（1998）等，分别为现代汉语交互动词设定了鉴别公式。其中张谊生的公式影响最大。

最后，王传经（1994）、徐峰（1998）、资中勇（2005）等，从逻辑学出发，把交互关系用逻辑表达式描述为：若 aRb，则 bRa。[④]

2.2.2　既有判定标准的缺漏

以上四点判定标准，不能涵盖所有交互关系表达的实际情况。比如，交互句中事件参与者间的关系不仅仅有施受关系，还有其他关系。如：

（2）陈锋和李帅正在商量这件事。

“陈锋”和“李帅”之间就不是施事和受事关系，刘丹青（2000）称之为“施事当事”，我们把这种关系称为“共事关系”。

以上判定标准，有的没有将交互义与共同义区别开。我们将在下一节详细讨论它们的关系与辨别。

---

① 本文部分现代汉语例句来自 CCL 和 BCC 语料库，部分来自作者内省法自造。

② 刘丹青首先提出“施受同一”的观点，并发现了它具有表“反身”和“交互”两种含义。详细请参看刘丹青（2008）。

③ 张谊生（1997）提出的两个框架分别是“框架一：N1 跟 N2（O）；框架二：SNS（O）”。作者认为“凡是既可以进入框架一，又可以进入框架二的动词都是真正的严格意义上的交互动词”。另外，作者还对两个框架做了三点补充，具体请参看原文。

④ 这里借用徐峰（1998）的解释“在对象甲与乙之间，如果甲对乙有某种关系，而乙对甲也有同样的关系。设两个关系项分别为 a 和 b，两个关系项之间的关系为 R，如果有 aRb，那么就一定有 bRa。”

2.2.3 本书的判定标准

在吸收前人研究成果的基础上，刘云峰、石镘（2018）看到了上述判定标准的不足，同时发现了事件参与者间的相互依存性在交互关系判定中的重要作用，并将其列为重要的判定标准之一。本文以刘、石文的判定标准为主要参考，在表述上稍做调整如下。

① 事件具有两个或者两个以上的参与者[①]。

② 事件参与者之间如果存在施受关系的话，那么在语义上他们是相互依存的“同为施受”[②] 关系。

③ 事件参与者之间如果为共事关系，那么它们之间应该是同时为相互依存的施事共事关系。[③]

④ 如果是空间或时间上相接或相交等纯客观性的交互关系，这时事件的参与者或为非生命体，或在生命度等级上相差甚远。上述施事、受事、共事等语义角色不再适用。我们认为，此时的交互关系表现在：事件参与者之间在时空上没有方向性（或者参与者彼此之间的双向性）的相互依存关系。[④]

---

① 本文所说的“事件参与者”指的是动作行为事件的参与者，并非句子的所有关涉对象。如，“地保一听老爷动气，立刻分开众人”（清·李伯元《官场现形记》）中动作行为“分开”的事件参与者为施事“地保”、受事“众人”；而“老爷”则仅仅是句子的关涉对象，与该“分开”事件没有关联。

② 我们不用“施受同一”这一术语，是因为该说法有歧义。详见上文分析。

③ 刘丹青（2000）将“共事”的语义角色称为“施事当事”。关于本条标准的论证请参见刘云峰、石镘（2018）。

④ 这里稍做解释。例如：

（1）石头邻近土堆。

（2）石头背靠土堆。

两例中的参与者生命度等级都低（为零），不适合做施事、受事等语义角色分析，它们之间是纯粹的空间位置关系。两句话虽然意义相近，但是在交互关系表达上截然不同：例（1）的“邻近”所表示参与者（石头、土堆）间的空间距离没有方向性（也可理解为“石头→土堆”和“石头←土堆”的双向性），因此该句话也可以理解为“土堆邻近石头”，这就体现了参与者间的交互关系。例（2）则不同，“背靠”虽然也是“邻近”的意思，但是它在空间上是有方向性（或说是单向性）的，即石头在土堆的前面，即该句话不能理解为“土堆背靠石头”。因此例（2）没有表达交互关系。

2.3　交互相关概念的辨析

2.3.1　交互的语用压制

2.3.1.1　Evans 与 Dixon 的冲突

Nicholas Evans（2003）和 Asifa Majid 等（2011）通过跨语言研究，将多人参与的事件，按事件参与者内部成员间的关系，分为以下七种（如图 2.3 所示）。

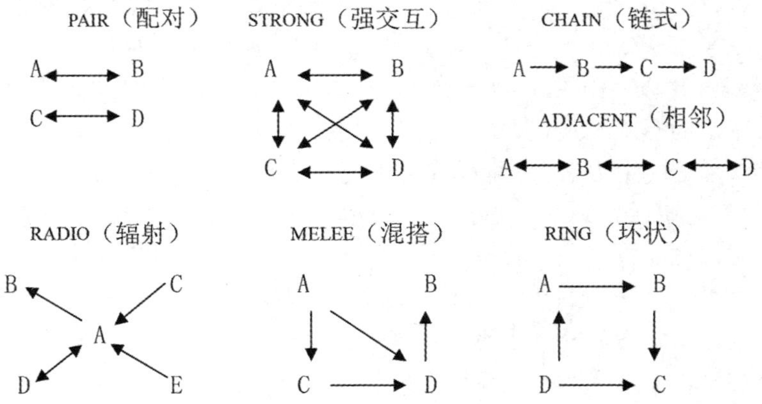

图 2.3　多参与者事件内部成员关系图

他们认为只有“配对”“强交互”“相邻”和“辐射”等四种情况存在交互关系，其他三种情况（“链式”“混搭”和“环状”）不存在交互关系。

Dixon（2012）认为像“The plates are piled on top of each other”（碟子彼此堆叠在一起）和“These Russian dolls fit inside one another”（俄罗斯套娃彼此套叠在一起）等多个参与者的句子属于“线性交互”；而像“Those crocodiles are lying over each other”（那些鳄鱼互相躺在一起）和“John and Mary followed each other through forest and glen”（约翰和玛丽互相跟着穿过森林和峡谷）等两个参与者构成的线性活动不具有交互性，句中的交互标记执行的是其扩展功能，不是标记交互的功能。

Evans 和 Dixon 的观点在这里出现了冲突：前者认为多个参与者的链式关系

不是交互关系[①]；后者的观点刚好相反，认为是线性交互关系。二者孰是孰非？我们该如何取舍呢？

我们认为，二者所反映的多参与者之间的逻辑关系在本质上是一样的。为了方便说明，我们将他们的观点例化为如下两个句子。

（1）小朋友们一个接一个穿过马路。

（2）小朋友们互相跟随着穿过马路。

例（1）是 Evans 眼中的多参与者链式关系，例（2）为 Dixon 眼中的线性交互关系。这两句我们可以用一张逻辑图表示（“→”表示跟随）（见图 2.4）：

……→小朋友 A →小朋友 B →小朋友 C →……

图 2.4　例（1）和例（2）逻辑图

虽然二者逻辑相同，但是语言表述所反映的交互关系却截然相反：前者为非交互句，后者为交互句。为什么会出现这样的情况呢？我们认为，语言的交互性表达也是一个认知连续统，该连续统由典型性交互、非典型性交互和非交互等依次衔接构成。而 Evans 和 Dixon 所陈述的这种多参与者构成的链式关系正是处于语言的交互与线性非交互中间的灰色边缘地带。它是否具有交互性取决于在具体的语境中说话者所持有的主观态度和所采用的认知角度。

例（1）的说话者关注的是小朋友们过马路先后接续的方式。在认知上，每一个参与者都被看待成彼此独立的个体，因此它们处于和其他单个个体的关系之中。在这种主观认知下，每一个小朋友所跟随的对象与跟随他的对象都是不同的个体，因此，任何两个小朋友之间在“接”（跟随义）这一事件上都不存在相互依存的“同为施受”的关系[②]，故而不被看作交互关系。这样的句子也就不被视为交互句。Evans 的角度正是如此。

例（2）的视点则不同，说话者关注的是小朋友们过马路整体互相跟随的状况，强调的是每一个小朋友与作为一个整体的其他小朋友间的状态。从认知上，说话者把整个事件的参与者分为两大部分：一部分是特定的某一个小朋友，另一部分是其他小朋友的整体。于是在过马路这件事上，这两个模块之间就是一种互相跟随的状况：特定成员既跟随着其他小朋友，也被其他小朋友跟随，他们之间是一种相互依存的“同为施受”的关系。[③] 从这一视角来认知整个事件，

---

① Evans（2003）所指的范围可能更广些，他的链式关系中的每两个成员间的动词可以相同也可以不同。Dixon（2012）所指的动词是相同的。

② 即在穿过马路这件事上，A 接着 B，但 B 不接着 A 而是接着 C。

③ 在穿过马路这件事上，说话者将 B 与包括 A 和 C 的其他小朋友分为两类。此时 B 既是跟随者（跟随 C），又是被跟随者（被 A 跟随），因此 B 与其他小朋友之间的互相跟随就是相互依存的“同为施受”状态。

它就是一个交互事件。这就是 Dixon 将其看作“线性交互”的原因所在。

由此可知，在具体的语境中，说话者的主观性态度在很大程度上决定了某些句子的交互性，尤其是那些非典型的交互性事件。也就是说，在具体的话语中，交互关系的表达与否很大程度上是一个语用事件：除了表达交互义的词语之外，还要受到语境中其他要素的压制与制约。如本章第 1 节讨论的“桥接通两岸”和“我接通水管”的案例中，即使用相同动词“接通”，由于参与者生命度等级的制约，它们表现出来的交互关系截然相反：前者为交互句，后者为非交互句。

2.3.1.2 词语交互 VS 句子交互

“接通”的例子表明，有些词语所表达的交互关系，由于受到具体语境（包括说话者视角）的压制，在句子层面表现不出来。这一现象在隐含交互关系的名词中尤其突出。如以下两例：

（3）我的朋友小明是位画家。

（4）那对子就是才说的那个属马的写的。（清 · 文康《儿女英雄传》）

例（3）句子凸显的是“小明”的职业，而压制了“我”和他之间的交互（朋友）关系。例（4）凸显的是“对联”的创作者，而压制了“对联”本身“上下联两两相对”的交互关系。在这两例中，“朋友”和“对子”本身是隐含交互关系的词语，但是在句义中得不到凸显。

本文考察的是明清时期表达交互关系的词语。因此，在遇到这种情况的时候，我们仍将这些隐含有交互关系的词语纳入考察和描写的范围。本文的原则是，考察和描写的过程中，词语交互义能够在句子中得到表达的优先；当二者无法协调时，仍然将那些句子层面没有表达交互关系，但是句内含有交互义的相关词语纳入考察范围，如例（4）的“对子”。

2.3.2 相关概念辨析

2.3.2.1 交互与共同

2.3.2.1.1 交互事件与共同事件

早期的研究者通常并不区分交互关系与共同关系。如邓守信（1970）把 reciprocal（verbs）称为“‘multiple-reference’ verbs”，并认为“In other words, they are an experiencer and a patient at the same time. This is due to the Intrinsic property of 'reciprocity' of these multiple-reference verbs."（多指动词交互性的本质就是事件参与者同时充当历事和受事。这源于这些多指动词固有的“交互性”特点。）这个“同时充当历事和受事”就混合了交互关系和共同关系。如：

（5）全校教职员工都开展自我批评。

例（5）中的“全校教职员工”既是“历事”又是“受事”，完全满足邓守信的判定标准，但是它并不是交互事件，而是一件表示共同关系的反身事件。

正是因为没有有效区分二者，所以陶红印（1987）、李临定（1990）和张谊生（1997）等学者所列的交互词表单中都掺杂有相当部分的共同义词语。刘丹青（2000）看到这一点，要求明确区分二者，并提出了相应的区别方法：“在施事当事的个体为二或可以分为两个方面时，表示的是相互性语义。”刘丹青看到了交互关系是表示两个个体间的相互关系，凡是没有表达或不能理解为两个个体间相互关系的语句都不具有交互关系。这个观点很具前瞻性和启发性。

同时，刘丹青（2000）又认为“在施事当事的个体超过二而又不能分成两个方面时，表示的是共同性语义”，并举例（6）加以说明。

（6）张明、李刚、王军三个人合作得很好。（刘丹青，2000）

刘丹青认为表示共同义的例（6），用我们的标准看，表示的恰恰是交互义。例（6）是一个包含多个原子事件的复杂事件。我们知道，要判定一个复杂事件句到底是不是交互句，必须首先搞清楚该句所包含的具体原子事件的交互性以及各子事件之间的主次关系。据此我们将例（6）拆分为三个包含了三种并列关系的原子事件，并由此发现，人们对它至少有四种不同的理解方式。

（6′）a. 张明和李刚合作得很好，张明和王军合作得很好，李刚和王军合作得很好。

b. 张明和李刚合作得很好，张明和王军合作得很好，李刚和王军合作情况不明。

c. 张明和王军合作得很好，张明和李刚合作情况不明，李刚和王军合作得很好。

d. 张明和王军合作情况不明，张明和李刚合作得很好，李刚和王军合作得很好。

例（6′）a 句中每个子事件都是交互事件，那么整个事件毫无疑问也是交互事件。剩下的三句中，每句都至少有两个子事件是交互事件。这些情况完全满足 Haspelmath（2007）和 Dixon（2012）关于包含多子事件的复杂事件交互性的判定标准，也完全符合本文交互关系的判定标准。也就是说，无论从哪种理解方式看，例（6′）都是交互句，不是共同句。由此可见，刘丹青先生（2000）的这个标准可能有些疏漏。

我们认为，共同事件与交互事件的区别恰恰在于参与者之间是否存在不可或缺的相互依存性：如果存在，那么就是交互关系；反之，则为共同关系。如果我们将例（6）改为例（7），就是共同关系而非交互关系了。

（7）张明、李刚、王军三人一起跑得很嗨。

本例中，张明等三人在"跑"这件事上没有互相依存性，少了谁都可以，只要参与人数超过两个就行。而且因为参与者两两之间没有相互依存性，所以该事件不能拆分为原子事件。如：

（7′）＊a. 张明和李刚一起跑得很嗨，张明和王军一起跑得很嗨，李刚和王军一起跑得很嗨。

（7′）＊b. 张明和李刚一起跑得很嗨，张明和王军一起跑得很嗨，李刚和王军一起跑得嗨不嗨情况不明。

（7′）＊c. 张明和李刚一起跑得很嗨，张明和王军一起跑得嗨不嗨情况不明，李刚和王军一起跑得很嗨。

（7′）＊d. 张明和李刚一起跑得嗨不嗨情况不明，张明和王军一起跑得很嗨，李刚和王军一起跑得很嗨。

上述（7′）abcd 四句，它们要么不能拆分，要么拆分后的意义与原句意义不符。因此，它只能是共同事件而不能是交互事件。

2.3.2.1.2　交互事件是共同事件的子集

大多数学者之所以将交互词与共同词不加区分地列入同一个交互词表，其中一个重要的原因就是：交互义本来就是共同义的一个子集，交互事件也只是共同事件的一个次类，二者极易混淆。这是由交互事件的"参与者一定要两个或者两个以上"的本质属性决定的。如果我们将交互事件参与者间动作（状态/关系）的相互依存的双向性忽略，那么交互事件就是一个团体的共同事件。也就是说，相较于共同事件，交互事件只是在前者的基础上增加了内涵条件：参与者之间具有互相依存关系或同为施受关系的双向性特点。这就导致了交互事件的外延小于共同事件，成为共同事件的一个子集。从认知的角度来说，交互事件是凸显事件参与者之间的互相依存关系或者同为施受关系的共同事件。在交互事件中，交互义成为前景义，而共同义则被置于隐含的背景义之中。

综上，我们可以将交互事件称为共同事件，但不能反过来将共同事件称为交互事件。例如上述的例（6）是交互事件，也可以说成是共同事件；但是例

(7) 则只是共同事件，不能看作交互事件。从逻辑上讲，交互事件蕴涵共同事件。

正是因为交互事件在本质上也是共同事件，有些语言，特别是阿尔泰语系诸语言的交互标记同时也是共同标记，被称为交互-共同态标记。在我国境内，带有交互-共同态标记的阿尔泰语系语言及标记有：带有后缀-ʃ，-iʃ/-əʃ 的撒拉语（林莲云，1985）；带后缀-ʃ，-iʃ/-əʃ 的塔塔尔语（陈宗振等，1986）；带后缀-idə 的土族语（照那斯图，1981）；带后缀-ʃ，-iʃ/-uʃ/-yʃ 的维吾尔语（赵相如等，1985）；带后缀-ʃ/-iʃ 的乌孜别克语（程适良等，1987）；带后缀-s/-əs/-is 的西部裕固语（陈宗振等，1985）；带后缀-s，-əs/-is 的哈萨克语（耿世民等，1985），等等。

2.3.2.2 交互与协同

有的学者将交互事件等同于协同事件，笔者认为二者仍然存在着区别。这种区别表现在以下几方面。

首先，协同事件只能是有生命体参与的事件，属于生命度等级比较高的事件。而交互还可以存在无生命的事件中，如前文的例（12）中“桥接通两岸”。

其次，表示协同事件的句子，其表层主语一定是复数，而交互事件的深层逻辑主语一定要是复数，但是表层主语可以是单数。如：

(8) 今天，我遇见了小明。

例（8）只能是交互事件，而不是协同事件。

最后，即使在生命度等级高、表层主语为复数的句子中，协同事件也不一定就是交互事件。诚然，它们的参与者都是复数，所以它们都属于共同事件的范畴。但是，协同强调的是参与者间的协调，这种协调可以带有相互依存关系，也可以不带有相互依存关系。如果是前者，那么就是交互；否则只能是协同。交互事件，强调的是参与者间的相互依存性。如：

(9) 她们姐妹几个一块指责我。

(10) 她们姐妹几个配合着指责我。

例（9）的“一块”不存在相互依存性，因此只能是协同句。例（10）的“配合”才体现了参与者间的相互依存性，因而是交互句。

2.3.2.3 交互与反身

就参与者之间具有施受关系的事件而言，交互事件和反身事件有一个共同的特点，那就是它们都是“施受同一”的事件[①]。正是基于这一共同点，很多语言的反身与交互采用相同的表达方式，如 West Greenlandic（西格陵兰语）、Iraqw（伊拉库语，坦桑尼亚的一种语言）、Nyangumarta 语（澳大利亚的一种语言）、Guugu Yimidhirr 语和 Maricopa 语等。有些语言的交互采用的表达方式不仅与反身完全同样，而且是在反身表达方式的基础上演变发展而来，如：Apalai 语（加勒比的一种语言）、Amharic（阿姆哈拉语）、Quechua（盖丘亚语）等[②]。Dixon（2012）认为，如果一种语言使用的交互标记与反身标记相关，那么一般是后者为最简单的形式，前者在后者的基础上发展而来（If one type of marking is related to the other, then in the majority of cases it is the reflexive marking which is the simplest, with reciprocal being based on it.）。也就是说，相关标记的反身义表达功能是其基础功能，而表达交互义的功能是基于前者的进一步发展。

全世界有很多语言的交互标记与反身标记相关，也有很多语言的二者之间并没有关联。如英语的反身标记-self 与交互标记 each other/one another，现代汉语的反身标记“自-”与交互标记“相-”“互-”之间就没有关系。对这些没有关系，且交互和反身的表层书写形式也不相同的语言来说，二者易于区别，不易混淆。

2.3.2.4　交互是多范畴的交集

Nedjalkov（2007）认为世界语言中，动词中的交互主要存在于三种多义模式中：反身-交互（reflexive-reciprocal）、交互-随境格（reciprocal-sociative）和交互-反复体（reciprocal-iterative）。

Heine 和 Miyashita（2008）认为除了动词之外，名词范畴的交互还存在于“分裂式变体”[③]（distributed alterity）环境和表示“同志、朋友”等的词语中。

Ekkehard König 和 Volker Gast（2008）根据前人的研究，制定了如下交互范畴的多义模式图（如图 2.5 所示）。根据前面的探讨，我们知道交互与共同的关系极为密切，世界语言中广泛存在“交互-共同”的多义表达模式。因此我们认为，Ekkehard König 等人的总结和归纳尚不完备，至少有必要在其基础上再添加一个“交互-共同”的多义模式。在这些多义模式中，除了“反身-交互”和

---

① 反身和交互的“施受同一”在具体内涵上并不相同。详细论证可参见刘丹青（2000），刘云峰、石锓（2018）。

② 上述语言的详细情况请参看 Dixon（2012）。

③ 分裂式变体就是指诸如“one... another”“each... other”等“one another”和“each other”的分裂式变体形式。

“交互-随境格”模式之外，其他的模式在汉语中都有比较丰富的表现形式。这说明了汉语的交互表达方式的丰富性，这也表明汉语的交互范畴是一个发达的句法语义范畴。

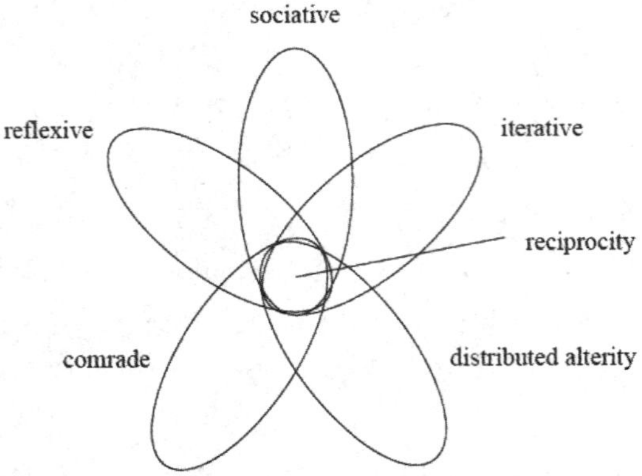

图 2.5　交互范畴的多义模式图

2.3.2.5　交互（Reciprocal）与交互（Interactive）

近年来随着 AI 智能的蓬勃发展，“交互”一词已为人们所熟知和使用，如“交互智能”“人机交互”“交互设计”等。值得注意的是，此“交互”与本文所说的“交互”并非同一概念。前者源于英文的“interactive/interact/interaction”，以前通常译作“互动”。本文的“交互”源于英文“reciprocal”，有的学者将其译作“互相”“协同”等。

这两个概念的内涵和外延不同。“reciprocal”按照吕叔湘先生（1980）的观点就是“甲对乙和乙对甲进行相同的动作或具有相同的关系”，即事件参与者彼此给对方的动作行为是相同的。假设“甲给乙写信”，如果“乙也给甲写信”那么二者之间的关系就是交互关系。[①] 如果乙不是写信，而是带话或登门拜访等，那么二者之间就不是交互关系。

“interactive/interact/interaction”则不同，它更准确的翻译应该是“互动”，即指事件参与者之间的互相回应，这是一个更倾向于社会学的概念。假设“甲给乙写信”，乙的 interaction（互动/交互）既可以是回信，也可以是托人带话，或者亲自到甲处登门拜访，甚至不理不睬等。这些既包括相同方式的回应（写

① 其实，在这一意义上，“reciprocal”译作“等互”更为妥帖。但“交互”是生成语言学和语言类型学等语言学界的通行术语，如“交互态”等，为保持一致性，本文仍采用这一术语。

信)，也包括不同方式的回应，就是“互动”。从这个角度看，“interactive/ interact/ interaction”的外延远大于“reciprocal”。

2.3.3　交互关系的典型性分析

语言中的交互关系是一个连续统，虽然我们在判定标准的帮助下可以准确区分交互与非交互，但是有些灰色的边缘地带仍要认真考虑，仔细分辨。如我们在第 2 章讨论的 Evans 与 Dixon 因视点差异导致的交互与非交互的认定差异，再如关于复杂事件“接通”的交互性问题等，这些都需要我们对交互范畴的典型性做进一步地探讨。

刘云峰、石锓（2018）从有无标记、时空紧密度、参与者性质以及交互的施受结构等四个角度对汉语交互关系的典型性进行了区分。我们赞成文中的分析及观点。同时我们以为，同为交互标记，“相”“互”以及“彼此”在典型性上也有差异。另外，刘云峰、石锓的文章中主要讨论的是简单交互关系的典型性，有必要进一步讨论包含多原子事件的复杂交互事件的典型性。

2.3.3.1　交互标记的典型性

汉语中的交互标记中，“互”的典型性最强，其次为“相”，然后是“彼此”。我们可以从两方面进行观察。

首先，汉语中凡是有“互”出现的语言结构大都表示出了参与者间的交互关系，现代汉语中这种趋势更加明显。而即使在现代汉语中，“相”和“彼此”仍然有非交互的用法。如从“互信”VS“相信”，“互助”VS“相助”等的对比中，我们不难发现，如果后接同一动词性构词语素，“互 V”往往表示的是交互关系，“相 V”则否。“彼此”在充当主语时，还有非交互义用法。

其次，从词汇义和语法义上来看，“互”的词汇义最弱，语法义最强，“相”次之，“彼此”的词汇义最强而语法义最弱。因此，“互”的语法化程度最高，“相”次之，“彼此”最弱。从这个角度看，“互”标记交互的功能最为纯粹，因此最为典型；相对而言“彼此”最不典型。

2.3.3.2　一般交互表达的典型性

带标记的交互范畴无疑是最典型的，无标记交互表达的典型性又如何呢？除了刘云峰、石锓（2008）所分析的几个方面外，我们觉得还可以从以下几个方面考虑。

2.3.3.2.1　表层结构中参与者的单复数

其他条件相同的情况下，表层结构中事件参与者都出现的交互关系比部分参与者隐含的交互关系更为典型。如：

（11）我和他讨论问题。

（12）我在讨论问题。

两句都是交互句，但是例（11）的交互性要明显强于例（12）。用语言经济原则的眼光看，例（11）的事件参与者都出现了，接收这一信息的人不需要花费精力去寻找参与者，因此就显得该句的交互关系比较容易理解；例（12）则不同，它的另一个参与者隐含在预设中，听话者就需要去确定话语的预设并寻找其中的参与者，因此该句的交互义就显得隐晦。用认知凸显的观点看，在表层结构中出现的结构要比隐含的结构更为凸显。例（11）的“我和他”比例（12）更加凸显事件参与者为复数的属性，因而更容易满足表达交互的条件，其交互义就更显豁些。

2.3.3.2.2　构成整体事件的子事件间关系

由多个子事件构成的交互事件，其交互性比较复杂。我们可以分为以下几种情况。

第一种情况是所有的子事件都是交互事件，这样构成的整体事件交互性比较强，属于交互的典型范畴。如前文所举例（6）。

第二种情况是子事件中只有部分子事件是交互事件，这时候就要具体情况具体分析了。

ⅰ）如果子事件以并列的关系存在，那么只要有一个子事件是交互事件，整个事件就是交互事件。如：

（13）他们兄弟姐妹六个人在房间里吵架。

例（13）中，不排除有些人并不在吵架的情况，但是只要有两个人在吵架这个句子便成立，它就是交互句。这样的交互事件所体现的交互关系不太明显，因而属于非典型的交互。

ⅱ）如果原子事件之间有主次关系，那么整体事件是否具有交互关系则又可以分为三种情况。例如本章第1节所举的例句（12）（13）和（14），我们按照本节的排列序号将它们转录如下。

（14）这座桥接通了两岸。

（15）我接通了水管。

（16）我和他商量问题。

例（14）和（16）为交互句，而例（15）为非交互句。[①] 这种由原子事件组成的整体事件，其是否存在交互关系需要听话者自己进行再分析再创造。例（14）这类隐晦交互关系的句子与例（15）这类非交互关系的句子非常近似，它们位于交互与非交互相交接的边缘位置，属于边缘的交互与非交互范畴。

2.3.3.2.3　说话者主观视角的压制

本节开头我们讨论了 Evans 和 Dixon 关于事件参与者间“链式”关系是否属于交互关系的分歧。通过分析，我们发现二者的分歧点不是谁对谁错，而是主观视角的差异。这种容易受说话者主观认知角度影响的交互关系处于交互与非交互的临界线上，也属于非典型的边缘交互范畴。

① 具体情况，请参见前面分析。

第 3 章
明清交互标记

3.1 交互标记"互"

3.1.1 "互"交互义的产生

3.1.1.1 "互"交互义的产生

"互"甲金文未见，先秦典籍《论语》《周礼》中有少量用例。"互"《说文解字》小篆作"𠄠"，许慎认为是"笠"的或体，意为"以收绳者也"。段玉裁认为"收绳"的"收"应作"纠"，"绞"的意思，"收绳者也"其实就是"绞绳者也"，即一种绞绳工具。现代学者大都认可这种说法。[①] 但是，现存先秦传世文献中没有发现使用该本义的用例。如：

(1) 凡祭祀，共其牛牲之互，与其盆簝，以待事。(《周礼》)

(2) 修闾氏：掌比国中宿互柝者与其国粥，而比其追胥者而赏罚之。(《周礼》)

(3) 鳖人：掌取互物。以时籍鱼、鳖、龟、蜃，凡狸物。(《周礼》)

① 可参看周绪全、王澄愚(《古汉语常用词源流词典》，重庆出版社，1991)，苏杰(2001)以及《汉语大字典》《汉语大词典》等。

(4)（司会）以参互考日成，以月要考月成，以岁会考岁成，以周知四国之治，以诏王及冢宰废置。（《周礼》）

(5) 合升四鬄，亦相互耳。（《仪礼》）

以上诸例中的“互”，从语义上看，大都包含有“对称”“交错”等语义特征：例（1）、例（3）中“互”分别指“挂肉木架”和“甲壳类动物”等。苏杰（2001）认为这些物体与绞绳器一样在外形上都有“对称、交互的特点”，故而通过隐喻的心理机制，人们统称它们为“互”。例（4）的“互”为“交错、交互”义①，是从绞绳器所绞之丝线彼此交错纠缠的形态抽象引申而来。例（5）中的“相互”是一个主谓结构，意为“彼此互文”。这些例句中的“互”都符合我们对交互的判定标准，因而是交互词。例（2）是一个例外，句中的“互”本作“梐”，名词，“行马”的意思，但在这里活用为动词，意为“设置行马”。按照我们的标准，“互”在句中没有表示出交互义。但是，作为名词的“互（梐）”则是一个具有交互性义素的名词。②

句法功能上，先秦时期的“互”既可以单独充当句法成分，如例（1）的宾语和例（2）的关系小句谓语；也可以与体词性成分组成定中结构共同充当句法成分，如例（3）的“互物”作宾语。“互”还可以作动词，或者与其他词共同充当谓语，如例（4）；或者单独作谓语，如例（5）。为了便于直观考察，我们将所能查到的先秦“互”的用法统计如下（见表 3.1）。

---

① 例 4“以参互考日成”中的“参互”，《汉语大词典》引贾公彦解释为“互相参杂、相互参证”。根据解释，人们容易将“参互”理解成状中式偏正结构，但实际上它是并列结构。因为，根据郑玄《周礼注疏》的解释“司会钩考之官，以司书之等，相参交互，考一日之成，一日之中之计算文书也”，“参互”为“相参交互”之意，是标准的并列式连动结构。贾公彦《周礼义疏》中沿袭郑玄对“参互”的解释，也是“相参交互”。刘斐（《“参互见义”考》，《语言研究集刊（第十一辑）》，上海辞书出版社，2013 年，247—255 页）认为这是周代会计核查制度中的“参互钩考法”，即“司会将司书掌握的征税统计的副本、职内掌握的收入账及职岁掌握的支出账拿来互相核对，交互考查”。

另外，从《汉语大词典》的解释可以看出，它认为“参互”已然是一个意义融合的双音词。但从郑玄等的解释来看，“参互”仍然是一个并列短语。事实上，先秦汉语是单音节词占统治的语言，除专有名词之外，复音节词还是较少的。梅广（2015）、刘丹青（2017）等认为，先秦时期汉语是并列结构占优势的语言，两汉以后逐渐演变为连动结构占优势。综上，我们认为，在没有更充分理据的情况下，将先秦的“参互”作为一个并列结构的短语来对待是比较合适的。

② 行马：《汉语大词典》解释为“拦阻人马通行的木架。一木横中，两木互穿以成四角，施之于官署前，以为路障。俗亦称鹿角，古谓梐枑”。由此可知，“枑”取的是木头交错之意，带有交互性义素。

表 3.1 先秦“互”使用情况表

	用例数	语义	结构关系	句法功能	是否具有交互义素
互物	2	交错对称的贝壳类软体动物	定中	宾语	是
互乡	1	具有交错对称地貌特征或盛产“互”的地方	定中	宾语	是
参互	1	相参交互	并列	谓语	是
蟹互	1	交错	并列	谓语	是
宿互柝	1	同“枑”，设置行马	并列	宾语	隐含
相互	1	彼此互文	状中	谓语	是
牛牲之互	1	挂肉木架（结构上具有对称交错的特点）	定中的中心语	宾语	隐含

在前辈语言学家研究成果的基础上，结合由具象到抽象、由个别到一般的人类普遍认知规律，通过排比分析先秦用例，我们归纳出“互”在先秦的演变路径：“互”（又作“笠”）造字之初本指绞绳器[①]，是一个具有交互性语义特征的名词；后来引申指具有“对称、交互”特点的事物（挂肉木架、对称软体动物等），并滋生出“枑”（行马）等同源字；接着通过抽象引申为表示“对称、交错”义的动词；而其非交互用法（如例 2）则是在交互义用法上的进一步引申结果。

“互”字产生之初，人们根据“绞绳器”的形制特点进行字体构形，进而抓住其“交互、对称、交错”的外形特点，在词义主观化扩展过程中进行赋义，引申出具有交互性语义特征的其他意义。因此，交互性是“互”从产生之初就具有的核心语义特征。

3.1.1.2 “互”交互义的特征

现代语言学认为，人类的语言符号并不是对客观现实的直接反映，而是人类心理现实的直接反映。“心理现实则是客观现实经过人的认知贮存在人的大脑中的各种知识信息。”（叶蜚声、徐通锵，2010）由此可知，语言表达的是人类对客观现实的主观认知（心理现实）。从这个角度看，所有的语言都是主观的。语言是主观的，但是语言所反映的对象并非全都是主观的，主观心理现实中有

① 早期的绞绳器在结构上就具有互相交错的外形特征，参见苏杰（2001）。

很大一部分反映的是客观现实。因此，学界通常将人类语言内容分为两大类：主观性部分和客观性部分。主观性反映的是主体即说话者（包括文章的叙述者）的视角、情感和认识；客观性反映的是说话者认识到的客观现实。如例（1）中《周礼》对祭祀的描述，就是客观性的反映；而例（5）中的“亦相互耳”则是说话者的认知和判断，因此是主观性的反映。

说话者所反映的客体现实内容也有主客观性。根据其所反映对象的主客观性，我们将客体现实内容分为客体主观性内容和客体客观性内容。客体主观性指的是话语中客观对象（客体）主观的视角、情感和认识等内容；客体客观性指的是话语中客观对象的客观性行为状态等内容。如下文例（7）中的“但有不从己者，诛之”即为客体主观性内容，反映的是十常侍（客体）的主观意识；而下文例（8）中的“各劝归宫”则是客体（张让等人）的客观行为，因此反映的是客体客观性。

根据主观性理论，“互”从产生之初便自带的交互性是事物客观对称与交错的反映，因而是一种客体客观性的交互。这种客观的交互性作为隐藏的本质语义特征一直伴随着“互”的整个发展演变过程。

3.1.2　明清时期的“互”

明清时期，“互”已然发展成一个使用频率极高的主要交互标记，由其为核心语素构成的复音词语可以分为四类：互相、相互[①]、互+Pred.[②]、Pred.+互。下面分别加以介绍。

3.1.2.1　互相

明清时期，副词“互相”是一个成熟的双音词交互标记，它使用频率较高，用法相对简单：位于谓词前作状语，构成“互相+谓词”结构。

3.1.2.1.1　“互相+谓词”的句法功能

3.1.2.1.1.1　“互相+谓词”作谓语

明清时期，“互相”主要是直接放在谓词前作状语，组成状中结构充当谓语，谓词后通常不能添加宾语等其他句法成分。如：

---

① 我们把“相互”放在下一节“明清交互标记‘相’”中讨论。

② 为了表述的方便，我们将谓词（Predicates）记为Pred.，本文的谓词指任何充当谓语中心语的词，包括但不限于动词和形容词。

(6) 金老夫妇坟与铁尚书坟并列，教子孙彼此互相祭祀。(明·陆人龙《型世言》)

(7) 却说十常侍既握重权，互相商议：但有不从己者，诛之。(明·罗贯中《三国演义》)

(8) 两宫互相争竞，张让等各劝归宫。(明·罗贯中《三国演义》)

(9) 两家皆治了寿酒，互相酬送，彼此同领。(清·曹雪芹《红楼梦》)

(10) 自此王室日益卑弱，诸侯各自擅权，互相侵伐，天下纷纷多事矣。(明·冯梦龙《东周列国志》)

此外，也有少量谓词后接时态补语或动态补语的用例。如：

(11) 妈妈、老儿互相埋怨了一会。(明·洪楩《清平山堂话本》)

(12) 黛玉忙起身迎上来见礼，互相厮认过，大家归了坐。(清·曹雪芹《红楼梦》)

偶尔，我们还可以见到“互相＋谓词”后接宾语的例子。这些宾语不是交互事件的参与者，而是关涉对象。这种用法元代就有，明代也有少量例子，而清代稍多一些。如：

(13) 至七月初二日，有邓成二将引雷九俚，用木担一条，担得饼面等物，称是邓定五将此茶饼定你为妻，阿余坚执不受，与邓成二互相争夺木担，于邓成二心眶偏右，搊伤身死。(元《元典章·刑部》)

(14) 会令闭上殿门，使军士上殿屋以瓦击之，互相杀死数十人。(明·罗贯中《三国演义》)

(15) 起初也只互相吃那异姓，后来骨肉天亲，即父子兄弟，夫妇亲戚，得空杀了就吃。(清·西周生《醒世姻缘传》)

3.1.2.1.1.2 “互相＋谓词”作定语

明清时期，“互相＋谓词”还可以充当宾语的定语。如：

(16) 高叫道：“你们朱皇帝是阳间天子，大王是阴间天子，内外协同，岂可没个互相救援之意。”(明·罗懋登《三宝太监西洋记》)

(17) 袁夫人听得后房也在那里“当啷当啷”的掷骰子，有些嗤嗤的笑，与互相褒贬讥诮之声。(清·陈森《品花宝鉴》)

3.1.2.1.2　“互相＋谓词”中的谓词

3.1.2.1.2.1　谓词的音节特征

从谓词的音节数上看，明清时期“互相”所修饰的谓词大多为双音节及物动词，它们在句中以不带宾语为常，如例（6）至例（11）。同时，此期也能找到少量“互相＋谓词”中谓词为单音节动词的用例，受汉语韵律的限制，这些动词后面通常都要加上修饰成分或者宾语构成复音节短语以足句。如例（12）的“断认”中，“断”为状语；例（14）的“杀死”中“死”为补语；例（15）的“吃那异姓”中，“那异姓”为宾语。此期的“互相＋谓词”结构中，我们没有发现多音节词充当谓词的现象。

3.1.2.1.2.2　谓词的句法语义

从词性上看，此期“互相”所修饰的谓词绝大多数是动词，如以上诸例。但是，我们也发现了“互相”修饰名词谓词的例子。[①] 如：

（18）承休取妻严氏，亦嬖于后主，与韩昭为刎颈交，所谋皆互相表里。（明·冯梦龙《情史》）

从谓词的配价来看，与现代汉语中“互相＋VP”中的 VP 必须是二价及以上（及物）动词[②]相似，明清时期“互相”修饰的谓词绝大多数为二价，但也存在修饰一价谓词的用例。谓词为一价名词的请见例（18），谓词为一价动词的用例如下：

（19）元禁天下修城，以示天下一统，自是内外城日为居民所平，或存或无，互相沦没。（明·郎瑛《七修类稿》）

（20）陈都督道：“昨日张柏吃三太子一火箭，甲上发起火来。今日小将吃西海蛟一方天梁，把个马打做两截。幸赖天子威灵，主帅洪福，昨日天降大风大雨，才解了火灾。今日无意中一枪，伸在三太子马头上，互相闪失，才讨得个平开。不然，末将们都做了泉下之鬼，

① 学者们很早就关注到这种“副词修饰名词”的现象，可参见桂诗春（《从“这个地方很郊区”谈起》，《语言文字应用》1995 年第 3 期，24—28 页），张伯江、方梅（《汉语功能语法研究》，江西教育出版社，1996 年），张谊生（1996a），杨永林（《试析现代汉语中“程度性副词＋非程度性形容词化名词短语”结构》，《现代外语》2000 年第 2 期，138—150 页），施春宏（《名词的描述性语义特征与副名组合的可能性》，《中国语文》2001 年第 3 期，212—224 页）和肖奚强（《从内涵角度看程度副词修饰名词》，《修辞学习》2001 年第 5 期，26—28 页）等。

② 见赵静（1999），卢江（《“相互”类副词研究》，华中师范大学硕士论文，2008 年）。

怎能够再见元帅尊颜?”(明·罗懋登《三宝太监西洋记》)

(21)说到各自远谪处,便互相太息一番;说到严、何败落处,便互相称快一番;说到目下聚会处,又互相欣慰一番。(清·李修行《梦中缘》)

上述三例中的“互相”表达的都不是交互义。例(19)的“互相沦没”即“各自沦没”的意思。例(20)中,陈都督的马被西海蛟打成两半,但紧接着他一枪刺中了龙王三太子的马头,双方各有吃亏,所以文中的“互相闪失”就是“各有闪失”的意思。例(21)的“互相”也是“各自”之意。

都是一价谓词,为什么“互相”后接一价名词(例18)表示的就是交互义,而后接一价动词性谓词就没有交互义呢?

我们认为,袁毓林(1995)和刘凡(2014)的“谓词隐含”理论可以比较好地解释前一问题。“互相”后接一价体词性谓词,在表层结构上也可以看作“互相”作定语,即他们所说的“谓词隐含”。由于深层语义上真正的谓词隐含了,就导致其后的宾语成分在表层结构中上升为谓词。由于谓词“为”的隐含,导致了例(18)中的“表里”在表层结构上成为句子的谓词。在深层语义上,它是句子“互相为表里”的宾语。另外,名词“表里”在文中指谋划计策等相互邻接、互相呼应的关系,是一个隐含交互关系的名词。受此制约,“互相为表里”的主语必须为可拆分为二的复数(“承休之所谋、韩昭之所谋”之类)。在此情况下,“互相”也顺理成章成为标记句子交互关系的副词。

“互相”是一个交互标记,标记交互关系是其主要功能,人们在识解这些结构时,倾向于首先将其理解成表交互义结构。因此,在识解“互相”类谓词隐含结构时,人们在头脑中优先给其补充表交互关系的隐含谓词,而这往往较容易成功。但是,当遇到“互相”后接一价动词(记作“动词$_{一价}$”)作谓词时,这种识解方式就遇到了挑战。因为谓词不再是隐含结构,人们不能自己补充谓词成分,而只能根据现实的谓词进行语义识解。这时“互相”的标记交互义的功能就要受到其后谓词的语义压制。当其后谓词是“吵架”“打架”等隐含交互关系动词$_{一价}$时,“互相”就表达交互关系;当谓词不是蕴涵交互关系的动词$_{一价}$时,“互相”的标记交互义的功能便不能得到顺利实现,于是只能作其他的交互义以外的识解。明清时期语料中,我们所查找到的“互相+动词$_{一价}$”中的动词$_{一价}$都没有隐含交互关系,因此相关用例中的“互相”也都不能作交互义识解。所以,上述诸例的“互相”也便只能识解为“各自”义。

3.1.2.1.3 “互相+谓词”中的“互相”

3.1.2.1.3.1 “互相”的辖域及语义指向

副词“互相”修饰的对象是谓词,表明其状态或行为方式,因此它的辖域仅仅是后面的谓词，通常不涵盖谓词后的补语部分。如：

(22) 夫妻两个我道你错，你道我差，互相埋怨不了。（明·凌濛初《二刻拍案惊奇》）

(23) 孟氏恐子饿坏，推以哺子，母子互相推让，往往泪湿衣衫。（清·省三子《跻春台》）

例（22）中的“互相”的辖域只到其后的“埋怨”，然后一起成为补语“不了”的辖域。

其次，在语义指向方面，明清时期的“互相”都是指向其前的事件参与者，没有发现后指的用例。也就是说，事件参与者都位于“互相＋谓词”的前面。同时，受到“互相”的语义限制，事件参与者也都是双数或多数的主语。如：

(24)（戴）珊顾刘未敢对，遂进曰：“都御史与各道系互相纠劾衙门，若堂上官以病不出，恐为御史所劾，不得不奏。珊实有病，不敢假。”（明·陈洪谟《治世余闻》）

(25) 那贾环贾芸邢夫人三个人互相埋怨，说道：“如今且不用埋怨，想来死是不死的，必是平儿带了他到那什么亲戚家躲着去了。”（清·曹雪芹《红楼梦》）

例（24）“互相纠劾”的参与者是“都御史”和“各道”双方，例（25）则是贾环、贾芸和邢夫人三人。

以下例子或许更能说明“互相”的语义指向及其辖域对句义和“互相”语义的影响。

(26) 只有潘三与聘才无人可闹。聘才笑道：“我们今日只好轮着来闹这个老和尚了。”便互相与唐和尚豁了几拳。（清·陈森《品花宝鉴》）

例（26）中的“便互相与唐和尚豁了几拳”不符合我们现代汉语的语法，但如果按照现代汉语的语法将其改成例（27）和例（28），却又与上下文意不合。

(27) *便互相豁了几拳。

(28) *便与唐和尚互相豁了几拳。

仔细分析这三句话，我们发现它们在语义指向上有着区别：因为“互相”是前指副词，指向其前的事件参与者，所以三句中“互相”所指向的事件参与者便不相同：例（26）、例（27）指向“潘三”与“聘才”二人，例（28）指向“潘三”“聘才”和“唐和尚”三人。

另一方面，从辖域来看，例（26）的“互相”管辖范围内的成分与其他两例不同：例（26）中“互相”管辖着其后直到谓词部分为止，即“豁拳”的另一参与者“唐和尚”在其辖域内；例（27）、例（28）中“互相”管辖范围内没有其他的事件参与者。将上述两方面结合起来看，上述三句话在语义上的识解便有较明显的不同。

例（26）中“互相”语义指向的参与者是“潘三”和“聘才”二人，但是它的辖域“与唐和尚豁了几拳”中却又包含了“唐和尚”。此时的“互相”可以有两种理解：一种是“共同、一起”，另一种是“交替、轮流”。而全句的意思便可以是“潘三、聘才共同与唐和尚豁拳”，也可以是“潘三与聘才轮流与唐和尚豁拳”。受上文“轮着来闹这个老和尚”中“轮着”的语义制约，“互相”只能是“交替、轮流”之意，而整个句子也只能作“潘三与聘才轮流与唐和尚豁拳”的理解。同时，他们三人在“豁拳”的组合上有两种可能：潘三与唐和尚豁拳，或聘才与唐和尚豁拳，总之唐和尚必定是豁拳的一方。

例（27）把例（26）中“互相”辖域内的“与唐和尚”移除，使得其中没有了其他的事件参与者，于是句子便只能识解成了“潘三与聘才两人彼此豁拳”。但是，这句话与上文的“轮着来闹这个老和尚”在语义上不相契合，因此这种改动并不能成立。

例（28）则是将例（26）中的“互相”和“与唐和尚”互换位置。这使得“互相”的语义指向为“潘三”“聘才”和“唐和尚”三人，且其辖域内也没有其他的事件参与者。于是，该句也有两种可能的理解：一是“潘三、聘才和唐和尚三人两两彼此豁拳”；二是“潘三、聘才和唐和尚三人一起豁拳”。第一种理解中的豁拳搭配中包含有三种组合：潘三与唐和尚豁拳，聘才与唐和尚豁拳，或者潘三与聘才豁拳。这与上文“我们（潘三和聘才）今日只好轮着来闹这个老和尚”在语义上不相契合。第二种理解在语义上也与上文的“轮着”在语义上相违背。因此，例（28）的改动，在文章的上下文语境中也不能成立。

3.1.2.1.3.2　“互相”与其他状语的连用

明清时期，“互相”还与能愿动词、副词等其他成分连用，共同充当谓词的状语。如：

（29）奴婢男女止可互相婚嫁，例不许聘娶良家。（明·陶宗仪《南村辍耕录》）

（30）张寅道：“三兄俱当今才子，不必互相谦让，且再请数杯，必须求领大教，方不虚今日。”（清·荻岸山人《平山冷燕》）

例（29）的“互相”与范围副词“止”和能愿动词“可”连用，作“婚嫁”的状语；例（30）的“互相”与前面的否定副词“不”和语气副词“必”共同修饰动词“谦让”。

对于副词的连用问题，刘月华（1983）、白丁（1986）、黄河（1990）、赖先刚（1994）、张谊生（1996a）、杨荣祥（2005）等都有论述。虽然各家的术语各不相同[①]，但大家一致都认为“互相”是最靠近谓词的副词或者状语，也就是说“互相”的辖域最狭窄。明清时期“互相”的用例也与学者们的论断相吻合。在连用中，“互相”甚至比能愿动词更接近谓词，如例（29）的能愿动词“可”只能放在“互相”的前面。

3.1.2.2　“互＋Pred.”

由于汉语韵律的制约，明清的“互”通常放在单音节谓词前构成双音节“互＋Pred.”结构。其中少部分“互＋Pred.”已经成词，如“互换”“互文”“互通”等，收录在《现代汉语词典（第七版）》《汉语大词典》等辞书之中；还有大部分尚未成词，也没有被几大词典收录，如“互异”“互答”“互问”等。无论成词与否，这一时期“互＋Pred.”的语义，大多可以看作是“互”与其后谓词语义相叠加的结果，如“互换”就是“互相交换”，“互异”就是“彼此不同”。因此我们以为，“互＋Pred.”成词与否并不影响本文的描写和分析。在本文中，我们不予区分，统一以“互＋Pred.”形式描写和分析。

明清时期，“互＋Pred.”结构中的“互”具有多种语义功能，可以表示“各自”“交替、轮流”“相继、依次”“互相”“共同”等不同的意义。如：

（31）从此日来报仇厮杀，互有胜负。（明·陆人龙《型世言》）

（32）杜夫子谓其有裨圣教，固为太过，而观其开阖操纵，进退取舍，奇正互用，虚实交施，或以予为夺，或因败为功，或求先而反后，或自保而胜人，幻化万端，机会卒变，信兵法之上乘，韬钤之秘轨也。（明·谢肇淛《五杂俎》）

（33）侧有蝙蝠洞，蝙蝠大者如鸦，挂搭连牵，互衔其尾。（明·张岱《西湖梦寻》）

（34）又况此百年以内，日日死亡相告，谓先我而生者死矣，后我而生者亦死矣，与我同庚比算、互称弟兄者又死矣。（清·李渔《闲情偶记》）

（35）就把魏聘才途中所见情景，至今年会馆中见他一出《惊梦》，真是绝世无双，情文互至，尚未悉其性情抱负。（清·陈森《品花宝鉴》）

---

① 刘月华将其归入 M_2 描写类副词，赖先刚称之为“副$_5$”，黄河称之为“方式”副词，张谊生归之为“描摹性副词”，杨荣祥将其归入“情状方式副词”。

上述诸例的用法中，“互”只有在表示“交替、轮流”和“互相”意义的时候表达了交互义，是交互标记；而在其他意义的时候（如例31、例35）则没有表示交互义。本文只讨论明清时期“互”的交互表达。

3.1.2.2.1 “互+Pred.”的句法功能

3.1.2.2.1.1 “互+Pred.”作谓语①

明清时期，在绝大多数情况下，“互”都位于单音节动词前共同构成“互+Pred.”的双音结构，并在句中充当谓语。如：

(36) 进退取舍，奇正互用，虚实交施。(明·谢肇淛《五杂俎》)

(37) 这士子们详答互问，有后劲加于前茅者，也就有强弩之末聊以完局者。(清·李绿园《歧路灯》)

(38) ……有几个老的，口里念佛得几声，却就攀亲叙眷，彼此互问住居，问儿女，……（明·陆人龙《型世言》）

(39) 下余的十五位，也有三个一起的，两个一起的，合了伙，房子租在一块儿，不但可以节省房金，而且彼此互有照应。(清·李伯元《官场现形记》)

(40) 至癸巳冬，而纷纷互讦愈不休，上命礼部会官议之，因及主考两司，分考有司之便否，今录其略。（明·沈德符《万历野获编》)

(41) 胡太后坐在上面，各公使夫人都排坐两旁，欢欢喜喜，互酬一番。(清·海天独啸子《女娲石》)

例(36)、例(37)中的“互+Pred.”作光杆谓语；例(38)、例(39)是后接宾语的用例；例(40)、例(41)是后带补语的例子。

明清时期“互+Pred.”中的“Pred.”动词虽然绝大多数是单音节形式，但也有少量双音节的用例。如：

(42) 磕头撞脑，拿差了柱拐互喧哗；摸壁扶墙，踹错了阴沟相怨怅。(明·凌濛初《初刻拍案惊奇》)

(43) 命既下，经、抚、各镇互观望，兵不果进。(清《明史》)

明代“互+双音节 Pred.”的用例多出自对仗句中，受到文体的制约；如例(42)中的“互喧哗”与“相怨怅”相对为文；又如出自诗句的例(44)。清代

① 如无特别说明，本章“谓语”指的是谓语中心语，不指句法结构“大主语”“大谓语”的那个谓语。

的“互＋双音节 Pred.”用例多来自《明史》等文言色彩浓厚的文献，如例(43)、例(45)。

(44) 烟霞苍苍绕城郭，屋瓦鱼鳞互参错。百万骄民事醉醺，坐使中原压羊酪。(明·郎瑛《七修续稿》)

(45) 方以一子争路，两互喋聒，忽书生离席悚立，神色惨阻。(清·蒲松龄《聊斋志异》)

明清时期的“互＋双音节 Pred.”用法应该是拟古用法的表现。同时，受到其后双音节“Pred.”语义配价性质的影响，上述诸例中的“互”并不都具有表示交互关系的功能。(详见下文分析)

“互＋Pred.”除了独立充当谓语中心语之外，还可以置于其他动词之前，组成连谓结构，共同作谓语中心。如：

(46) 以水陆军互换迁调。(明《元史》)

(47) 便嬖侧媚之人，尤足为清明之累，腐夫巧谗而使传几摇，妖嬿外通而魁邪密主，阴奸伏蛊，互煽交攻，陛下之心至是其存者几希矣。(清·毕沅《续资治通鉴》)

(48) 一日，互市还，与其侪秃退台吉等俱染痘死。(清《明史》)

例子中“互＋Pred.”所在的连谓结构都是联合关系结构，不过在语义的细节上还是有些差异。如例(47)的“互煽”与“交攻”是等义的并列式联合结构。而例(48)的“互市”与“还”虽也是联合结构，但它们在时间上有先后，因而是承接式联合结构。例(46)的“互换迁调”处于可重新分析阶段：“互换”与“迁调”，既可以理解为联合结构，也可以理解为状中式偏正结构。

明清时期的“互＋Pred.”连谓句用例均来自史书类文献，这类文献语言的保守性强而口语性弱。例(46)的这种重新分析为状语的用法，在口语中已经完成。

3.1.2.2.1.2 “互＋Pred.”作状语

“互＋Pred.”作状语的用法源于连谓用法。明清时期，“互＋Pred.”作状语的用例不多。如：

(49) 僧出一花示客，其状宛如一鹦鹉，二瓣左右互掩为翼，二瓣合为腹，二须垂为足，而蒂横出为头，两旁复有黑点如目焉。(明·陆灿《庚巳编》)

(50) 请姚杏庵诊了脉，这月水不调四字，一猜就着，自然是加减四物汤、归脾逍遥散之类，互换着吃起来。病情有增无减。(清·李绿园《歧路灯》)

（51）嗣后答拜请宴，互为往来。（清·李绿园《歧路灯》）

例（49）“二瓣左右互掩为翼”中，“二瓣”为话题，“左右”为主语，“为翼”为谓语中心，“互掩”为状语，表示“为翼”的方式。例（50）“互换着吃起来”中，“互换”为方式状语。例（51）的“互为”，在后接动词时，“为”的动词性弱化，与“互”共同充当动词的伴随状语。当“互为”后面接名词时，“为”的动词性凸显，成为结构中的谓语，而“互”就成为修饰“为”的单音节伴随状语，如：

（52）大抵自藤峡径府江约三百余里，以力山为中界，诸贼往往相通，互为死党。（明·田汝成《炎徼纪闻》）

3.1.2.2.1.3　“互＋Pred.”作定语

明清时期，少数“互＋Pred.”结构修饰名词作定语。“互＋Pred.”作定语又可以细分为几种情况。首先，直接修饰名词作定语，然后再统一充当其他句法成分。如：

（53）隆庆间，北虏俺答通贯，朝廷必遣僧于互市时赐以经像。（明·沈德符《万历野获编》）

（54）寻令海西及朵颜三卫入市；开原月一市，广宁月二市，以互市之税充抚赏。（清《明史》）

例（53）的“互市”[①] 先作定语修饰名词“时”，然后再一起作介词“于”的宾语，构成介宾短语充当关系小句的状语；例（54）中，“互市”先作定语修饰名词“税”，然后再作介词“以”的宾语，组成介宾短语，最后作谓语“充抚赏”的状语。

其次，“互＋Pred.”先与其他成分构成一个大的结构，然后一块充当定语修饰名词。如：

（55）凡作传奇，当于开笔之初，以至脱稿之后，隔日一删，逾月一改，始能淘沙得金，无瑕瑜互见[②]之失矣。（清·李渔《闲情偶记》）

---

① “互市”本来是一状中短语，“互相买卖”之意，后来语义发生了转指，成为一个多义名词，既可以指“互相贸易之所”，也可以指抽象的“互相贸易之事”。本文例（53）的“互市”无疑是动词短语，例（54）的“互市”虽可以理解为名词，但我们认为作动词短语理解似乎更好些。

② “瑕瑜互见”中的“互见”，《汉语大词典》解为“交互出现”，《现代汉语词典》解为“同时存在”，理解的角度不同，导致对“互”的理解也有差异。（详细分析见3.1.2.2.2.2）我们在这里采用《现代汉语词典》的观点。

(56) 六月，癸亥，立诸路监司互察法，庇匿不举者罪之，仍令御史台纠劾。(清·毕沅《续资治通鉴》)

例 (55)、例 (56) 中的“互见”“互察”先与名词“瑕瑜”和“诸路监司”组成主谓结构，然后修饰名词“失”和“法”，作定语。

3.1.2.2.1.4　“互 + Pred.”作宾语

明清时期，“互＋Pred.”作宾语的用例少见，所见的只有名词“互市”，它由状中式谓词性短语通过转喻引申而来。如：

(57) 这何难，我们问他讨了舟山屯，部下已自不离；又要他开互市，将日本货物与南人交易，也可获利；况在海中，进退终自由我。(明·陆人龙《型世言》)

(58) 秋，七月，置榷场于樊城外，筑土墙于鹿门山，外通互市，内筑堡壁，蒙古又筑堡于白鹤。(清·毕沅《续资治通鉴》)

(59) 自此相戒毋犯，奥夷因与讲解议和，往来大浸，听其贩鬻，然终无敢以互市请者。(明·沈德符《万历野获编》)

例 (57)、例 (58) 中的“互市”是动词“开”和“通”的宾语，例 (59) 中的“互市”先作介词“以”的宾语，然后再共同充当谓词“请”的状语。

成为名词后，“互市”的构词语素意义发生了融合：“互”的交互性语义特征被隐含和极大地弱化，“市”转指后突显的是名词义“市场”。这样，后者成为决定整个词语性质的核心语素，其意义也成了决定性的核心义素。因此，名词“互市”不再是表示“互相贸易”义的交互结构，而是一个专表“市场”义的非交互词。

3.1.2.2.2　“互 + Pred.”中的“Pred.”

3.1.2.2.2.1　“Pred.”的音节限制

明清时期，“互”所修饰的谓词，在绝大多数情况下是单音节动词；少数情况下是双音节谓词，如上文所例 (42) 至例 (45)。根据汉语韵律学理论，“互”只有与单音节谓词连用才能构成一个稳定的音步，这样才能被人们普遍接受和使用。“互＋复音节谓词”的多音节结构不符合汉语韵律的不稳定结构，不容易被人接受和使用。正因为如此，除却特殊句式或修辞表达需要（如例 42 和例 44 中诗文平仄对仗的特殊要求）外，我们很难在本阶段口语文献中找到“互＋复音节谓词”的表达方式。

3.1.2.2.2.2　“Pred.”的语义限制

明清时期，“互＋Pred.”中的“Pred.”在深层语义上是可以支配两个参与者的二价谓词，这样基本保证了“互”的交互义标记功能。如：

(60) 此章上下五句，各以韵相叶，而互见其义耳。（明·陆容《菽园杂记》）

(61) 即百里之中，阴晴互异，又安能必四方之皆见否乎？（明·谢肇淛《五杂俎》）

(62) 乾时长勺互雄雌，又见乘邱覆宋师。（明·冯梦龙《东周列国志》）

例（60）“互见”中的“见”在文中是“参见”的意思，为二价的及物动词；例（61）“互异”中的“异”为形容词，它在深层语义上联系着有差异的双方，因此是二价形容词；例（62）“互雌雄”为“谓词隐含”结构，其中省略了二价动词“争”，这导致表层谓词“雌雄”具有了联系事件参与者双方的性质。谓词在深层语义上的二价性，保证了上述三例中的“互”均表示交互关系。当谓词在深层语义上不再具有二价属性时，“互”的交互功能就会被“剥夺”。如：

(63) 磕头撞脑，拿差了柱拐互喧哗；摸壁扶墙，踹错了阴沟相怨怅。（明·凌濛初《初刻拍案惊奇》）

例（63）（即前文的例 42）中的“喧哗”在语义上为只能支配一个施事参与者的一价动词，不能支撑“互”的交互关系表达。因此，“互”只能作非交互义识解，而句中的“互喧哗”也只能是“共同喧哗”或“各自喧哗”等非交互义。

在深层语义上，有时候即使谓词具有二价属性，而且其所表示事件的参与者也符合“数量为二或者可分为二的复数”的要求①，也不能保证句子交互义的最终表达。制约“互＋谓词”表达交互义的另一个重要因素就是，事件参与者之间是否存在交相互为的不可分割的相互依存性。而这种相互依存性可以因观察的视角不同而或有或无。如：

(64) 凡作传奇，当于开笔之初，以至脱稿之后，隔日一删，逾月一改，始能淘沙得金，无瑕瑜互见之失矣。（清·李渔《闲情偶记》）

例（64）（即前文的例 55）中“瑕瑜互见”的“互见”有两种不同的识解：“交互出现”（《汉语大词典》）和“同时存在”（《现代汉语词典》）。“出现”和“存在”都是二价动词，但是，当识解为“交互出现”时，“瑕瑜互见”就表示出了交互义；而理解为“同时存在”的时候，“瑕瑜互见”表达的就不是交互义，而是共同义了。理解为“交互出现”时，表现的是“瑕”和“瑜”之间不

---

① 交互表达对事件参与者的制约条件的讨论，可参看赵静（1999），刘探宙（2003），汪兰（2004），刘云峰、石锓（2018）等。

可或缺的相互依存性——没有“瑕”都是“瑜”的话，“交互”就丧失了对象。反之亦然。而理解为“同时存在”时，则没有表现出这种不可分割的相互依存性——没有“瑕”都是“瑜”的话，这些“瑜”仍然可以“同时存在”。反之亦然。

之所以存在这两种反差明显的理解，笔者以为，其根本原因是说话者观察视点的不同：前者的交互义理解着眼于“瑕”和“瑜”先后出现的情况，而后者的共同义理解则着眼于事物整体上是否具有“瑕”和“瑜”。如例（64），从“传奇”的具体章节或单个内容去考察，那么它们之间的“瑕瑜互见”就是指“交互出现”的交互义关系；如果从“传奇”的整部作品去考察，那么整体上的“瑕瑜互见”就是“共同存在”的意思。就例（64）而言，综合上下文意，我们以为《现代汉语词典》的解释似乎更妥当些。

3. 1. 2. 2. 3　“互 + Pred.”中的“互”

3. 1. 2. 2. 3. 1　“互”的辖域

明清时期，状语“互”的辖域限于其后的谓语部分，有时甚至包括谓词后面的补语或者宾语。如：

（65）请姚杏庵诊了脉，这月水不调四字，一猜就着，自然是加减四物汤、归脾逍遥散之类，互换着吃起来。病情有增无减。（清·李绿园《歧路灯》）

（66）鲁庄公曰：“鲍叔牙挟忿而来，加以宋助，南宫长万有触山举鼎之力，吾国无其对手，两军并峙，互为犄角，何以御之?”（明·冯梦龙《东周列国志》

例（65）（即前文的例 50）“互换着吃起来”语义结构上的层次是：[[互＋[换着]]＋[吃＋[起来]]]。“互换着”作状语修饰“吃起来”，“互换着”里面，“互”修饰中补短语“换着”。例（66）的“互为犄角”，“互”修饰动宾短语“为犄角”。所以“互为犄角”的语义结构是[互＋[为＋[犄角]]]。

状语“互”的辖域不仅仅是其后的谓语，还包括“互”与其所修饰的谓词之间的其他成分。如：

（67）其党类亦自多仇疾，互以术相轧。（明·陆灿《庚巳编》）

“互以术相轧”中，“互”所修饰的范围则是“以术相轧”，而不仅仅是谓词“轧”或“相轧”。“互以术相轧”的语义结构为[互＋[[[以]术][相[轧]]]]。

3. 1. 2. 2. 3. 2　“互”的语义指向

“互＋Pred.”中“互”的语义首先指向其所修饰的谓词，而不旁及其他。

如例（67），“互”的语义首先指向谓词“轧”，与“轧”前的状语“相”和“以术”并无关涉。

其次，“互＋Pred.”结构中“互”的语义指向其前的事件参与者，而这些参与者大多为复数。如前文例（67）中，“互”语义所指向的事件参与者为承前省略的“党类”和“仇疾”。

“互＋Pred.”中“互”的语义一般不指向“Pred.”后的成分，无论它是宾语、补语还是连谓成分。现将上面已举的例子重新编号如下：

（68）……有几个老的，口里念佛得几声，却就攀亲叙眷，彼此互问住居，问儿女，……（明·陆人龙《型世言》）

（69）胡太后坐在上面，各公使夫人都排坐两旁，欢欢喜喜，互酬一番。（清·海天独啸子《女娲石》）

（70）一日，互市还，与其侪秃退台吉等俱染痘死。（清《明史》）

例（68）“互”的语义只指向其后的谓词“问”和其前的主语“彼此”。至于“问”的宾语“住居”，却是“互”所不关涉的。例（69）的“互”语义上也不指向谓词“酬”的补语“一番”。例（70）的“互”也仅指向其后谓词“市”，并不指向“市”的连谓谓词“还”。

3.1.2.2.3.3　“互”与其他状语的连用

明清时期，“互”常与副词等其他状语性成分连用，共同作状语修饰谓词。由于“互”通常是辖域最窄的一个，所以它常常是最接近谓词的状语。[①] 如：

（71）九疑山乃南龙大干行龙之地，其峰有九，参差互映，望而疑之，故名九疑。（明·王士性《广志绎》）

（72）尚有一紫衣人，与一淡白软绡者，吃吃笑，暗中互让不肯前。（清·蒲松龄《聊斋志异》）

例（71）中的“互”位于状语“参差”之后，紧邻谓词“映”而居；例（72）的“互”在状语“暗中”之后，紧贴于谓词“让”之前。

偶尔，“互”也可以置于其他状语之前，这样一来，其后的状语就进入了“互”的辖域[②]，因而被“互”赋予了交互性，必须做交互性解释。如上文已经出现过的例（67）（为行文方便，我们按照引文的先后，将其重新排序为例 73）。

---

① 张谊生（1996）认为副词连用的规律是：主观性越强的，位置越前；辖域越宽的，位置越前。

② 沈家煊（1985）认为“在逻辑式中，位于右边的逻辑词处在位于左边的逻辑词的辖域之内”。

（73）其党类亦自多仇疾，互以术相轧。（明·陆灿《庚巳编》）

我们将例（73）的“互以术相轧”稍作改变，得到以下两句：

（74）其党类亦自多仇疾，以术互（相）轧[①]。

（75）其党类亦自多仇疾，以术相轧。

例（74）是将例（73）中的“以术”与“互”调换位置，例（75）则移除了“互”。这样，三句话在表达的语义上有较大差异。

例（73）中，“互”不仅仅是辖域涵盖了其后其他状语，而且它的语义指向对象也是其辖域内成分“以术相轧”的语义指向对象。所以，例（73）的“互以术相轧”指的是“党类”和“仇疾”之间互相“以术相轧”。

例（74）中，“以术”的辖域涵盖“互”，它的语义指向事件参与者统摄了“互轧”指向的事件参与者。在此句中，“以术互轧”的施事主语只能有一个：要么是“仇疾”，要么是“党类”。由于距离相似性原则的约束，人们倾向于把距离近的“仇疾”作为“以术”的语义指向对象。然而，交互标记“互”表达的交互性太强，它要求参与者至少分为两方，彼此互为对象交相实施谓词的动作行为。因此，人们在实际识解过程中，只好做出妥协处理：将句子理解为“仇疾内部各方之间互相以术倾轧”[②]。但这与例（73）语义不同，不符合说话者的本意。

“相”既有表示交互行为的功能，如“相爱”等，它要求参与者至少有两方；也有表示单方面行为的功能，如“相信”等，它要求参与者为一方。例（75）中，“以术”要求其所指向的参与者为单一性成员，受此制约，其后的“以术相轧”的“相轧”就只能作单方面行为的识解。所以，例（75）的“以术相轧”或指“仇疾对党类单方面以术倾轧”，或指“党类对仇疾单方面以术倾轧”。例（75）也与例（73）不同，违背了说话者的本意。

综上，在实际的语用中，受到辖域和语义指向的影响，“互”与其他状语在句中的相对位置不同，句子的意义大相径庭。

3.1.2.3　“Pred.＋互”

本期大部分“Pred.＋互”用例来自史书、文人笔记等文言色彩浓厚的作

① “互”和“以术”互换位置后的句子应该是“以术互相轧”，但是受到汉语韵律的制约，这句话的接受度不高，因此我们将其中的“相”移除，改成接受度高的“以术互轧”。改换后两句的句法语义一致。

② 例（74）的“以术互轧”似乎还可以理解为：其党类内部各方之间互相以术倾轧。但这样一来，上句“其党类亦自多仇疾”中的焦点新信息“仇疾”就失去了交代，这就违背了话语表达中的连贯性原则。所以这种理解可接受度较低。

品，来自口语化作品中的用例较少。另外，本期大部分的“Pred. ＋互”已经成词[①]，且是不及物动词，在句中主要充当谓语和状语，少数充当宾语。

3.1.2.3.1 “Pred. ＋互”的句法功能

3.1.2.3.1.1 “Pred. ＋互”作谓语

“Pred. ＋互”在句中作谓语时其后不带宾语。如：

(76) 后总漕运，见河道兵民舟楫，往来错互，冲塞难行，创为溜头掐簏以相避，实为两便，至今人遵行之。(明·尹直《謇斋琐缀录》)

(77)《陈书》本传谓此序时人谓之实录，《南史》则谓此叙当前句识者讥其言迹之乖。惟此二传、二书歧互。（清·赵翼《廿二史劄记》）

例（76）的“往来错互”的主语是“兵民舟楫”，“冲塞难行”的主语是“河道”，两个都是连谓结构。例（77）的“歧互”就是“彼此分歧、不一致”的意思，在句中作谓语。

“Pred. ＋互”也可以与其他谓词连用，构成连谓结构。如：

(78) 其他家奴妇女一切招辞，牵连错互，虽胪列之以示天下，而手诏皆不及焉。(清·钱谦益《牧斋初学集》)

“牵连错互”就是“牵扯连带互相交错”的意思。

有时候，“Pred. ＋互”会与主语构成主谓短语，充当其他句法成分。如：

(79) 吾郡西北数十里，聚落名乌镇者，嘉、湖、苏三府交互之地，最为奸宄渊薮。(明·沈德符《万历野获编》)

(80) 天寿山自西山东折而来，龙翔凤舞；长陵一脉，真万年宝藏之地也，包络蟠互，倍蓰钟山。(明·王士性《广志绎》)

例（79）的“交互”先与同位短语“嘉、湖、苏三府”组成主谓短语，然后一起充当“地”的定语，构成一个更大的偏正短语作判断句的谓语。例（80）“包络”是“包围环绕”之意，“蟠互”意为“纠结交错、回环旋绕”；两词同义连用构成连谓短语，充当主语“长陵一脉”的谓语，然后这个大主谓结构充当“倍蓰钟山”的主语。

---

① 成词的“Pred. ＋互”中的“Pred.”，随着“Pred. ＋互”由短语降格为词，也由词降格为构词语素。为了行文的一致，本小节用“Pred.”指构词语素，而非谓词。受韵律的影响，“Pred. ＋互”中的“Pred.”都是单音节构词语素。

3.1.2.3.1.2　“Pred. ＋互”作其他句法成分

除了充当谓语之外，“Pred. ＋互”还可以充当状语、宾语等句法成分。如：

(81) 凡左右手各用一梭交互织者，曰绉纱。（明・宋应星《天工开物》）

(82) 兄弟迭互出入，始有瘦奴持壶酒来，俄顷饮尽。（清・蒲松龄《聊斋志异》）

(83)《南史》与《陈书》歧互处。（清・赵翼《廿二史劄记》）

(84) 见那池水清冷，每于潆流洄互处，把些铜皮嵌在石脚。（清・陈森《品花宝鉴》）

(85) 工绘事者，能于尺幅并见远近、浅深、正侧、回互，千万形状非真尺幅可具千万状也。（清・章学诚《文史通义》）

(86) 由前所书，则强等孝惠后宫子也；由后所书，则皆非孝惠子也。此已属歧互。（清・赵翼《廿二史劄记》）

例 (81)、例 (82) 的“交互”和“迭互”作其后谓词的状语。例 (83)、例 (84) 的“歧互”和“洄互”都是与前面的名词构成主谓短语，然后共同充当其后名词“处”的定语。例 (85)、例 (86) 的“回互”和“岐（歧）互”分别为其前谓词“见”和“属”的宾语。

3.1.2.3.2　“Pred. ＋互”的句法语义

3.1.2.3.2.1　“Pred. ＋互”的语义限制

明清时期的“Pred. ＋互”结构大多数已成词，如前面所举例中的“交互”“错互”“参互”“回互”等。在所构成的词中，“互”与其前的构词语素是一种并列的联合关系。它们的语义或者相同相近，如“交互”“错互”等；或者相互补充，如“迭互”“歧互”等。而且，“Pred. ＋互”中的“Pred.”自身也常常通过预设，隐含了交互关系，如“错互”“歧互”中的“错”（交错）、“歧”（分歧）就隐含了交互关系。这样组合而成的“Pred. ＋互”式合成词具有很强的交互义。

从对句法成分的支配能力上看，这些词一般为不带宾语的一价谓词，如例 (76) 的“错互”只有一个主语论元“兵民舟楫”。但从深层语义上分析，此类动词所关涉的事件参与者或者是数量为二的双方，如例 (76) 的“错互”指的是官方和民间的船只，例 (77) 的“岐（歧）互”指的是《陈书》和《南史》。或者可以分为几个不同方面的单个参与者，如例 (80) 中的“蟠互”指的不是“长陵一脉”整体，而是它内部各个不同的山头；而例 (84) 的“洄互”也是对于“潆流”的各个不同浪头而言的。袁毓林 (1998) 认为，这些动词虽然只有一个论元，但是它们可以通过介词在句子中联系两个语义角色，因而是一价二项动词。

另外，当作谓语时，受到主语和谓语的共同制约，“Pred. ＋互”前的状语也必须是具有交互义的词。如例（76）的状语“往来”，例（78）的状语“牵连”（牵扯连带），例（80）的状语“包络”（包裹缠绕）等都隐含交互关系。

3. 1. 2. 3. 2. 2　“Pred. ＋互”的语义指向及辖域

充当谓语时，交互词“Pred. ＋互”的语义指向事件参与者，而辖域是整个事件。如例（76）中，“错互”语义指向主语“兵民舟楫”，而它的辖域则是“河道兵民舟楫，往来错互”（河道上官方与民间的船只，来来往往彼此交错）的整个事件。

充当状语时，“Pred. ＋互”的语义指向事件的参与者和谓词，但是它的辖域则是其后面的谓语部分。如例（82）中“迭互”的语义分别指向主语“兄弟”和谓词“出入”，而它们的辖域则是谓语“迭互出入”。

充当宾语时，“Pred. ＋互”的语义指向的对象为逻辑主语，它的辖域则为自己。如例（85）“并见”的宾语“回互”，它的语义指向逻辑主语“千万形状”，而它辖域就是自身。例（86）“已属”的宾语“岐（歧）互”语义指向逻辑主语“此”，而它也只管辖自己。

3.2　交互标记“相”

3.2.1　“相”交互义的产生

3.2.1.1　“相”交互义的产生

“相”早在甲骨文中就已出现，字形作“”。如：

（1）相日今允雨相。①

许慎《说文解字》：“相，省视也，从目从木。”该解释得到了普遍认可，如徐中舒（1989）《甲骨文字典》中，“相，省视也”的解释就是对许慎解释的直录。另外，徐中舒（1989）、刘兴隆（1993）、马如森（2008）等均认为，“相”在甲骨文中还有假借为祭祀名、方国名和人名的用法。所有的这些意义和用法

① 本例取自徐中舒《甲骨文字典》。

均没有表达出参与者间的交互关系，因此也不是交互义。

管燮初（1981）统计了208篇西周金文，发现7例“相”作动词的用例，其中用于简单谓语句有5例，连动句中1例，兼语句中1例。除了动词用法外，管燮初在著作中没有提及“相”的其他语法功能和用例。据我们对西周金文文献①的查检，金文中的动词“相”的用法仍然是甲骨文中用法的沿袭，其主要表达的意义仍然是本义。如：

（2）师中眔静省南国相埶𠂤。（西周《静方鼎》）

静方鼎为西周早期青铜器，例（2）的“相”是考察监督（省视）的意思，句子大意为“中和静两个人巡视南方国家，并省察监督建造行宫”。

与金文文献不同，在传世文献中，“相”的用法要丰富许多。在反映商末到西周中晚期语言面貌的今文《尚书》② 中，“相”就出现了多种功能的用法。如：

（3）予其懋简相尔，念敬我众。（《尚书·盘庚下》）

（4）汝分猷念以相从，各设中于乃心。（《尚书·盘庚中》）

（5）小民方兴，相为敌仇。（《尚书·商书·微子》）

（6）今天相民，作配在下。（《尚书·吕刑》）

（7）自成汤咸至于帝乙，成王畏相惟御事。（《尚书·酒诰》）

（8）继自今立政，其勿以憸人，其惟吉士，用劢相我国家。（《尚书·立政》）

① 本小节的金文材料来自徐中舒的《殷周金文集录》和华东师范大学中国文字研究与应用中心的《金文引得·殷商西周卷》。

② 一般认为现存28篇今文《尚书》为真作，它们都是战国之前的作品。《尚书》具体的成书年代争议颇多，郭沫若、范文澜认为是商代晚期的史料遗存；陈梦家（《尚书通论》，中华书局，1985）、喻遂生（《甲骨文和〈尚书·商书〉比较研究示例》，《甲金语言文字研究论集》，巴蜀书社，2002年，205—213页）认为是西周初到中叶以前的作品。我们认为《尚书》是历史语言的直录，其反映的语言事实应比成书的时间早些，它大致反映了商代末期到西周中期的语言实际。本文对“相”的考察是在28篇今文《尚书》基础上进行的。考察的篇目为：《虞夏书》有《尧典》《皋陶谟》《禹贡》《甘誓》；《商书》有《汤誓》《盘庚》《高宗肜日》《西伯戡黎》《微子》；《周书》有《牧誓》《洪范》《金縢》《大诰》《康诰》《酒诰》《梓材》《召诰》《洛诰》《多士》《无逸》《君奭》《多方》《立政》《顾命》《吕刑》《文侯之命》《费誓》《秦誓》。其中《虞夏书》的《尧典》，《商书》中的《盘庚》《高宗肜日》和《微子》为西周中期的作品。

例（3）整句话意为“我将认真地考察你们，看你们是否体恤我的臣民”[1]。“简”和“相”是同义动词，都是“省视、考察”之义。这里的“相”用的是本义。例（4）的意思是“你们应当考虑顺从我，各人心里都要和和善善”。句中的“相从”就是追随言者主语（说话者）的意思，因此这里的“相”是偏指的用法。例（5）的“相为敌仇”就是“（小民与我们）互相为仇敌”的意思，“相”指代前文提及的话题主语“小民”和说话者双方，是互指用法[2]。例（6）意为“如今上天扶助百姓，（我们）要在下面做匹配”，其中的“相”是意为“扶助”[3]的动词。例（7）的“相”是名词，意为“辅臣”。“成王畏相”是“有成就的王，值得敬畏的辅臣”的意思。例（8）的“相”为动词，“治理”的意思。例（4）、例（5）表明，“相”开始出现在动词前状语的句法位置，这是以前所没有的现象。它表明“相”的功能得到了明显扩展。

《诗经》[4] 中“相”的用法更为丰富，除了《尚书》中出现的语义和功能外，还有一些新的语义和功能。如：

（9）诞后稷之穑，有相之道。（《诗经·大雅·生民》）

（10）相维辟公，天子穆穆。（《诗经·周颂·雍》）

（11）於穆清庙，肃雍显相。（《诗经·周颂·清庙》）

（12）追琢其章，金玉其相。（《诗经·大雅·域朴》）

例（9）的“相”表示“辅助”义；例（10）为“助祭”义；例（11）为“助祭者”义；例（12）为“质地”义。另外，从《尚书》《诗经》用例的年代来看，“相”的互指义用法不会早于其偏指义用法，或者说，二者在产生年代上没有明

---

① 本文对《尚书》的译文主要参考屈万里的《〈尚书〉今注今译》和周秉均的《白话尚书》《尚书易解》。

② “相为敌仇”，屈万里（1977）的解释为“互相敌对仇视”；周秉均（1990）的解释为“同我们结成仇敌”；李修生、朱安群（1998）的解释为“与统治阶级结成仇敌”。这些解释虽然体现了“相”的交互用法，但是事件参与者双方不同。按照屈万里的理解，交互双方是不同的“小民”；而按照周秉均等的观点，交互的双方是“小民”与统治者。我们采用后一种观点。另外，据向熹（2014），《诗经》中的“相”也有确信无疑的互指用法，如“邂逅相遇，适我愿兮”（《郑风·野有蔓草》）。

③ “扶助”与“辅助”的字面意义相同，但是动作的方向相反。“扶助”是上对下、地位高的对地位低的帮助；而“辅助”通常是下对上、卑贱对尊贵的帮助。《尚书》例（6）和例（7）两个例子告诉我们，动词“相”最初表示的是不带方向性的“帮助”行为。具体是表示“辅助”还是“扶助”之义，则受语境制约。

④ 《诗经》出现的年代应早于孔子删定《诗经》的年代。本文据此认为《诗经》产生时代大约为西周后期到春秋早期。本节相关的解释主要参考向熹的《诗经词典》。

显的先后。[①]

综上，商代末到西周春秋时期，“相”的语义和功能获得巨大发展，衍生出新的语义和功能。首先，表现为引申出动词性的辅助义、扶助义、助祭义和治理义等。其次，引申出名词性的辅臣义、助祭者义和质地义等。最后，“相”开始出现于行为动词前，为其以后发展出交互义、“一方对另一方行为”的偏向义、相继义等语义打下了句法基础，这种语义功能我们称之为“指代义”功能。《尚书》《诗经》时代奠定了“相”后期演变的基本格局，建立起“相”语义范畴的三大框架，它们分别是：考察义范畴、辅助义范畴和指代义范畴。[②]

“相”所有的这些语义功能范畴中，只有指代范畴中的互指语义功能才能表达事件参与者间的交互关系，而这一功能源于《尚书·微子》时期。这就是“相”交互义产生的源头。

3.2.1.2　“相”交互义的特征

“相”最初为动词，其动词义无论是本义“省视”，还是引申义“考察”“辅助、扶助”“治理”“相看”等语义，客观上都隐含有动作发出者的主观努力，因而带有主观性色彩。如例（2）中“相”的“省察监督”需要的正是“中”和“静”两人的主观评判和努力。他们二人正是叙述者（静方鼎铭文作者）话语中的客体对象，他们表现出来的主观性正是我们所说的“客体主观性”。

作为动词，“相”具有明显的主观性倾向，而由动词演变而来的具有指代性功能的“相”也表现有明显的主观性。以例（5）的“相为敌仇”为例，我们试

---

① 从我们能找到的材料看，“相”的偏指用法（例 4）最早见于《尚书·盘庚》，而互指用法（例 5）最早见于《尚书·微子》。（《尚书·微子》中的“相”到底是互指还是偏指用法，学界仍然存有不同看法。如果认为是偏指用法，则“相”的互指用法出现的时间还要晚。）目前学界一般认为《尚书》的《盘庚》篇要早于《微子》篇。因此，如果仅仅根据首现的年代，我们得不出“相”的互指用法早于偏指用法的结论，也就无理由说偏指用法源于互指用法。我们认为，这里所谓偏指义和互指义，到底是“相”的语境义，还是其自身固有的词汇义，尚需进一步的考证。

② 我们把“相”的语义大致分为三大范畴：考察义范畴（指由“考察/省视”义引申出来的意义。包括省视/考察、看相、看相者、形貌、质地、选择等意义。这是“相”最早的用法）、辅助义范畴（指由“辅助”等义引申出来的意义。包括辅助、扶助、助祭/礼、辅助者、助祭/礼者、宰相、封国最高官职、做官者敬称、对丈夫的敬称、读书男子的敬称、青年男子的敬称、男子的敬称、治理等意义）和指代义范畴（指由“互指/偏指”等语义引申出来的意义。包括互指、偏指、递指、共指、类比、等比、比喻等）。而“相”的交互义功能主要来自其指代义范畴的用法。三大语义范畴中，考察义范畴又是其他两个语义范畴的本源范畴。

做分析。为便于比较，我们将例（5）转录于下并重新编号为例（5a），将例（5）中的“相”换为“互”后的句子记为例（5b）。

（5a）小民方兴，相为敌仇。

（5b）小民方兴，互为敌仇。

抛开上下文，孤立地看，这两个句子都能成立。[①] 但是两相比较，二者在句义上有明显的差异：例（5a）的“相为敌仇”是“小民与统治者（包括说话者）互相为仇敌”的意思，而例（5b）的“互为敌仇”却是“小民与小民互相为仇敌”的意思。

同为表交互义的词，替换后句子前后语境没有丝毫变化。为什么句义会有这样的不同呢？笔者认为其根本原因在于“相”和“互”在表达交互义时的主客观性的不同。

“相”是一个带有主观性色彩的词，它表明说话者认为“相”所修饰的谓词的行为是事件参与者（主语）的主动的有意识的行为。例（5a）“相为敌仇”是说话者（文章叙述者）描述“小民”与统治者为敌的状况，隐含了说话者认为这种敌对是“小民”主动为之的意思。

“互”是一个带有客观性色彩的词语，它表示说话者站在旁观者立场，客观陈述“互”所饰谓词表示的事实和状态。例（5b）“互为敌仇”是说话者（文章叙述者）客观描述的一种敌对状况，这一状况与说话者无关。这种客观性的描述限制了事件参与者双方只能存在于先行项提及的对象内部，而不可能存在于“小民”与说话者（统治者）之间。[②] 因此例（5b）只能是一个客观性的交互句，理解为“小民之间互相敌对仇视”。

3.2.2 明清时期的“相”

明清时期的“相”也是一个使用频率极高的常用构词语素，其参与构成的结构主要有以下几种：相互、互相[③]和“相＋Pred.”。下面我们重点介绍其中表达交互关系的情况。

---

① “互”修饰谓词的现象最早的用例出现在西汉时期，而像例（5b）这样修饰后接宾语的谓词的用例则是更晚的魏晋时期。虽然产生时代差异巨大，但我们以为，这并不影响我们对其的主客观性分析。

② 如果交互双方一旦超出了先行项所指对象的范围，在确认添加进来的新的交互参与者过程中必然带有说话者的主观判断。

③ 这一类交互标记在上一节“交互标记‘互’”中已经讨论，本节不再展开。

3.2.2.1　相互

“相互”[①] 使用频率一直不高，直到明清时期仍然少见。它通常充当谓语的状语，但偶尔也有充当其他句法成分的用例。

3.2.2.1.1　“相互”的句法功能

3.2.2.1.1.1　“相互”作状语

明清时期“相互”主要位于谓语中心前充当状语，表示动作行为的交互性，意义相当于“互相”。如：

(13) 是日，(武) 松在巷口缉听，不合在狮子街上王鸾酒楼上撞遇李外传。因酒醉，索讨前借钱三百文，外传不与；又不合因而斗殴，相互不服，揪打踢撞伤重，当时身死。(明·兰陵笑笑生《金瓶梅词话》)

(14) 吾已算定敌人捉了刘庆，谅情必不放回，幸喜郡马大人擒得百花女回关，不如明日以女易男，相互调换。(清·李雨堂《万花楼》)

例 (13) 的“相互不服”就是“互相不服”的意思，例 (14) 的“相互调换”就是“互相调换”。两例中的“相互”都是完全的双音节副词，在句中充当谓词的状语。“相互”的这种用法在口语化的文献中较为常见。

在极少数口语化材料中，副词“相互”偶尔用来表示非交互的共同义。如：

(15) 去年握手道别时，曾经以惩戒我的短处作为相互相守的箴言，希望不要忘记。(清·曾国藩《曾国藩家书》)

例 (15) 中“相互相守”为其后名词“箴言”的定语，而“相互”为谓词结构“相守”的状语。结构中，核心谓词“守”为“遵守、恪守”之意。这一语义要求的是人对物的单方面行为，事件参与者之间不存在相互依存性关系，因此多个事件参与者之间只有共同关系，而没有交互关系。以例 (15) 为例，在恪守“箴言”这一事件上，事件参与者曾国藩及其亲人 (九弟) 之间没有相互依存关系，即曾国藩恪守“箴言”一个人就够了，并不依赖亲人，反之亦然。因此本

---

① 唐贤清 (2006) 认为双音节副词“相互”最早见于东汉的汉译佛经。卢巧琴 (2009) 认为唐贤清所用的东汉语料有问题，“相互”最早出现的例子应该在唐代左右。本小节讨论的对象既包括双音节的“相互”，也包括线性序列上相邻接的“相互”，只要是表达交互义的“相互”都在我们的范围之内。

例中的“相互相守”只能作“共同遵守”的共同义理解。

在众多明清语料中，我们仅发现这么一例表示共同义的“相互”。由此我们倾向认为，这是个人性的偶发性用法，不具有普遍性和规律性。

3.2.2.1.1.2 “相互”作谓语

明清时期文言色彩比较浓厚的文献中，“相互”还可以充当谓语。如：

(16) 艮兑分乾坤之上画，则下互有坎离。而震艮又自相互，巽兑又自相互。(清·顾炎武《日知录集释》)

(17) 数十年之中，起伏相互，风静而波犹不息。(清·王夫之《读通鉴论》)

例（16）、例（17）中的“相互”都是“相互交错”的意思，文中的“互”为动词，“交错”之意，在句中充当谓语中心语。“相”是状语，修饰谓语中心“互”。因此，这时的“相互”不是一个词，而是一个状中式的偏正结构短语。虽然如此，但它也具有交互义功能，是明清交互义表达的一种形式。

“相互”的这种用法，早在唐代就已出现，而明清只是用法的延续。如：

(18) 云“饵言糗，糍言粉，互相足”者，此本一物，饵言糗，谓熬之亦粉之，糍言粉，捣之亦糗之。凡言互者，据两物相互。(唐·贾公彦《周礼注疏》)

例（18）“凡言互者，据两物相互”中的“相互”是“相互文”之意，“相”作谓词“互”的状语。“互文”指的是两段文字互相补充、交错为文的意思，因此也表达出了交互关系义。

3.2.2.1.1.3 “相”“互”同为状语连用

有时候，状语“相”与“互”并未凝固成词，它们只是在线性序列上先后邻接，分别作其后谓词的状语，构成“相＋互＋VP”的谓语结构。这种用法可在文言色彩较浓的文献中看到。如：

(19) 仍于篇后著石刻之款识，所以与金石相互见也。(清·章学诚《文史通义》)

(20) 本朝殿廷考试，所有派出阅卷诸大臣，其取定各卷，同事中彼此不相互阅。(清·朱彭寿《安乐康平室随笔》)

例（19）“相互见”的结构为［相＋［互见］］，例（20）“不相互阅”的结构为［不＋［相＋［互＋［阅］］］］。由此可见，虽然同为状语，但是由于辖域不同，“相”与“互”的位置也不同。这种用法早在唐代就有，因此明清的用例也是古法的延续。如：

(21) 卒章言人君亲迎，俱是受女于堂，出而至庭、至著、各举其一，以相互见。(唐·孔颖达《毛诗正义》)

综上，明清时期“相互”的用例尚不太丰富，其功能也相对简单。我们稍作总结如下：在口语色彩浓厚的小说等文献中，“相互”已经是一个表交互义的双音节副词。在文言色彩较浓的文人笔记等文献中，有些“相互”虽然也表达交互义，但它是一个尚未凝固成词的状中短语，这是前代用法的沿袭。另外，即使在口语性较强的作品中，双音词“相互”表达的也不全是交互义关系，在某些情况下，它偶尔还有共同义等非交互义用法。

3.2.2.1.2　“相互”的语义语用

3.2.2.1.2.1　“相互”的辖域及语义指向

明清时期双音节副词“相互”的语义指向其前的逻辑主语，即交互事件的参与者，如例(22)中的“相互”在语义上指向“质疑求证”事件的参与者：曾国藩与韩愈、王安石等人。与语义指向不同，“相互”的辖域则为其后的部分：当其后的部分是谓词时，它的辖域就是谓词，如例(22)中“相互”的辖域即谓词“质疑求证”；当其后的部分是一个短语时，它的辖域就是整个短语，如例(13)中“相互”的辖域即为充当谓语的状中短语“不服”。

(22) 只恨当今没有韩愈、王安石一流人，可与之相互质疑求证(清·曾国藩《曾国藩家书》)

当“相互”作谓语时，此时的“相互”为状中式“相＋互”结构。“互”为谓语中心语，其语义指向其支配的事件参与者；而“相”为状语，其语义也指向事件参与者。如例(16)中，“互”的语义分别指向其支配的主语论元“震”与“艮”，“巽”与“兑”；“相”的语义指向其前的事件参与者“震”与“艮”，“巽”与“兑”。从辖域上来看，“相＋互”中的谓语中心“互”统辖整个交互事件，也就说它的辖域是整个句子；而“相”的辖域则是其后的谓语中心“互”。如例(17)中，“互”的辖域是整个小句“起伏相互”，而“相”的辖域则只是谓语中心“互”。

当“相互”中的“相”与“互”分别作状语修饰其他谓语中心语，构成“相＋互＋VP”结构时，二者的语义指向和辖域有所不同：“互”的语义指向交互事件参与者，但辖域却是其后的谓语中心成分。如例(19)，“互”的语义指向前文的“款识”和“金石”，而它的辖域则是其后的谓语中心语“见”。与“互”不同的是，“相”的语义指向也是事件参与者，但是它的辖域却是其后的谓语“互＋VP”。比如，例(19)中“相”的语义指向是隐含主语“款识”和“金石”，辖域是谓语“互见”。

3.2.2.1.2.2　“相互”与其他状语的位置

当交互副词“相互”与其他状语连用时，“相互”是距离谓语中心最近的状语。如例（22）“可与之相互质疑求证”中，“相互”与助动词“可”、介宾短语“与之”都是谓语中心“质疑求证”的状语，其中“相互”是距离谓语中心最近的状语。

当“互”为谓语动词，“相互”为状中式“相＋互”结构时，“相”是离谓语中心“互”最近的状语。如例（16）中的“自相互”，一般不能说成“相自互”。

当在“相＋互＋VP”结构中时，“相＋互”也是离谓语中心最近的状语；而“相”与“互”中，“互”又较“相”更近于谓语中心。如例（19）“与金石相互见”中“相互”不能放在“与金石”之后，说成“相互与金石见”；“相”也不能放在“互”之后，说成“与金石互相见”。①

3.2.2.1.3　“相互＋Pred.”中的“Pred.”

3.2.2.1.3.1　谓词的音节

明清时期，当“相互”为双音节副词时，其所修饰的“Pred.”通常为双音节动词，偶尔也可以是复音节的短语。如上文例（14）中，副词“相互”修饰动词“调换”；上文例（13）中，“相互”将作状中短语“不服”纳入自己的辖域；上文例（22）中，“相互”修饰四音节的并列短语“质疑求证”。

当“相互”作为并列短语时，“相”与“互”分别作状语修饰谓语，构成“相＋互＋Pred.”的结构。因为处于不同的结构序列中，所以它们所修饰成分的音节也不相同。“互”修饰其后“Pred.”，这时候的“Pred.”大多数为单音节动词；而“相”修饰双音节的“互＋Pred.”短语。如例（19）和例（20）中，“互”修饰的是单音节谓语中心语“见”和“阅”；而“相”修饰的是作谓语的双音节状中短语“互见”和“互阅”。

---

① 根据张谊生（1996）、杨荣祥（2005）等学者的研究，首先，“相互与金石见”中的状语“相互”不能位于状语“与金石”之后，否则便不符合汉语状语排列的先后顺序规律，成为不合法的句子。其次，从小句韵律上讲，“相互与金石见”或“与金石互相见”的谓语中心不能是单音节的“见”，必须是双音节的“VP”，如“共见”等。最后，如果将“与金石相互见”转写成“与金石互相见”，将其中的“相互”变成“互相”，那么“相互”就由双音节短语“相＋互”变成双音节词“互相”，这样就丢失了原有的句法结构。因为，明清时期，虽然“相互”在口语中也已成词，但是“相＋互＋V”结构在文言色彩较浓的文献中还有比较多的存在。而此期的“互相”早已成词，“互＋相＋V”的结构则无论在口语中还是书面语中已经难以寻觅，通常都是“互相＋V”的结构。

当“相互”作为状中短语时，“互”为“交错”义动词，充当所在结构的谓语，而“相”则作状语修饰单音节的“互”。此时的“相互”后通常不接任何东西，为光杆形式，如前文例（16）、例（17）。

概括言之，在口语化强的文献中，“相互”主要修饰双音节谓词；而口语色彩弱、文言色彩浓的文献中，“相互”是一个尚未成词的短语，它们修饰的或是单音节谓词，或是作谓语的双音节短语。

3.2.2.1.3.2 “Pred.”的句法语义

此期，交互义状语“相互”所修饰的谓词都是动词，谓词的词性相对单一。从配价看，此期无论是双音节副词“相互”，还是单音节连用的短语“相＋互”，它们修饰的谓词大多数为二价，少见一价谓词（如“互”）。这些谓词的直接支配的表层对象有时只有一个，但是在深层语义上，它们却同时联系着两个或两个以上的事件参与者，因而是一价多项[①]谓词。

与“互相”相比，无论是在使用频率、数量上，还是在所饰成分的句法语义丰富度上，明清时期的“相互”都远远不如。种种迹象表明，“相互”的接受度还远不如“互相”，这或许与二者产生的时代，以及语法化的程度有关。[②]

3.2.2.2 “相＋Pred.”

明清时期，“相＋Pred.”结构使用频繁，其中有的已经凝固为双音词，有的仍然为短语。从其充当的句法成分和语义上来看，结构中的“相”可作谓语，表示“查看”“辅佐”等意义，如“相视”等；也可作状语，表示“一方对另一方的单向行为”（如“相容”等），或者表示“参与者双方的交互行为”（如“相见”等），或者表示“参与者间的依次、递次行为”（如“相继”等）等意义。这里，我们侧重描写与交互关系表达相关的句法、语义和功能。

3.2.2.2.1 “相 + Pred.”的句法功能

3.2.2.2.1.1 “相 + Pred.”作谓语

明清时期，“相＋Pred.”最常见的句法功能就是充当句子的谓语。如：

（23）一面邀请到家中，让至楼上坐，房里唤出金莲来，与武松相

---

① 本文“位”“项”“联”等配价概念来自袁毓林（1998）。

② “互相”在两汉时期便有了较明确的双音节副词用法，而“相互”可能要到唐代才出现零星的双音节副词用法，在时间上，二者相差了几百年。详细参见唐贤清（2006）和卢巧琴（2009）。另外，“互相”早就完成了词汇化，是一个双音节词；而“相互”到明清时期还有短语用法，还没有彻底词汇化。前者语法化的程度明显高于后者。

见。(明·兰陵笑笑生《金瓶梅词话》)

(24)只说是夫妻们百年相伴，谁知道鸳鸯鸟半路分单。(清·省三子《跻春台》)

除作简单单句的谓语外，它还可以充当复杂单句的谓语。如：

(25)后边有这些同年故旧来望，李侍讲只得戴了几年不曾戴白梅头纱帽，穿了几年不曾穿黰气圆领，出去相见。(明·陆人龙《型世言》)

(26)一日，谢大德在路旁见岳父杨寿基对面而来，上前作揖相见。(清·省三子《跻春台》)

(27)王喜急促记不起，那人却叫人来请他去营中相见。(明·陆人龙《型世言》)

例(25)、例(26)是"相+Pred."用于连动句的例子，而例(27)则是兼语和连动的混合句式。

"相+Pred."还可出现在复句之中。如例(28)中，"相看"位于联合关系的复句中；例(29)中，"相逢"则于因果关系复句的原因分句中作谓语。

(28)同行的人都面面相看，没有计策。(明·陆人龙《型世言》)

(29)你我萍水相逢，况且男女有别，你与我无干，我管你不着。(清·文康《儿女英雄传》)

3.2.2.2.1.2　"相+Pred."作状语

明清时期，也有"相+Pred."充当句子状语的情况。如：

(30)何缘得遂生平愿，化作鸾凰相对飞。(明·陆人龙《型世言》)

(31)抬到家中，父母、妻子、兄嫂相向而哭。(清·省三子《跻春台》)

3.2.2.2.1.3　"相+Pred."作定语

"相+Pred."还常常作句子的定语。例(32)和例(33)的定语"相应"和"不相干儿"都位于中心语之前，例(34)中的"相配着的"则是中心语"才子佳人"的后置定语。

(32)大户知道不容，却赌气倒赔房奁，要寻嫁得一个相应的人家。(明·兰陵笑笑生《金瓶梅词话》)

(33)不过是个过路儿的人遇见桩不相干儿的事。(清·文康《儿女英雄传》)

（34）自古佳人才子相配着的少，买金偏撞不着卖金的。（明·兰陵笑笑生《金瓶梅词话》）

3.2.2.2.1.4 “相+Pred.”作宾语

“相+Pred.”也可以充当句子的宾语。作宾语时，“相+Pred.”或者充当判断句的宾语，或者充当存现句的宾语，要不然就是转类为名词后再充当宾语。如：

（35）他说吴家的不是正经相会，是私下相会。（明·兰陵笑笑生《金瓶梅词话》）

（36）老身到此并无相识，何处寻媒？（清·省三子《跻春台》）

（37）大官人本不在家，刚才和一相知，往狮子街大酒楼上吃酒去了。（明·兰陵笑笑生《金瓶梅词话》）

（38）这就叫作“不打不成相与”。（清·文康《儿女英雄传》）

例（35）的“相会”是判断动词“是”的宾语；例（36）的“相识”是否定动词“无”的宾语；例（37）的名词“相知”是介词“和”的宾语，所构成的介宾短语充当其后连动谓词的状语；例（38）的名词“相与”是动词“成”的宾语。

3.2.2.2.1.5 “相+Pred.”作主语

明清时期，也有少数“相+Pred.”作主语的用例。如：

（39）西门庆道：“提刑所贺千户新升新平寨知寨，合卫所相知都郊外送他来。（明·兰陵笑笑生《金瓶梅词话》）

（40）武松道：“早间有一相识请我吃饭，……”（明·兰陵笑笑生《金瓶梅词话》）

例（39）的“相知”为其后谓词“送”的主语；例（40）中的“相识”是兼语，它既是动词“有”的宾语，又是动词“请”的主语。

3.2.2.2.1.6 “相+Pred.+的”

此期的“相+Pred.”短语后面还可以加助词“的”，构成相应“的”字短语，在句中主要充当主语、宾语等成分，偶尔也作谓语。如：

（41）我这里内官太监，府县仓巡，一个个都与我相好的。（明·兰陵笑笑生《金瓶梅词话》）

（42）迤逦行来，免不得朝登紫陌，夜宿邮亭，一路看了些山明水秀，相遇的无非都是各路文武官员，进京庆贺寿诞，生辰扛不计其数。（明·兰陵笑笑生《金瓶梅词话》）

(43) 都道是“人心不同，各如其面”，怎生有这等相像的！(清·文康《儿女英雄传》)

例 (41) 中的“相好的”在句中作谓语中心；例 (42) 的“相遇的”为句子的主语；例 (43) 中的“相像的”则是句中的宾语。

3.2.2.2.2 “相 + Pred.”中的 Pred.

3.2.2.2.2.1 谓词的音节限制

从结构成分的音节上看，明清时期的“相＋Pred.”中的“Pred.”大多数时候是单音节的词或语素，如前面例句中“相见”“相看”“相知”“相逢”等的“见”“看”“知”“逢”[①]；少数情况下也可以是双音节结构，如例 (46)、例 (47) 中的“庆贺”“知心”就是双音节短语。

(44) 树叶还有相逢处，岂可人无得运时。(明·兰陵笑笑生《金瓶梅词话》)

(45) 只因王汝弼当年乘夜出门进省，医道颇行，因医提督桂秀岩之病，相与交厚。(清·省三子《跻春台》)

(46) 董贼之罪，弥天亘地，不可胜言！受诛之日。长安士民，皆相庆贺，汝独不闻乎？(明·罗贯中《三国演义》)

(47) 人生乐在相知心。(明·陆人龙《型世言》)

总之，受韵律规律制约，“相＋Pred.”结构中，如果“Pred.”为单音节，其前修饰成分一般是单音节的“相”，如例 (44) 等；如果“Pred.”为双音节，其前修饰成分则通常是“相”字双音节词，如例 (45) 的“相与”；或双音节成分，如例 (46) 的“皆相”；偶尔也会出现单音节“相”修饰双音节“Pred.”的用例，不过它们通常是前代用法的遗存，如例 (47) 就是引自宋人王安石的诗句。

3.2.2.2.2.2 “Pred.”的句法语义

从词性的角度来看，“相＋Pred.”中“Pred.”多数是动词性的成分，少数为形容词性的。如前面所举例子中的“Pred.”都是动词或动词性语素。再如：

(48) 相处中说甚利钱！(明·兰陵笑笑生《金瓶梅词话》)

(49) 只说是夫倡妇随长相伴，谁料得含冤负屈不团圆。(清·省三子《跻春台》)

例 (48) 中的“处”为“交往”之意，例 (49) 中的“伴”为“陪伴”之意，

---

① “相见”“相知”“相逢”等已经成词，所以它们中的“见”“知”“逢”就是构词语素；而“相看”还是短语，结构中的“看”就是单音节词。

二者都是普通行为动词。

Pred. 为形容词成分的例子，如：

(50) 进学之后，有个父亲相好的友人，姓谢名琛，号度城，住在马鞍山下。(明・陆人龙《型世言》)

(51) 此样人真令我口念心想，他若肯匹配我倒也相当。(清・省三子《跻春台》)

例 (50)“相好”中的“好”为典型的性质形容词，例 (51)“相当”中的“当”意为“合适、匹配”，是形容词性的语素。

从语义的指向上看，“Pred.”指向其所支配的事件参与者，包括直接论元和间接论元等。如：

(52) 布曰：“兄醉矣！先父弃世多年，安得与兄相会?”(明・罗贯中《三国演义》)

(53) 把银用尽，即打烂伕，有相识者荐他在泉源堂帮工，常至陈家收讨药账。(清・省三子《跻春台》)

例 (52) 中“相会”的“会”，在语义上指向它们支配的共事双方，即“布 (吕布)”与“兄 (鲁肃)”。例 (53) 中“相识”的“识”也指向共事双方，即隐含在深层语义中的“朋友”与“他”(冯仁义)。

明清时期，无论“Pred.”是否为及物性结构，在表层结构上，交互性“相＋Pred.”后面以不接宾语为常。如：

(54) 陈留王曰：“此间不可久恋，须别寻活路。”于是二人以衣相结，爬上岸边。(明・罗贯中《三国演义》)

(55) 铁公子就为他还了饭钱，与他到高秀才家，引他见了姐姐，又弟兄相认了。(明・陆人龙《型世言》)

(56) 如今做了外官，倒不晓得大帅是同皇上相反，一个个是要看大字的，这个只好等卑府慢慢学起来。(清・李伯元《官场现形记》)

(57) 逢若道：“连日不见，今日有事特来相商。不料高兴，看戏去了。”(清・李绿园《歧路灯》)

有意思的是，在本期，如果“相＋Pred.”后接了宾语，那么平时被识解为交互关系的句子，常常会被重新识解为非交互句。试比较以下几例：

(58) 第一要才学，第二就要人品了。又要好相处，没些说是说非，翻唇弄舌，这就好了。(明・兰陵笑笑生《金瓶梅词话》)

(59) 这悟通中年时，曾相处一个菩提庵秋师姑，年纪仿佛，妙智也去踹得一脚浑水。(明・陆人龙《型世言》)

(60) 夫人就差了杨兴，还与他一个公干小票，叫他同胡似庄到任所相见。(明·陆人龙《型世言》)

(61) 无垢……相见无尘，道："前日师弟标致，如今越标致了，年纪老少不同，可也与无垢师弟面庞相仿，一个模子塑的。"(明·陆人龙《型世言》)

明清时期，"相处"与"相见"已经是常见的交互词，表示事件参与者之间"相互依存"的"同为施受"等关系，如例(58)和例(60)。然而，当它们后接事件参与者作宾语时，情况却发生了很大的变化。例如句子(59)和例(61)中，虽然在深层的逻辑语义上，两句中的"相处"和"相见"仍然是指参与者双方"相互依存"或"同为施受"的关系，表达的仍然是交互关系，但是，由于表层句法形式中，"相处"和"相见"之前分别是单数事件参与者主语"悟通"和"无垢"，后面又分别接了单数事件参与者宾语"秋师姑"和"无尘"，这极大地增强了句子主语"悟通""无垢"行为上的主动性，而宾语行为的主动性被极大弱化，以至于人们难以察觉他们主动性的存在。这主观性的一增一减就直接导致了整个交互事件中，参与者双方在表达谓语动作行为中的地位失衡：主语的施为性占据统治地位，而宾语的施为性则变得极为隐晦。这种结构上主谓宾要素齐全的SVO句子，常常被识解为主语对宾语的单方行为。长此以往，这种状态下的"相+Pred."往往就被解释成"一方对另一方的单方行为"，"相"的语义功能就成了表示偏指义，而非互指义。

交互关系的表达，本质上是表示几个事件参与者之间交相互为的行为关系，这决定了交互句的典型句法环境是：逻辑主语必为复数，句子谓语不带逻辑宾语。因为，如果逻辑主语为单数，那么人们难以找到参与者间存在相互依存的不可或缺的"同为施事与共事"或"同为施受"的关系，于是句子就很可能会引发非交互关系的解读，如上面的例(59)和例(61)。反之，如果句子的逻辑主语为复数(尤其是强调双方的复数)，同时其后的逻辑宾语为逻辑主语，那么，该结构则很容易引发交互义解读。如：

(62) 王太守也道他是护短的言语，也不相信。(明·陆人龙《型世言》)

(63) 大凡忠臣难做，只是一个身家念重，一时激烈，也便视死如归，一想到举家戏辱，女哭儿啼，这个光景难当，故毕竟要父子相信。(明·陆人龙《型世言》)

例(62)中的"相信"主语为单数，虽然其后没有形式宾语，但隐含着逻辑宾语"他"，因此其句法环境仍然是非交互环境，表达的不是交互义，而是"一方对另一方行为"的单向行为关系。例(63)中的"相信"却不同，它出现于上述所说的典型的交互句法环境中：主语为复数，逻辑宾语即主语“父子“，在语义上引发读者做出事件参与者为“同为施受”关系的识解，因此它是一个交互句。“相信”表示“相互信任”的交互用法早在战国时期就已出现。如：

（64）乡方略，审劳佚，谨畜积，修战备，齺然上下相信，而天下莫之敢当。（战国·荀况《荀子·王霸》）

到了明清时期，“相信”已经是一个典型的非交互动词。像例（63）这种复古的交互义用法已经非常少见。

3.2.2.2.3　“相 + Pred.”中的“相”

3.2.2.2.3.1　“相”语义指向

与“互”一样，“相”是距离谓词核心成分最近的状语，其语义指向谓词事件参与者，即“相＋Pred.”中“Pred.”的逻辑主宾语。如：

（65）姜金定道：“老祖不到俺国中，弟子却到哪里来相会?”（明·罗懋登《三宝太监西洋记》）

（66）汤彪道：“人生何处不相逢，吾辈后会有期。”（清·寄生氏《五美缘》）

例（65）、例（66）的“相”语义上分别指向“相会”和“相逢”的参与者，即文中的“老祖”“姜金定”和“人”。

3.2.2.2.3.2　“相”的辖域分析

根据张谊生（1996a），汉语状语的语义辖域越宽，那么它的位置就越前。“相”及其短语通常是最接近谓语核心的状语，这表明它的辖域很可能为所有状语中最狭窄的。明清时期的用例证实了这一推论。如：

（67）程道者也作一诗相和……（明·陆人龙《型世言》）

（68）安老夫妻看了，只欢喜得连说“有趣”，相顾而乐。（清·文康《儿女英雄传》）

（69）布揖曰：“久不相见，今居何处?”（明·罗贯中《三国演义》）

例（69）中“相”的辖域仅仅是其后的谓词核心成分“见”，而状语“久”的辖域为短语“不相见”，状语“不”的辖域为“相见”，它们的辖域都比“相”更宽，因此它们的位置也在“相”之前。

3.2.2.2.3.3　“相”的句法语用功能

董秀芳（2001）认为，偏指代词“相”具有确定和标记焦点的作用。就明清语料来看，“相＋Pred.”通常位于句末，后面通常不接其他补充性成分，因此句末的“相＋Pred.”就是句子的常规焦点所在，这与“相”表偏指、互指还是递指无关。句末“相＋Pred.”中“相”的确定和标记焦点功能，在语用上就是言说者标记观点的主观性行为。从这个角度看，“相”还是一个主观性标记，它标记着句子所表示的交互事件是逻辑主语（事件参与者）的主观性行为。这种主观性在与“互＋Pred.”交互句的比较中尤为突出。如：

（70）由是，土人与苗互结姻亲，情多牵制。（明·郑晓《今言》）

（71）此章上下五句，各以韵相叶，而互见其义耳。（明·陆容《菽园杂记》）

（72）陈留王曰：“此间不可久恋，须别寻活路。”于是二人以衣相结，爬上岸边。（明·罗贯中《三国演义》）

（73）三日，纪指挥来贺，高秀才便请二小姐相见。（明·陆人龙《型世言》）

比较例（70）的“互结”与例（72）的“相结”，例（71）的“互见”与例（73）的“相见”。例（70）的“互结”明显是对双方姻亲关系的客观描摹，而例（72）的“相结”则是陈留王和汉献帝二人主动把衣服互相打结的主观行为。例（71）中的“互见”的逻辑主语（事件参与者）是“上下五句”，它们是生命度为零的客观事物，因此不存在主观上追求“互见其义”的问题。另外，“互见其义”本身也是一种结果，一种不以个人的主观性而转移的结果，因此它本身就是客观的。例（73）的“相见”明显是“二小姐”主动的结果，是“相见”双方主观性意志下的行为，所以“相见”具有较强的主观性。

上述四例中，包括例（71）“以韵相叶”中“相叶”在内的，所有的“相V”结构中的“相”都可以换成“互”，但是所有句子中的“互V”结构中的“互”都不能换成“相”。这其中的理据还有待更进一步的研究。

第 4 章
明清指代交互词语

明清时期具有指代性的交互表达主要有交互代词“彼此”、“相”类交互表达和“厮”类交互表达。因为“相”在现代汉语中通常被认为是交互标记，因此我们将其放在上一章“明清交互标记”中讨论，本章我们着重描写另外两种具有指代性的交互表达。

4.1 交互代词“彼此”

4.1.1 “彼此”交互义的产生

4.1.1.1 “彼此”的产生

“彼”最早见于春秋时期的金文，金文作“”。如“徐𩛥尹钲铖”的铭文“[illegible]皮（彼）[1] 吉人亯（享）”（《金文引得·春秋战国卷》）。《说文解字》：“彼，往有所加也。”徐锴《说文解字系传》：“彼者，据此而言，故曰有所加。”也就是说，“彼”是相对于“此”而言的，比“此”的距离更远一些。因此，“彼”的本义就是我们现在所说的远指代词，相当于现代汉语的“那”。

① 金文中常假“皮”为“彼”。

"此"甲骨文作""（甲 1503），通常认为它在甲骨文中为"祡"之省文，一种烧柴祭天的祭祀名称①，如，"烄、此，有雨"（《甲骨文合集》30789）。"此"金文作"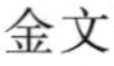"（《此尊》），字形与甲骨文相近。它在金文中用作人名，如，"此乍（作）宝彝"（《此鼎》）②；还假借为近指代词，与"彼"相对，如，"余冉铸此钲钺"（《南疆钲》）。由此看来，许慎《说文解字》"此，止也，从止从匕"，林义光《文源》"此者，近处之称。近处即其人所止之处也"等解释都为"此"的假借义。

传世文献中"彼""此"最初为远指和近指用法，相当于"那""这"。如：

（1）亦越武王，率惟敉功，不敢替厥义德，率惟谋从容德，以并受此丕丕基。（《尚书·立政》）

（2）彼黍离离，彼稷之苗。（《诗经·王风·黍离》）

早在《诗经》时代，"彼""此"就有代词的用法。如：

（3）在彼无恶，在此无斁。（《诗经·周颂·振鹭》）

例（3）中的"彼"与"此"为远指和近指代词，"那里""这里"的意思。从语用上看，说话者用这种上下文对举的"彼""此"并不是指代具体的"那里"和"这里"，而是借此来表示"到处、处处"的遍指义。

例（3）中"彼""此"的这种分立对举的用法，进一步发展就成了衔接在一起的对举"彼此"。如：

（4）彼：正名者彼此。彼此可，彼彼止于彼，此此止于此；彼此不可，彼且此也。（战国·墨翟《墨子③·经说下》）

（5）凡人主者，猛毅则伐，懦弱则杀。猛毅者何也？轻诛杀人之谓猛毅。懦弱者何也？重诛杀人之谓懦弱。此皆有失彼此。凡轻诛者杀不辜，而重诛者失有罪。（战国《管子④·参患》）

据孙诒让《墨子间诂》，例（4）中的"彼"和"此"代指两个独立（或对立）

---

① 参见徐中舒（1989）、刘兴隆（1993）、马如森（2008）。

② 参见陈初生：《金文常用字典》，陕西人民出版社，1987。

③ 本例的标点取自新编诸子集成本《墨子间诂》，孙诒让著，孙起治点校，中华书局 2001 年版。通常认为《墨子》非一人一时所作，但比较一致的观点是，《墨子》中的《经》上下和《经说》上下几篇均是墨子自作或者口述由弟子记录的作品。

④ 《管子》是一部重要的先秦典籍，通常认为不是管仲所著，而是"齐国稷下学者著作的总汇"。（张岱年，《〈管子〉学说的历史价值》，《管子学刊》1987 年第 1 期，7—8 页）其成书年代争议颇多，一般认为是战国至西汉时期。本文这里采用上限的观点，即成书于战国时期。

的不同事物。句子大意为：（要正确指称）“彼”，就要准确界定“彼”和“此”。（如果）“彼”“此”界定准确了，（那么）那个“彼”仅仅是“彼”，这个“此”也仅仅是“此”；如果“彼”“此”没有准确界定，（那么）“彼”就是“此”。句中的“彼此”还是两个独立的词构成的并列短语，“彼”和“此”仅仅是线性序列上的前后相接。句子“彼彼”“此此”中的第一个“彼”和“此”已经不是指示空间远近的指示词，而是空间指示代词，意为“那个”和“这个”。

例（5）中的“彼此”所指代的对象，既不是单纯指代空间远近，也不是指代在空间位置上有远近的具体事物，仅仅是两种对立的性格（“猛毅”和“懦弱”）。这种以对立指代对立的用法表明，此时的“彼此”已经不再是短语，而是一个双音节词。[①] 虽然此时的“彼此”还没有表现出参与者（“猛毅”和“懦弱”）间相互依存或同为施受的交互关系，还不是一个表达交互关系的交互词，但是它的成词为以后的发展演变奠定了基础。也就是说，双音节词“彼此”一经产生就天然具有指代先行项双方（复数事件参与者）的天赋技能，这一功能是表达交互关系的必要条件之一。

4.1.1.2　“彼此”交互义的产生时代

魏晋六朝时期，双音词“彼此”大量使用，功能发生扩展，开始出现在交互句中，帮助表达交互关系。如：

> （6）蓝田于会稽丁艰，停山阴治丧：右军代为郡，屡言出吊，连日不果。后诣门自通，主人既哭，不前而去，以陵辱之。于是彼此嫌隙大构。（魏晋·刘义庆《世说新语》）

例（6）“彼此嫌隙大构”是参与者双方（王述与王羲之）相互作用的结果，“嫌隙”依赖于双方而存在，缺一不可。因此该句比较明显地表达了双方之间的交互关系。但是如果仔细分析，我们会发现，句中真正表达交互关系的却是“嫌隙”，而非“彼此”。因为如果我们删略句中的“彼此”，句子的意义不变，参与者间的关系仍然是交互关系，只不过变得比较隐晦而已。由此可知，例（6）中“彼此”的主要作用是结构上回指上文的先行项，语用上起着延续话题并引出焦点的作用，语义上指代并强调事件参与者双方。这种种功能，唯独不包括表达交互关系。综上，我们以为本例中“彼此”还不是典型的交互代词，还只是一个指代复数先行项的普通代词，在句中帮助交互义的表达。

当“彼此”功能进一步扩展，或在非交互语境中表达交互关系，或删去后

① 词的判定标准参见黄月圆（《复合词研究》，《国外语言学》1995 年第 2 期，1—9 页），董秀芳（《词汇化：汉语双音词的衍生和发展》，四川民族出版社，2002 年）。

所在的句子就无法做出交互关系识解，此时，我们才说它是一个典型的交互词，独立表达交互关系。这一阶段的完成也是在魏晋时期。如：

(7) 若谓人禀正性，不同凡物，皇天赋命，无有彼此，则牛哀成虎，楚妪为鼋，枝离为柳，秦女为石，死而更生，男女易形，老彭之寿，殇子之夭，其何故哉？（东晋·葛洪《抱朴子》）

本例中的“彼此”与例（5）中的“彼此”虽然都是充当所在句子的宾语，但二者语义并不相同。例（5）中的“彼此”指的是“各自的本意”，它所表示的关系只是与参与者自身相关，参与者相互之间并无瓜葛。而本例中的“彼此”指对立双方的“差异、不同”，这就涉及参与者之间的相互比较，而这种比较关系正是相互依存的交互关系。因此，例（5）不是交互句，而例（7）却是交互句。

根据上文的考察，“彼此”交互义的演变历程如图 4.1 所示：

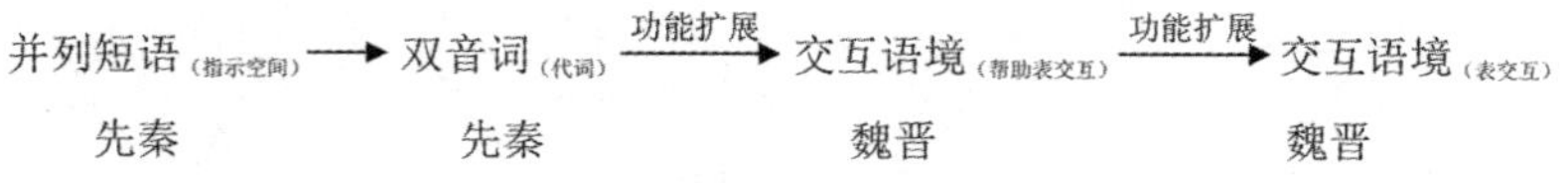

图 4.1　“彼此”交互义演变图

4.1.2　明清时期的“彼此”

4.1.2.1　“彼此”的交互义项

现代汉语中，“彼此”是一个多义词。《汉语大词典》认为“彼此”有三个义项：① 那个和这个，双方；② 指不一致或不一致的意见；③客套话。表示大家一样。《现代汉语词典（第七版）》则少了第二个义项，其他均相同。王晓辉认为“彼此”有三个义项：① 统称的两方、双方；② 统称多方中的两方；③ 不同、区别。[①] 明清时期，“彼此”的使用空前繁荣，上述意义的用法它全都具有。如：

(8) 二人遂指天为誓，彼此切莫背盟。（明·安遇时《包公案》）

(9) 原来两个尚书已自先到了厂里，三位老爷彼此相见，叙序坐下，即时吩咐左右的筑起台来。（明·罗懋登《三宝太监西洋记》）

(10) 与吴氏两个朝夕相傍，顷刻不离，抚育儿子，不分彼此。（明·陆人龙《型世言》）

① 王晓辉：《反义复合词“彼此”的词汇化及其成因》，《宁波大学学报（人文科学版）》2016 年第 1 期，45—50 页。

(11) 周员外连忙举手抱拳说:“圣僧久违。”和尚说:“彼此彼此。”(清·郭小亭《济公全传》)

以上诸例中,“彼此”的意义各不相同。例(8)中指“双方”(统称);例(9)为“(多方中任意)两方”之意;例(10)为“(两方或多方间的)不同、区别”的意思;例(11)为一种客气的寒暄话语,表示“大家一样”的意思。

此外,明清汉语中的“彼此”还有其他的语义和用法,较少为人们提及。如:

(12) 众官见姬伯年迈,精神加倍,彼此慰喜。(明·许仲琳《封神演义》)

(13) 朝霞听见二小姐在那里彼此相疑,便说道:“朝霞虽不知诗中意味,但其人之风情韵致,我朝霞目睹的,必竟诗思不群,字体有致,必无相反之理。”(清·樵云山人《飞花艳想》)

(14) 三个见面,彼此落泪。(清·步月斋主人《幻中游》)

例(12)中的“彼此”指的是多人(三人以上)之间的“各自”;例(13)中的“二小姐”指的是“雪小姐”和“梅小姐”二人,“彼此”则指她们两人的“各自”;例(14)中,“彼此”用于统称多人,其意义相当于“大家、全体”。

我们将上面情况加以综合,认为明清的“彼此”主要有以下语义功能。

首先,表示“大家”义,统称所有事件参与者。如果参与者是双方,就是统称指双方,如例(8)。如果参与者是多方,则统称多方,如例(14)。

其次,表示“各自”义,分指事件参与者中的每一人。如果参与者是双方,那么指双方中的“各自”,如例(13)。如果参与者是多方,则指多方中的“各自”,如例(12)。

再次,表示“大家一样”义。寒暄用语,常用“彼此彼此”的重叠形式。

从次,表示“(两方或多方间的)不同、区别”义,如例(10)。

最后,相当于“互相”。参与者为多方的时候,表示任意双方之间的“互相”,可解释为“两两”,如例(9)的“彼此相见”就是多方的“两两相见”。参与者为两方的时候,就解释为“互相”,如后文例(15)的“彼此相视”就是两人“互瞧”。

虽然“彼此”有上述诸多意义和用法,但是根据我们的判定标准,它们并非都表达出了交互关系,并非都是交互义。在表“大家”“各自”义的时候,“彼此”并无交互义;而在表示“大家一样”“不同、区别”和“互相”义的时候,表达的则是交互义,体现的是参与者间的交互关系。

4.1.2.2 明清的“彼此”

4.1.2.2.1 “彼此”的句法功能

代词“彼此”在句中主要充当主语、定语和宾语，一般不充当状语、谓语和补语等句法成分。

4.1.2.2.1.1 “彼此”作主语

“彼此”作主语可以表示“互相”“各自”和“大家”等意义。如：

(15) 山小姐接了，与冷绛雪同看。看了一遍，二人彼此相视。(清·荻岸散人《平山冷燕》)

(16) 三个见了宋江，没半点相疑，彼此倾心吐胆，诉说平生之事。(明·施耐庵《水浒传》)

(17) 三个见面，彼此落泪。(清·步月斋主人《幻中游》)

(18) 盖闻天下诸侯，彼此皆兄弟之国。(明·许仲琳《封神演义》)

(19) 但冯二已曾责子在先，何况与孙文相忿殴，彼此俱伤，歇后身死，又在保辜限外，问之抵命，难以平允。(明·兰陵笑笑生《金瓶梅词话》)

(20) 秦凤仪用这法，果然得了二甲赐进士出身，未及选官，因与同乡李天祥进士，同年邻智吉士交往，彼此都上疏论时政，道：“进君子，退小人，清政本，开言路。”(明·陆人龙《型世言》)

以上六例，例(15)的“彼此”意为“互相”，表达出了交互关系，是交互句。例(16)、例(17)中的“彼此”意为“各自”，表达的是事件参与者个人的行为，参与者之间没有相互依存关系，因此不是交互句。例(19)和例(20)为“大家”义，表示的是参与者共同的行为或情状，因此表达的是共同义而非交互义。

例(18)比较特殊，句中的“彼此”既可以理解为统称多方的“大家”义，也可以理解为多方中的任意两方，即“两两”义。不同的理解，对“彼此”考察角度不同：前者侧重于从参与者整体着眼，此时“彼此”表示的是共同关系，为共同义；后者着眼于个体之间的关系，表示的是交互关系，为交互义。虽然如此，不同的理解对整个句子的意义和交互关系表达却没有什么影响。句子的名词谓语“兄弟之国”保证了句子的交互义。几个国家只有互相成为对方的“兄弟”，才是“兄弟之国”。在“兄弟之国”这点上，相关国家的关系是互相依存的：一个国家无法成为“兄弟之国”。

例（18）表明，“彼此”在充当主语时，其所在句子并非一定是交互句，是否为交互句还要受到谓语等句法环境的影响。“彼此”只是为句子交互义的表达提供了一个必要条件而已。这再次证明：词语的交互不等同于句子的交互，前者的表达要受到句法层面的种种压制。交互词所在的句子不一定表达交互义，没有交互词的句子也不一定不表达交互义。

4.1.2.2.1.2　“彼此”作定语

明清时期，“彼此”主要的句法功能还是充当主语，作定语的情况比较少见。作定语时，“彼此”也可以表示不同的意义。如：

（21）秦王道：“我与你小金牌一面，系在臂上，若遇饮酒之时，见了金牌，当饮十杯，只饮三五杯，彼此之情已尽！”（明·诸圣邻《大唐秦王词话》）

（22）而且你我何等情分，我这园子就像你家的一样，千万不可存了彼此的心。（清·魏秀仁《花月痕》）

（23）盖国有贰，则天下向背之心生；向背之心生，则彼此之党立；彼此之党立，则谗间之言启；谗间之言启，则父子之隙开。（清·毕沅《续资治通鉴》）

“彼此”在例（21）中为主语的定语，为“大家”义；在例（22）中为宾语的定语，意为“不同、区别”；在例（23）中为主语的定语，意为“各自”。这三例，只有例（22）的“彼此”表达了交互义。

4.1.2.2.1.3　“彼此”作宾语

明清时期，“彼此”作宾语的用例多于作定语的用例，同时清代的用例又多于明代的用例。两个时期，“彼此”作宾语的句子大部分都有表达交互义，也有少数没有表达交互义。如：

（24）君臣父子，总系至亲，又何分彼此哉。（明·许仲琳《封神演义》）

（25）自今以往，信使继踵，商贾不绝，无有彼此，是所愿也！（清·毕沅《续资治通鉴》）

（26）李（陵）见苏（武）心不从，始言久而得见，今则恐难再会也。濯长缨、结绸缪，愿同仕而相好；次则兴起古人，即事物以喻彼此，直言人生不过欲遂所愿。（明·郎瑛《七修续稿》）

例（24）、例（25）中的“彼此”解为“不同、区别”。此类意义暗含有比较的双方甚至多方，各方间的差异和不同是在相互比较中存在的。例（26）“喻彼此”中的“彼此”解为“双方”（“大家”义），它句中所指代的成员没有表现出相互依存性，因此这里的“彼此”不存在交互性，不是交互词。

明清时期，“彼此”作宾语时大多数情况下表交互义，少数情况为非交互义。在掌握的语料中，我们只找到8例非交互义用法，其中明代2例，清代6例，其他均为交互义用法。在表示交互义的宾语“彼此”中，“分彼此”最为常见。详见表4.1。

表4.1 宾语“彼此”语义表达分析表

朝代	交互			非交互	总用例
	分（*）彼此①	有/无（*）彼此	其他		
明代	9（60%）	4（26.67%）	0（0%）	2（13.33%）	15
清代	30（75%）	2（5%）	2（5%）	6（15%）	40

4.1.2.2.2 “彼此”句的交互表达

4.1.2.2.2.1 交互表达的语义限制

上面的考察表明，“彼此”无论是充当主语、宾语还是定语，都有交互义和非交互义两种用法。仔细分析“彼此”句，我们发现“彼此”只能为句子表达交互义提供必要条件，而非充分条件。即它只能保证所在句子所表达事件的参与者为复数，至于句子能否表达交互义，则还要受到其他因素的制约，其中最主要的就是谓语的制约。把例（17）至例（26）部分非交互句重新编号如下：

（27）三个见面，彼此落泪。（清·步月斋主人《幻中游》）

（28）秦凤仪用这法，果然得了二甲赐进士出身，未及选官，因与同乡李天祥进士，同年邻智吉士交往，彼此都上疏论时政，道：“进君子，退小人，清政本，开言路。”（明·陆人龙《型世言》）

（29）李（陵）见苏（武）心不从，始言久而得见，今则恐难再会也。濯长缨、结绸缪，愿同仕而相好；次则兴起古人，即事物以喻彼此，直言人生不过欲遂所愿。（明·郎瑛《七修续稿》）

（30）盖国有贰，则天下向背之心生；向背之心生，则彼此之党立；彼此之党立，则谗间之言启；谗间之言启，则父子之隙开。（清·毕沅《续资治通鉴》）

① 括号中的*号表示中间可能有个别其他的词，如“分个彼此”“有何彼此”等，这不影响“彼此”的句法结构和交互性分析。

例（27）、例（28）中，“彼此”充当句子主语；例（29）中，“彼此”充当宾语；例（30）中，“彼此”充当定语。例（27）中，句子谓语“落泪”无论如何也表达不了参与者间的相互依存关系，因此句子不可能表达交互义。例（28）的“上疏”、例（29）的“喻”也是如此。例（30）“彼此之党立”中，事件参与者“彼此之党”相对于谓词“立”的行为，不存在相互依存性关系。即某个朋党的确立与其他朋党的确立，二者之间不存在互相依存性关系。因此该句也不表达交互关系，不是交互句。

上述的句子，由于受谓词压制，“彼此”所在的结构均不能表达交互关系。那么，当相关谓词能够表示（或隐含）事件参与者之间具有相互依存性的各类关系时，“彼此”所在结构一定能表达交互关系吗？我们考察的结果证明，一定会表达交互关系。如：

（31）延平民俗，多信神佛。持斋诵经，无问男女，男呼斋公，女呼斋婆。彼此通家，往来作会。（明・吴迁《新民公案》）

（32）老爷道：“既承厚意，彼此有缘。”（明・罗懋登《三宝太监西洋记》）

（33）且乱臣贼子，人人得而诛之，又何彼此之分哉！（清・毕沅《续资治通鉴》）

（34）而且你我何等情分，我这园子就像你家的一样，千万不可存了彼此的心。（清・魏秀仁《花月痕》）

（35）当日娥皇、女英又何曾听得他分过个彼此？（清・文康《儿女英雄传》）

（36）诸君多是世上英雄，小生也是慷慨之士，今日幸得相遇，便当一同欢饮一番，有何彼此？（明・凌濛初《二刻拍案惊奇》）

上述六例中，“彼此”充当的句法成分各不相同：在例（31）、例（32）中作主语，在例（33）、例（34）中作定语，在例（35）、例（36）中作宾语。下面试做简要分析。

例（31）中的“通家”，《汉语大词典》和《现代汉语词典》解释为“世交”或“姻亲”，它们都隐含着双方互相以对方为“世交”或“姻亲”的相互依存的交互关系，因此“通家”也是一个交互名词，在句中作谓语。

例（32）的“有缘”在句中意为“有缘分”。《现代汉语词典》对“缘分”的解释为“民间认为人与人之间命中注定的遇合的机会；泛指人与人或人与事物之间发生联系的可能性”。由此看来，“缘分”隐含了事件参与者之间的相互依存的共事关系，也是一个交互名词。因此，“有缘”（即“有缘分”）也就是一个表示交互义的动宾短语了。

例（33）中“彼此之分”为定中短语，在所在小句中充当谓语，其中谓语核心为“分”，而“分”本来就是一个交互词（见例35的分析），因此“彼此之分”也表示交互关系。我们要注意的是，本句中的交互义并非来自“彼此”，而是“分”。

例（34）定中短语“彼此的心”作句子宾语。单就“彼此的心”而言，它可以有多种理解：既可以是“各自的心”，也可以是“共同的心”，还可以是“不同（区别）的心”（即“见外”的意思），等等。但是，上下文语境将“存了彼此的心”的主语确定为承前省略的“你”（在文中指原士规的夫人，原太太），单数的“你”就决定了“彼此的心”不能作复数的理解，因而它只能理解为“不同（区别）的心”。为什么呢？“不同（区别）”预设了两个以上事物相互比较的前提，因此它要求主语为复数，这就与句子主语“你”相矛盾了。因此，按说这一理解也是不能成立的。所幸的是，宾语“心（情感、态度）”能消弭这一矛盾：单数主语对不同的事物也可以有不同的“心”。[①]“不同（区别）”还预设了比较的行为，而比较又预设了参与者间相互依存的共事关系，而这就是交互关系。[②]这种通过主语、谓语和宾语共同作用，才能表达的交互义隐晦而易误解，不符合语言的经济原则和明晰性原则。因此晚清民国以后，这种用法便被淘汰了。

例（35）中主谓短语“他分过个彼此”在句中充当“听”的宾语，其中“分”为动语，而“彼此”为动语的宾语。“分”是一个凸显结果的结果事件，它表示的是不管开始是什么状态，最后的结局是各个构成部分彼此分开。在“分”的结果中，各个部分之间是相互依存的共事关系。即A与B分开，那么B一定也是与A分开的，A、B两个共事语义角色之间是相互依存不可分割的。因此，“分”是一个表示交互关系的动词。

例（36）中的“有何彼此”其实是“有何彼此之分”的省略，因此句中的“彼此”实际上表示的是“彼此之分”的意思，其表达交互义的主体仍然是“分”，只不过它没在表层结构中出现而已。而表层结构中作宾语的“彼此”，在深层语义结构中是一个定语，其表达交互关系的机制与例（33）相同。

4.1.2.2.2.2 交互句中的代词“彼此”

4.1.2.2.2.2.1　代词“彼此”的特点

明清时期，代词“彼此”在句法结构上主要充当主语，偶尔也可以作宾语

① “心（情感、态度）”只能消弭“不同、区别”预设前提与主语的矛盾，不能消弭“各自”和“共同”预设前提与现实主语的矛盾。

② 例如，A与B比较，其实同时也是B与A在比较。它们之间是相互依存的，缺了谁都不行。

和定语；功能上主要是称代作用，同时也有指示作用。具体而言，当充当主语时，“彼此”主要的功能是称代，语用上回指先行项；当作宾语和定语时，“彼此”的称代功能不明显，突出的是回指对象的差异。如：

（37）子牙听得此言，魂不附体，欠身言曰：“列位道兄，料不才不过四十年毫末之功，岂能破得此十绝阵！乞列位道兄怜姜尚才疏学浅，生民涂炭，将士水火，敢烦那一位道兄，与吾代理，解君臣之忧烦，黎庶之倒悬，真社稷生民之福矣。姜尚不胜幸甚！”广成子曰：“吾等自身难保无虞，虽有所学，不能克敌此左道之术。”彼此互相推让。（明·许仲琳《封神演义》）

（38）诸君多是世上英雄，小生也是慷慨之士，今日幸得相遇，便当一同欢饮一番，有何彼此？（明·凌濛初《二刻拍案惊奇》）

（39）里侯家里另有一所书房，同在一宅之中，却有彼此之别。（清·李渔《无声戏》）

“彼此”在例（37）中充当主语，回指先行项“（姜）子牙”和“广成子”。在例（38）和例（39）中，“彼此”充当的句法成分是宾语和定语，它并不凸显回指对象，而是以虚指的方式①来凸显回指对象的差异性，故而直接翻译为“不同、区别”。

除此之外，“彼此”还有如下一些特点。

首先，“彼此”是一个复数代词，它指代的先行项通常是由双方或多方组成的复数。从总量上看，“彼此”指代复数先行项全体。如：

（40）即领了包公，来至书房，拜了圣人，拜了老师，师徒一见，彼此对看，爱慕非常。（清·石玉昆《三侠五义》）

（41）及至吾身与至亲，更不得分别彼此厚薄。（明·王阳明《传习录》）

“彼此”在例（40）中，指代的是先行项包公师徒二人，在例（41）中指代的是“吾身”和“至亲”双方。“彼此”这种复数代词的性质，有时候在非交互句中表现得尤为明显。如：

（42）只是明日出师之时，斩妖缚邪，在天师身上；扶危济难，在国师身上。彼此都要用心竭力，马到功成，旗开得胜，不负今日倚托之重，才称朕心。（明·罗懋登《三宝太监西洋记》）

---

① 张伯江、方梅（1996）指出，现代北京话中处于领格位置的“这”“那”可以用无指成分标记，它们自身也不具有指示作用。如：我这舞跳得也够灰心的。与之不同的是，明清时期宾语和定语位置的“彼此”虽然所指对象比较虚幻难以确定，但还是有所指，因此是虚指用法。

例（42）“彼此都要用心竭力”中，总括副词“都”说明“彼此”所指代的对象为复数。事实上，“彼此”在句中确实是回指其前出现过的两个先行项（事件参与者）“天师”和“国师”，为复数代词。

其次，“彼此”与其他的复数代词也有明显的不同，表现为其所指代的复数先行项不是被说话人当作一个整体来对待，而是分立为两个不同的，有时甚至是对立的方面加以看待，凸显先行项双方的差异性以便区别对待。这是一种差异性指代功能。如例（40）中，“彼此”后面的谓语“对看”将其指代对象“师徒”当作两个不同的有差别的对象加以看待。例（41）中，“彼此”后的谓语“厚薄”更是将先行项“吾身”和“至亲”当作对立的双方看待。

再次，“彼此”虽然在不同的语境中有“双方”“大家”“各自、区别”等不同义项，但这些都是建立在“差异指代”的句法功能和区别对待语用功能的基础之上。

这种“差异指代”其实体现的是说话者的见解和看法，也是一种主观性的表现：用“彼此”的时候，就预设了说话者将其所指代的对象区别开来分别对待的主观意图。当“彼此”所在句子位于直接话语中时，它体现的是说话者的主观判断，如例（38）和例（42）等；当它处于非直接话语中时，体现的是文章叙述者的主观判断和见解，如例（37）、例（39）和例（40）等。①

最后，代词“彼此”并非在任何情况下都帮助句子表达交互义，表达与否要受具体语境限制。从我们统计的明清用例来看，只有在充当宾语和定语时，“彼此”句以表达交互义为常；充当主语时，“彼此”句以不表交互义为常。

4.1.2.2.2.2.2　“彼此”的回指分析

代词的一个很重要的语篇功能就是回指，“彼此”也不例外，它所回指的先行项通常都是事件参与者。具体而言，“彼此”作主语时，回指其前语篇或话语中出现的先行项（事件的参与者）；作宾语和定语时，“彼此”回指对象不明确（有时可以理解为事件参与者，如例41，但大多数不能确定），为虚指用法，其凸显的是“彼”与“此”的差异性。如：

（43）盖闻天下诸侯，彼此皆兄弟之国。（明·许仲琳《封神演义》）

① 关于主观性的理论目前还有一些不同的观点，比如有的学者将后一情况看作客观性的表现，黄蓓、赵恩威（《论主观性标记的语义不自足特征》，《宁波大学学报（人文科学版）》2020年第1期，48—54页）则认为主观性标记在语义上具有不自足的特征，其主观性解读要受到语境制约。本书采用黄蓓、赵恩威的观点。

(44) 山小姐接了，与冷绛雪同看。看了一遍，二人彼此相视。(清·荻岸散人《平山冷燕》)

(45) 诸君多是世上英雄，小生也是慷慨之士，今日幸得相遇，便当一同欢饮一番，有何彼此？(明·凌濛初《二刻拍案惊奇》)

(46) 花氏看着翠娟亦如舜华一样，全分不出彼此。(清·李修行《梦中缘》)

(47) 故“格物”者，格其心之物也，格其意之物也，格其知之物也；“正心”者，正其物之心也；“诚意”者，诚其物之意也；“致知”者，致其物之知也。此岂有内外彼此之分哉？（明·王阳明《传习录》）

(48) 大成曰：“分银之时，你自己执秤，又系你老婆执草，手扒手捧。我夫妻并无动手，何得有彼此之分？”（清·邵彬儒《俗话倾谈》）

例(43)、例(44)中的“彼此”为句子主语，它们分别回指句子的话题“诸侯”和“二人”[①]。例(45)、例(46)中，“彼此”为宾语；例(47)、例(48)中，“彼此”为定语。句中的“彼此”没有明确的回指对象，它强调参与者间的区别与不同。

4.1.2.2.2.2.3　“彼此”的辖域及语义指向

明清时期，“彼此”充当不同的句法成分时，其辖域也不相同。作主语时，“彼此”统辖着整个谓语部分，如例(43)、例(44)中“彼此”的辖域为“皆兄弟之国”和“相视”。作宾语时，“彼此”的辖域仅仅是它自己，如例(45)、例(46)。作定语时，它的辖域为其所修饰的中心语，如例(47)、例(48)中“彼此”的辖域为其后的“分”。

“彼此”的语义指向与它的辖域不同：当作主语时，“彼此”语义指向其所指代的先行项，如例(43)中指向前面的“诸侯”。当作宾语和定语时，“彼此”的指向对象较虚，为虚指代词，语义指向的对象并非语义表达的焦点。如例(45)和例(48)中的“彼此”指向其前的参与者，但是语义强调的却是参与者间的差异与不同，至于“彼此”具体指代什么并不怎么要紧。

---

① 传统结构主义理论将例(44)中的“二人”看作句子的主语，如果这样，那么句中的“彼此”就降格为句子成分（谓语）的主谓短语的主语。句法地位虽然不同，回指对象却是一致的。

4.2 交互短语“厮+Pred.”

明清时期“厮”主要有两种用法：作名词和副词。如：

(1) 一个乞丐小厮，遂成富室之子。（明·凌濛初《二刻拍案惊奇》）

(2) 两个厮见了，来到王婆房里坐下，取过生活来缝。（明·兰陵笑笑生《金瓶梅词话》）

例（1）中的“厮”是名词用法，是对从事杂役等粗重体力活工作的男性的称呼，常常带有贬义。例（2）的“厮”位于动词“见”之前作状语，意为“相见”，表示事件参与者间的交互关系，其功能相当于“相”。“厮”的上述这两种用法并非同一来源，但是只有第二种用法与交互表达相关，因此我们仅对其来历加以介绍。

4.2.1 交互词“厮”的产生

4.2.1.1 交互词“厮”的产生

“相”在唐代有入声读法，陆游的《老学庵笔记》记载：“世多言白乐天用‘相’字，多从俗语作思必切，如‘为问长安月，如何不相离’是也。然北人大抵以‘相’字作入声，至今犹然，不独乐天。老杜云：‘恰似春风相欺得，夜来吹折数枝花。’亦从入声读，乃不失律。”宋俞文豹《吹剑三录》：“相音瑟，白诗：为问长安月，谁教不相离。”（项楚，2008）宋代去唐代不远，宋代学者的记录还是能够比较真实地反映唐代真实的语音。今人学者曹志国（2010）从唐人诗歌的平仄格式方面也证明了唐代的“相”有仄声一种读音。

读“思必切”的“相”在唐宋时期与“厮”的读音相同，因此当时的方言将“厮”作为“相”的异写字而使用。宋代学者罗大经《鹤林玉露·相字音厮》记录下当时用“厮”来记录入声“相”的现象：“白乐天诗云：‘为问长安月，谁教不相离。’‘相’字下自注云：‘思必切。’乃知今俗作‘厮’者，非也。”项楚（2008）以为这个入声“思必切”的“相”，在唐代时写作“塞”，在宋代记作“厮”。杨荣祥（2005）将这种现象称为“音变（破读）构词”。李如龙（1989）、曹志国（2010）等学者从方言的角度证明，在一些现代汉语方言中，仍然保留着“厮”作“相”的用法。

我们在唐代的文献中也找到一些“斯”用如“相”的用例。如：

(3) 众人莫斯笑。(唐·戴孚《广异记·王法智》)

(4) 若要荣花 (华) 求礼佛，共君今日斯修行。(《敦煌变文》)

例 (3) 中的“斯笑”相当于“相笑”，意为“取笑 (它)、嘲笑 (它)”，指一方对另一方的单方行为，其中“斯”为单向偏指义。例 (4) 的“斯修行”就是“一起修行”的意思，“斯”为“共同”的共指义。这正符合“相”的用法，只不过不是“相”的互指用法，而是偏指和共指用法而已。这或许可为“斯”是“相”的异写字提供一个侧面印证。

《广异记》是唐代的传奇小说集，《敦煌变文》是晚唐五代的作品，所以，指代性副词“斯”应该出现于唐代，宋以后得到进一步的发展。

4.2.1.2　交互词“斯”的发展

指代性副词“斯”最早出现于唐代，但是能找到的用例很少，我们仅发现例 (3)、例 (4) 两例。到了宋代，“斯”的使用频率大大增加，语义上主要表示互指和偏指，句法上主要位于谓词前作状语，构成“斯＋Pred.”式的状中结构。如：

(5) 一个妇女摇摇摆摆从府堂里出来，自言自语，与崔宁打个胸斯撞。(宋话本《碾玉观音》)

(6) 准拟阶前摘荔枝，今年歇尽去年枝。莫是春光斯料理，无比，譬如痃痁有休时。(宋·黄庭坚《定风波》)

“斯撞”就是“相撞”。两人相撞肯定参与者之间发生了交互关系，此例展示了“斯”的交互义用法。由此例可知，“斯”的互指交互义功能出现的时代至少是宋代。例 (6) 的“斯料理”，张相《诗词曲语词汇释》解为“相帮助”，句中表示一方对另一方行为的单向偏指义。宋代文献中，我们查检到 14 例“斯”用如“相”的用例，其中表互指的交互用例 8 例，表偏指的非交互用例 6 例，二者使用频率差不多。

到了元明时期 (主要是明代)，副词“斯”的使用频率进一步增加，其功能得到进一步发展。其中表示互指的用法占据绝大多数，表示偏指的用例已经较少了，共指用法非常罕见。如：

(7) 若妻夫不和斯打呵，同姓么道，推托出去有。(元《元典章·户部卷四》)

(8) 两个人进楼中，见三个尸首横在血泊里，惊得面面斯觑，做声不得。(明·施耐庵《水浒传》)

(9) 你将他恶语喷，他将你厮怨恨。(元·张国宾《公孙汗衫记》)

(10) 玉箫和兰香众人，打发西门庆出了门，在厢房内厮乱，顽成一块。(明·兰陵笑笑生《金瓶梅词话》)

“厮”在例（7）、例（8）中表互指，在例（9）中表偏指，在例（10）中表示共指。“厮觑”除了表示交互义外，在这一时期的语料中还可以表偏指。如：

(11) 好兄弟，你是县君心腹人儿，我怎敢把你等闲厮觑？(明·凌濛初《二刻拍案惊奇》)

例（8）中，“厮”表示事件参与者两两互看，在例（11）中表示“我”对“你”单方面的轻视（“等闲厮觑”在句中为“轻视”的意思）。同样是“厮觑”，在例（8）和例（11）中表示的意义却不相同，究其原因是其所指代的施事参与者不同。例（8）中“厮觑”指代的施事参与者是两个上楼的亲随，例（11）中指代的施事参与者是说话人“我”。由此可知，语境不同，“厮”所指代的对象不同，其表互指或偏指的语法意义也不相同。

以上诸例中，“厮”在功能上指代其后动词的受事宾语，并将其省略；语义上不管表示互指还是偏指，都要受到具体语境中所指代对象的制约。这正是指代性“相”的语义和功能特点，因此从语法这个角度看，“厮”与“相”也存在着密切的关联。

4.2.2 明清交互短语“厮＋Pred.”

明清时期，交互词“厮”的用法较之宋元时期有了较大的扩展，表现为“厮＋Pred.”能够充当的句法成分得到了扩展。

4.2.2.1 “厮＋Pred.”的句法功能

明清时期，“厮＋Pred.”主要的句法结构功能就是充当句子的谓语，少数情况下充当状语，偶尔也可以作定语和宾语。如：

(12) 晃急弃了弓，翻身下马，褚亦下马，两个揪住厮打。(明·罗贯中《三国演义》)

(13) 两只船厮帮着一路而行，前前后后，止隔着盈盈一水。(明·凌濛初《二刻拍案惊奇》)

(14) 平时在厮扑行里走，身边常带有利器。(明·凌濛初《初刻拍案惊奇》)

(15) 列公，打拳的这家武艺，却与断杀械斗不同，有个家数，有个规矩，有个架式。(清・文康《儿女英雄传》)

上述四例中的"断"都是相互的意思，表示参与者之间互相依存的交互关系，为交互义副词。不同的是，它们中的"断＋Pred."在句中充当的句法成分各有不同。例 (12) 的"断打"为句子谓语；例 (13) 的"断帮着"充当谓词"行"的方式状语；例 (14) 的"断扑"即"相扑"，在句中已经转类为名词，充当"行"的定语；例 (15) 的"断杀"和"械斗"在句中充当介词"与"的宾语，所构成的介词短语充当句子的比较状语。

4.2.2.2　"断＋Pred."的特征

4.2.2.2.1　谓词"Pred."的词性

从谓词词性的角度来看，明清交互义的"断＋Pred."中，谓词"Pred."通常由动词构成，动词中大部分为及物动词，偶尔也有不及物动词的用例。它们共同之处在于，无论谓词是否为及物动词，其后均不带宾语。如：

(16) 一个"达达"连声，一个"亲亲"不住，断并了半个时辰。(明・兰陵笑笑生《金瓶梅词话》)

(17) 这分明是被王家打死的姜客，不知还是到底救醒了，还是面庞断象的。(明・凌濛初《初刻拍案惊奇》)

(18) 少不得潜心忍耐，暂同这些丫鬟们断闹释闷，幸免贾政责备逼迫读书之难。(清・曹雪芹《红楼梦》)

(19) 彼此频频去见，渐断熟来。(明・凌濛初《初刻拍案惊奇》)

例 (16) 中的"并"为"聚、集"的意思，是一个及物动词，"断并"就是"相聚"。例 (17) 中的"象（像）"为及物性状态动词。例 (18) 中的"闹"意为"玩闹"，在句中为不及物动词。例 (19) 中的"熟"为认知类不及物动词。

4.2.2.2.2　谓词"Pred."的音节限制

而宋元时期，表互指的交互义"断＋Pred."句中的谓词"Pred."都是单音节谓词，如例 (7)；但是表偏指义的非交互句子中的谓词还有双音节的用例，如例 (9)。到了明清时期，无论是表互指还是偏指，无论是交互句中，还是非交互句中的"断＋Pred."结构，其谓词"Pred."毫无例外都是单音节谓词，如上述例 (16) 至例 (19)。有些例子中"断"修饰的似乎是双音节谓词短语，但实际上并非如此。如：

(20) 两只船厮帮着一路而行，前前后后，止隔着盈盈一水。(明·凌濛初《二刻拍案惊奇》)

(21) 两个背厮靠着且睡，未曾合眼，忽听得窝弓发响。(明·施耐庵《水浒传》)

例(20)、例(21)中的“厮V着”的结构应该是［［厮+V］+着］关系，时态助词修饰的是整个动词短语，表示它们发生的时间状态。相似的还有“厮V了”，如：

(22) 赛儿先看见，疾忙跑出来迎着钱氏，厮见了。(明·凌濛初《初刻拍案惊奇》)

明清时期“厮+Pred.”结构都是双音节的，这正是汉语以双音节为一个音步的韵律规律所决定的。[①] 受此规律制约，当“厮”与其他副词连用，构成双音节短语共同修饰谓词时，则该谓词也应该是双音节词或短语。如：

(23) 两将在马上，各施展不得，都弃了手中军器，在马上你我厮相揪住。(明·施耐庵《水浒传》)

任何语言结构和单位一旦成熟起来，就必然要纳入既有的语言规律之中；即使打破旧有规律，也是创立新的规律并将自己纳入其中。从音节限制的角度来看，明清时期“厮Pred.”结构也较宋元时期更加完善和成熟，因为只有不完善的功能“野蛮”扩展期，才会出现例(9)那种跳出汉语韵律规律制约的灵动鲜活的表达。

4.2.2.2.3 “厮Pred.”与动词短语的连用

明清时期，“厮Pred.”短语如果与其他动词短语在线性上前后相连时，前后两个短语常常构成连谓式结构。如：

(24) 少不得潜心忍耐，暂同这些丫鬟们厮闹释闷，幸免贾政责备逼迫读书之难。(清·曹雪芹《红楼梦》)

例(24)中的“厮闹”与“释闷”之间没有主次之别，而且有时间先后关系，最重要的是这两个行为都由同一个施事主语(贾宝玉)发出，因此二者之间是一种连动关系。

---

① 在“厮V着”和“厮V了”等结构中，时态助词“着”“了”的发音既轻又短，在时长上不能够成一个完整的音节，这使得它只能依附在“厮V”上构成一个超音节音步，对该短语的韵律单位不构成实质影响。具体详见冯胜利(1996，1997，2000)。

如果“厮 Pred.”后线性连接的动词短语是另一个“厮 Pred.”短语，那么二者就会构成一个“厮 V_1 厮 V_2”的并列关系短语。如：

（25）满生与文姬夫妻二人，愈加厮敬厮爱，欢畅非常。（明·凌濛初《二刻拍案惊奇》）

（26）素日咱们都是厮抬厮敬，今日忽然提起这些事来，怪不得人人都说你是个亲近不得的人！（清·曹雪芹《红楼梦》）

例（25）、例（26）中的“厮敬厮爱”和“厮抬厮敬”前后两个短语之间没有时间上的先后关系，也没有主次之分，是并列关系。这种并列的“厮 V_1 厮 V_2”短语中，V_1 和 V_2 是近义或类义关系，通过“厮 V_1”与“厮 V_2”之间反复的修辞格，以达到强调事件参与者之间存在的“互相 V_1V_2”关系的目的。如例（25）就是强调夫妻间互相敬爱的关系，而例（26）就是强调二人之间互相抬举互相尊敬的关系。

4.2.2.2.4　“厮＋Pred.”中的“厮”

4.2.2.2.4.1　“厮”的回指

交互短语“厮＋Pred.”中的“厮”原本是“相”的方言异写字，因此也具有指代性。一般而言它回指其前出现的交互事件参与者。如：

（27）那怪豪强弄巧乖，四个英雄堪厮比。（明·吴承恩《西游记》）

（28）那玉钏儿见生人来，也不和宝玉厮闹了，手里端着汤，却只顾听。（清·曹雪芹《红楼梦》）

例（27）的“厮”回指其句首的主语“四个英雄”，例（28）的“厮”回指施事主语“玉钏儿”与介词的当事宾语“贾宝玉”。有时候，“厮”的回指对象并不在前后句出现，而是要读者根据上下文语境自己补充。如：

（29）彼此频频去见，渐厮熟来。（明·凌濛初《初刻拍案惊奇》）

例（29）中“厮”所回指对象是前一句的“彼此”，但是“彼此”也是代词，没有指称现实人物的功能，而我们读者只有根据上下语段，透过代词“彼此”，推断“厮”所回指的对象是“邹老人”和“浙江司郎中徐公”。

4.2.2.2.4.2　“厮”的辖域

张谊生（1996a）认为，辖域越广的状语离谓语中心越远，与谓词的关系越松散；反之离谓词越近的状语其辖域越窄，与谓词的关系越紧密。明清汉语中，“厮”是离谓词最近的状语。如例（27）中，“厮”比“堪”更靠近谓词“比”；

例（28）和例（29）等例子中，“厮”也都是离谓词最近的状语。不过，当“厮”与“相”等交互词连用共同充当同一谓词的状语时，“厮”通常处于离谓词更远的位置上。说明，与“相”相比，“厮”与谓词的关系更疏远些。如：

（30）两将在马上，各施展不得，都弃了手中军器，在马上你我厮相揪住。（明·施耐庵《水浒传》）

（31）黛玉忙起身迎上来见礼，互相厮认，归了坐位。（清·曹雪芹《红楼梦》）

例（31）中“互相”之所以位于“厮”之前，而不是之后，那是因为这样便于“厮”与其后的单音节谓词“认”构成一个双音节音步，以符合汉语韵律规律。

第5章
明清言语交互词语

人是社会性动物，群体性决定了人们时时刻刻都处于与他人的交流之中，这主要包括言语交流。言语交流通常是在人们的互动中完成的，比如“说话”，就是一个人说旁人听的群体交流行为；即使自言自语也是自己与客体化的另一个自己进行交流。因此，很大一部分话语言谈的表达隐藏着交际双方互动。如“谈话”“商量”“讨论”等动词隐含着一定是复数的参与者共同参与、交互进行的言谈行为。我们将这类表达交互关系的言语表达称为“言语交互表达”。

言语交互表达的交互性是通过语用预设体现出来的。一方面，言谈交流活动的正常进行有几个必要前提：一是必须有多个参与者，二是参与者都就某些问题表达了自己的观点，三是表达观点的过程是互动（互为听众）的。言谈类活动能够展开就说明它满足了这三个条件。另一方面，这三个条件也满足交互关系判定的标准。所以，言语交互表达其自身语义背景中就预设了它们的交互性前提。

明清时期汉语中，人们言语活动中交互关系的表达方式有很多，如“商”类交互表达、“议”类交互表达、“谈”类交互表达、“论”类交互表达、“谋”类交互表达、“暄晤”类交互表达和“约”类交互表达等。受到时间、精力和能力等多方面限制，本章只讨论明清时期的“商”“议”和“谈”三类交互表达，其他的言语类交互表达的讨论只能以待将来。

5.1 “商”类交互词语

明清时期“商”类交互词语有商确、商议、商讨、商量、商榷、商论、商度、相商、密商、暗商、缓商等。这些词语都带有“交换意见”[①] 的意思，表达了事件参与者之间的交互关系，是比较明显的交互词语。它们都包含有一个核心构词语素“商”，而且它们的交互性语义大多数由“商”而来，这表明“商”自带交互义素。[②] 那么“商”在造字之初是否就包含有交互义素呢？如果不是，那它的交互义素是什么时候、怎么产生的呢？

5.1.1 “商”交互义的产生

5.1.1.1 “商”的起源

“商”甲骨文作“”；金文形体较甲骨文多，而且更复杂，通常作“”；《说文解字》作“”。《说文解字》：“商，从外知内也。从冏，章省声。”“章”字甲骨文未见，金文作“”，《说文解字》作“”。《说文解字》：“章，乐竟为一章。从音，从十。十，数之终也。”

那么“商”与“章”有什么关系呢？《汉书·律例志》认为：“商之为言章也。物成孰可章度也。”《白虎通·商贾篇》说：“商为言章也，章其远近，度其有亡，通四方之物，故谓之商也。”这些学者认为二者意义相同，都表示有“度量”之义。

当代著名学者杨树达（1954）、涂白奎（1996）、杨州（2009）等先生从古字形体构造、考古发掘、文献材料、声音训诂等各方面充分证明上古时期“商”和“章”通用。涂白奎进一步认为“商”的本义就是章（璋），而杨州甚至认为“章”（璋）是“商”的分化字。“章”是“璋”的古字，这已是学界共识。“璋”为上古三代祭祀“六瑞”之一，是重要的玉器制品。

---

① 参见闫从发（《“商量”的意义演变》，《西北大学学报》2008年第6期，187—190页）、张美兰（《言语动词“商量”、“商议”的历时演变及其分布特点》，《清华大学学报（哲学社会科学版）》2013年第6期，100—107页）。

② 这些词如果删略“商”，有的则交互义不明显，如“商议”“商论”“商量”“商度”等；有的则没有交互义，如“暗商”“密商”“缓商”等。因此说“商”自带交互义素，是本类词语表达交互义的核心所在。

徐中舒（1989）等认为甲金文中的“商”仅仅用作人名、地名、乐律名和祭祀名称。周秉均、屈万里、向熹等研究表明《尚书》和《诗经》中“商”的语义与甲金文时期相同，而“章”在甲金文中仅仅用于表示“璋”或者用为人名。

根据先贤的研究，我们大致可以将“商”与“章”的语义演变过程梳理如下：“商”与“章”最初为一个字，是某种玉器之名，后引申为祭祀名，同时通过假借成为人名、地名和乐律名等。西周以后，二者又从乐律名中引申出度量义，《汉书》和《白虎通》中之解释可证。《说文解字》对“章”的释义揭示的不是它的本义，而是“章/商”由乐律义向度量义的引申过程。

5.1.1.2　“商”类词语交互义的产生时代

《汉语大词典》中“商”的第二义项就是“商讨、商量”，用的最早的例句是《后汉书·宦者传论》：“成败之来，先史商之久矣。”唐人李贤注：“商谓商略。”那么，《后汉书》中的这个“商”是否为“商讨、商量”之义呢？这就要看“商略”是否是这个意思了。

唐代“商略”有两个意思，既可以表示商讨、商量之义，也可以表示品评、评论等意义。如：

(1) 每军国务静，参谒归休，即引见，论讨坟典，商略前载，考其得失，或夜分而寝，又降以温颜，礼数甚厚。（清·陆心源辑《唐文拾遗》）

(2) 如属文之士，伎巧之徒，皆自谓己长，他人不及。若名工文匠，商略诋诃，芜词拙迹，于是乃见。（唐·吴兢《贞观政要》）

例（1）的“商略”与“论讨”相对成文，意义相同；例（2）的“商略”是品评、评论的意思，文中“商略诋诃”可以译为“评论指责”。

李贤对《后汉书》的注解用的“商略”到底指二者中的哪个呢？我们认为这里还是解作“品评、评论”较为妥当。因为讨论、商量是交互动词，它们要求事件参与者必须是复数，而且彼此间要有互动；“先史”显然不具有这种互动性。但是深入思考下，文中的“先史”似乎可理解为转指先前的史家。如果这样，《后汉书》中的“商”理解为“商讨”也差强人意，但总难免有些牵强。[①] 因此，《后汉书》中的“商”可以勉强视为处于评论、品评义向商讨、商量义转变的重新分析的过程中。其实，魏晋六朝的商系词中还有更显豁的重新分析的

① 张永言（1992）将《世说新语》中的“商略”只解作“品评，评论”。由此可见，同时期的《后汉书》中表“商略”义的“商”其实最好也是作非交互义的“品评、评论”解。

例子。如：

(3) 观王公缙绅之士，每博论之余，何尝不以诗为口实，随其嗜欲，商确不同。(南朝梁·钟嵘《〈诗品〉总序》)

例 (3) 中“博论”“商确”等一系列行为既可以是话题主语“王公缙绅之士”[①]的个体行为，也可以是他们在一起的群体互动行为。如果理解为个体行为，那么句中的“商确”就应该是“品评、评判”之义；如果理解为群体互动行为，那么就是“讨论、商讨”之义。“品评、评论”既可以用于多人互动的交互事件中，也常用于单独个体的单独行为事件中，该词凸显的只是行为本身而非参与者间的关系状态。“讨论、商讨”则不同，它的预设前提就是多名参与者之间的互动，这种互动中也可以隐含对事物的品评、评论。因此，例 (3) “商确”在语义上的重新分析特征还是非常明显的。

六朝时期有些“商”类词语的用例非常具有迷惑性，一不小心可能被认为是表达交互义的用法。如：

(4) 后中尉甄琛启求罢禁，被敕付议。尚书执奏，称琛启坐谈则理高，行之则事阙，请依常禁为允。诏依琛计。乃为绕池之民尉保光等擅自固护，语其障禁，倍于官司，取与自由，贵贱任口。若无大宥，罪合推断。详度二三，深乖王法。臣等商量，请依先朝之诏，禁之为便。(《魏书·食货志》)

例 (4) 为北魏孝明帝年间，王雍、王怿等人要求禁止私盐的奏折，文中先讲述了放开私盐的由来及其带来的恶劣后果，接着提出罢黜私盐的主张。粗一看来，例子中的“商量”无疑是“互相讨论、交换意见”的意思，表达的是明明白白的交互关系。但实际上，张雁 (2004) 的论证表明，这其实是“估量、权衡”的意思，“‘商量’经历了由心理动词‘估量、权衡’到言语动词‘交换意见’义的转变过程，唐代才开始有用例”[②]。

综上，六朝时期，“商”类词语表现出由“品评”“权衡”向“商量”“讨论”发展的重新分析状态；唐代，确切表交互义的“商”类词才出现。如：

(5) 二人受宣，拜舞谢恩，领军四十余万，登途进发。不经旬日，直至锅口下营憩歇。二将商量，两道行军，各二十余万。(《敦煌变文·韩擒虎话本》)

---

① “王公缙绅之士”是动词“观”的宾语，也是其后诸小句的话题主语。

② 见张美兰 (2013)。

（6）朕因暇日，每与虞世南商榷古今。朕有一言之善，世南未尝不悦；有一言之失，未尝不怅恨。（唐・吴兢《贞观政要》）

不过，唐代都是表交互义的双音节“商”类词，尚没有发现“商”单独表交互的用例。直到宋代，单音节交互词“商”才开始有零星用例。如：

（7）平居无事，商功利，课殿最，诚不如新进之士。（宋・苏轼《苏轼集》）

（8）傍秋千、红云半湿，画帘燕子商春语。（宋・陈允平《琐窗寒・禁烛飞烟》）

5.1.2　明清“商”类交互词语

明清时期，“商”类交互词语已然有了较大的发展，形成了一系列相关词和短语结构。总体上看，其表层交互结构可以分为以下几种形式：“商 V”类双音交互词、“商”类交互短语和单音交互词“商”。[①] 下面分别介绍。

5.1.2.1　“商”类双音交互词“商 V”

明清时期“商”类交互词大都为“商 V”的结构形式，主要有商量、商榷、商确、商度、商议、商讨、商约、商论、商通、商同、商酌和商定等，其中商量和商议的使用频率最高。

5.1.2.1.1　“商 V”的句法功能

明清时期，“商 V”通常为及物性动词，在句中主要充当谓语，也可以充当状语、宾语和定语。

5.1.2.1.1.1　“商 V”作谓语

作谓语时，“商 V”的用法非常灵活多样，可以是后面不带任何成分的光杆谓语，也可以后接宾语或者补语，偶尔还可以与其他动词构成并列结构，有的甚至通过连词与其他动词构成复句等。

---

① 明清时期表交互关系的“商”类复音词只有“商 V”一种形式。另外，本文所考察的交互短语通常指核心交互词与其他词构成的交互义短语，它们通常一起充当句法成分，而且中间也不插入其他成分，但是又尚未成词，除去与之搭配的部分不能单独存在，未被常用大型字词典收录的交互结构，如“相商”“细商”“密商”等。单音交互词指的是单独充当句法成分的交互词，虽然前后也搭配有其他成分，但是它们结合不紧密。关于词的判定标准，学者们讨论甚详，可参见董秀芳（《汉语双音词的衍生和发展》，四川民族出版社，2002 年）、张雁（《近代汉语双音复合词研究》，北京大学博士学位论文，2004 年）等。

(9) 俟予将此意与小女商确，再令人至城中回复。(明·许仲琳《封神演义》)

(10) 一日，郭槐与尤氏密密商议，将刘妃要害李妃之事，细细告诉。(清·石玉昆《三侠五义》)

(11) 话说应彪兵败将亡，进城将四门紧闭上殿，与众将商议退兵之策。(明·许仲琳《封神演义》)

(12) 这门上堂官，便与传宣官文职、巡绰官武弁，商度叫戏一事。(清·李绿园《歧路灯》)

(13) 只见五营大都督商议已定，同去请教天师。(明·罗懋登《三宝太监西洋记》)

(14) 包公听了，暂将何太监令人看守，便回转书房，请了展爷公孙策来，大家商酌一番。(清·石玉昆《三侠五义》)

(15) 叫了伙计，正自商量踌躇，忽见县里差签来到。(明·凌濛初《二刻拍案惊奇》)

(16) 夫商量者，商其事之可否、互相商酌而行之谓也。(清·文康《儿女英雄传》)

例(9)、例(10)中，"商V"单独作谓语中心；例(11)、例(12)的"商V"后接宾语；例(13)、例(14)的"商V"后带补语；例(15)中"商量"与"踌躇"构成并列结构共同充当句子的谓语中心；例(16)中"互相商酌"与"行"构成一个表先后承接的紧缩复句。

除了上述比较常见的交互词之外，还有一些较少见的双音交互词。如：

(17) 不要说他夫妇商同请小人吃酒，已是愿从的了。(明·凌濛初《二刻拍案惊奇》)

(18) 不消说了，是他母子两个商通合计的了。(明·凌濛初《初刻拍案惊奇》)

(19) 当下二人商定，便站起身来摇头晃脑的走了。(清·文康《儿女英雄传》)

5.1.2.1.1.2 "商V"作其他句法成分

除了谓语以外，明清时期的"商V"还可以充当其他句法成分，如例(20)中的"商量"就是所在句子的主语。此外，"商V"还可作定语和宾语等。如：

(20) 商量已定，除晁盖头领镇守山寨不动外，留下吴学究、刘唐并阮家三弟兄吕方，郭盛护持大寨。(明·施耐庵《水浒传》)

(21) 相公既说受他莫大之恩，何妨应允了此事，再商量着救方先生呢？(清·石玉昆《三侠五义》)

(22) 正商论间，忽报公子刘琦来见。(明·罗贯中《三国演义》)

(23) 母子正在商议之间，恰恰颜生的窗友金生名必正特来探访。(清·石玉昆《三侠五义》)

(24) 内外计典，皆吏部、都察院，主持商榷。(明·沈德符《万历野获编》)

(25) 却说安公子经了这番的糟扰，又是着急，又是生气，又是害臊，又是伤心，只有盼望两个骡夫早些找了褚一官来，自己好有个倚靠，有个商量。(清·文康《儿女英雄传》)

例 (21) 中"商 V"作状语，例 (22)、例 (23) 中作定语，例 (24)、例 (25) 中作宾语。

5.1.2.1.1.3　"商 V"的重叠

明清时期，"商量"和"商议"等动词还出现了重叠用法。明代该用法尚不普遍，我们仅在《西游记》和《二拍》中各发现寥寥几例，如下文例 (26)；明末清初时逐渐增多，仅《醒世姻缘传》中就发现多例，如下文例 (27)；清代时期用例就更多了，形式也开始有了变化，如下文例 (27) 至例 (31)。

(26) 那妇人道："既然干得家事，你再去与你师父商量商量看，不尴尬，便招你罢。"(明·吴承恩《西游记》)

(27) 童奶奶道："咱等你兄弟来家，合他商议商议，再叫他往前门关老爷庙里求枝签再看看。"(清·西周生《醒世姻缘传》)

(28) 白玉堂若从此拉回来，说些交情话，两下里合而为一，商量商量，也就完事了。(清·石玉昆《三侠五义》)

(29) 所以我来和你老人家商议商议，这个情分，求那一个可了事呢？(清·曹雪芹《红楼梦》)

(30) 何不寻他商议一商议，计较一计较。(清·樵云山人《飞花艳想》)

(31) 王氏吵曰："我晓得你爷儿父子商商量量要把我抄死，好讨那个娼妇！"(清·省三子《跻春台》)

明清时期"商 V 商 V"的用例最多，它们大都带有短时义，如例 (26) 至例 (29)。例 (30) 中的"商 V 一商 V"则具有尝试义，例 (31) 的"商商 VV"则具有反复义。后两种重叠形式用例较少。

"商 V"重叠式表明，随着明清"商 V"使用频率的增加，它的功能得到了扩展，表现为结构形式的扩展（重叠）和语义负载的扩大（增加了重叠结构形式所带有的构式义）。

5.1.2.1.2 “商V”的语义特点

明清时期汉语中双音节词已经是汉语词汇的主流，“商V”系列词语也不例外，它们都是双音节词。双音节词“商V”的两个构词语素“商”和“V”之间通常都是一种并列式联合关系，如商量、商议、商度、商榷和商论等。杨琳（1995）认为，并列式双音节词两个构词成分在语义上互相牵制说明该词在表意上更加明确。“商V”类词中“商”是共同的语素，因此使得“商量”“商议”等词在语义上相互区别的是“量”“议”等另一构词语素。如都表示“交换意见”（“商”的意思），“商量”含有“量”即“权衡”的意义，而“商议”则带有“议”即“讨论”的意思，二者语义上的不同就是“权衡”与“讨论”的不同。

“商V”类词语间语义等的差异由其中的“V”决定，而核心义素等共同部分则由其中的“商”确定，包括决定语义的交互性。“商V”中“商”的意义为“交换意见”，这就决定了该类词语表示事件的参与者一定是复数，而且参与者之间一定是相互依存的共事关系。由此可知，“商V”类词语中，“商”是“商V”类词语的交互关系的主要表达者。①

5.1.2.2 “商”类交互短语

5.1.2.2.1 “商”交互义的由来

双音化是古汉语向现代汉语演变的重要规律之一。通常，构词语素不仅在表层结构上成为双音节的一部分，其核心义素也往往是后者的核心语义特征。如“互助”的交互义源于其构词语素“互”的交互义。“商”类交互词却是例外。“商V”的交互义并非源于其核心构词语素“商”或“V”②，相反，“商”的交互义源于双音词“商V”，这是逆向构词的结果（张雁，2004）。

---

① 虽然“商议”“商论”等词中，“议”“通”和“约”等构词语素也可以表示交互关系；但是“商V”中有更多的构词语素，如“定”“酌”和“度”等并没有表达交互义的功能。因此，从“商V”都具有交互义的整体看，表达交互义的主体还是语素“商”。

② 如前所述，“商V”的交互义用法在唐代便已比较普遍。单音词“商”的交互义用法虽然唐代也出现了，但是直到宋代用例还罕见。如“兴元人以币如孟氏赙，且来商家事”（唐·韩愈《贞曜先生墓志铭》）（转自《汉语大词典》）；“傍秋千、红云半湿，画帘燕子商春语”（宋·陈允平《琐窗寒·禁烛飞烟》）。

5.1.2.2.2　明清“商”类交互短语

表交互义的单音节词“商”，在宋代才开始出现，明清时期，单音交互词“商”与其他词语构成的交互短语，主要是状中式偏正短语“Adv.[①]＋商”和中补短语“商＋Comp.”。

5.1.2.2.2.1　“Adv.＋商”式状中短语

“Adv.＋商”状中短语是明清时期最常见的“商”字短语。Adv. 在形式上比较单一，大多数为单音词，偶尔也有复音节短语。“Adv.＋商”状中短语在语义上却比较丰富，涵盖时间、地点、方式、对象等诸方面。如：

(32) 司徒王允曰：“废立之事，不可酒后相商，另日再议。”（明·施耐庵《三国演义》）

(33) 鲁智深焦躁起来，便道：“都是你这般性慢，直娘贼送了我史家兄弟！只今性命在他人里，还要饮酒细商！”（明·施耐庵《水浒传》）

(34) 巡抚道：“传贵府来，非商别事，今有东厂魏大人发下银子三十万。……”（清·步月斋主人《幻中游》）

(35) 次日一早便派人把王先生找来，同他密商此事，答应送他若干银子，如得高等，得有差缺，另外补情。（清·李伯元《官场现形记》）

(36) 相公有甚心事，请坐下一商。（清·李绿园《歧路灯》）

(37) 若论起温柔和顺，凡事必商必议，不敢恃才自专，实较凤姐高十倍；若论标致，言谈行事，也胜五分。（清·曹雪芹《红楼梦》）

(38) 王氏遂到前边，欲商曹氏来言。（清·李绿园《歧路灯》）

例 (32)、例 (33) 和 (35) 中“商”前的状语“相”“细”“密”均表方式；例 (34) 中“商”的状语“非”表否定；例 (36) 中的数词“一”为短时尝试义状语；例 (37) 的状语“必”表肯定；例 (38) 的“欲”作“商”的心理情态状语。这些例子表明，“商”在明清时期是一个活泼的单音交互动词。因为修饰“商”的状语“Adv.”语义越丰富，说明“商”的句法活跃度越高。

本期还有“缓商”“婉商”“慢商”“共商”“面商”“酌商”等状中交互短语，它们与上述短语一样，大多充当句子的谓语，但是此类短语中还有少数可

① 本文用 Adverbial 的缩写“Adv.”来表示状语，用 Object 的缩写“O”来表示宾语，用 Complement 的缩写“Comp.”来表示补语。有的语法理论将传统结构主义语言学中的宾语和补语统称为“补语”，本文仍然将它们分开对待。

以充当其他句子成分。如例（39）的“应商”作定语，例（40）的“缓商”作宾语。

（39）那银子借得成否还不得知，就便可成，还有许多应商的事，如何就定得明日起身呢！（清·文康《儿女英雄传》）

（40）姑娘，你这片至诚，我却影响不知，无怪你方才拒绝九公，如今九公这话且作缓商。（清·文康《儿女英雄传》）

5.1.2.2.2.2　“商＋Comp.”中补短语

此期比较常见的还有“商＋Comp.”构成的中补短语。如：

（41）近日见文贞《谕对录》凡十余卷，俱世庙手敕，及所答密疏，中间商及斋醮及服食秽亵，俱未免迎合。（明·沈德符《万历野获编》）

（42）详叙了饥荒情形，商了赈济事宜。（清·李绿园《歧路灯》）

（43）暇中曾与张正心商过两次，欲约张正心同往，好结个伴儿。（清·李绿园《歧路灯》）

（44）你如今话不曾说，先说请出孔圣人来也不中用，然则还商出些甚么量来？（清·文康《儿女英雄传》）

（45）一个个吓得神魂不定，坐立不安，这上路的事情，一时从何商起？（清·文康《儿女英雄传》）

（46）商妥之后，当把这话告诉了王柏臣。（清·李伯元《官场现形记》

充当“商”字动补短语中补语成分的大部分为动态助词（“了”“过”）、趋向动词（“出”“起”），少量动词（“及”）和形容词（“妥”）。“商＋Comp.”类型出现较晚，明代时期尚少见到，清代才稍多些。

5.1.2.2.2.3　其他“商”字短语

除了状中短语和动补短语外，明清时期还偶尔可以看到少量其他类型的“商”字交互短语。如：

（47）两人商约已定。幸客竟自回转张家湾，来见徐德。（明·凌濛初《二刻拍案惊奇》）

（48）但有不得明白的，便请张亲家老爷进来商办。（清·文康《儿女英雄传》）

（49）不过在省城里候补了多少年，光景实在不好，现在情愿写借票，商借几文。（清·李伯元《官场现形记》）

例（47）的“商约”中，“商”与“约”构成并列式联合短语。同为状中式短语，例（48）和例（49）的“商办”“商借”与前面“相商”“细商”等“商”字状中短语不同：前面例子中的“商”为中心语，受状语的修饰；而这两例中的“商”都是充当状语修饰其后的中心语。

5.1.2.3　“商”独用表交互

单音节交互词“商”最早出现于唐代，直到明清其常见用例还是与其他词构成短语，单独充当句子成分的情况还不是很多。在句中，“商”通常为谓语中心，后接宾语或者补语，前面可受状语修饰。如：

(50) 王母道：“谨领尊命。即当与儿媳商之。”（明·凌濛初《二刻拍案惊奇》）

(51) 意忽动，计囊中资，仅足贩鹑，以商主人。（清·蒲松龄《聊斋志异》）

(52) ……，夜去明来，垂三月而妾已成孕矣，惧老父见尤，商之薄生为堕胎计，……（明·陆人龙《型世言》）

(53) 张亦失馆，度岁艰难，商于余，即以余资二十金倾囊借之（清·沈复《浮生六记》）

例（50）中，“之”为谓词“商”的宾语，“即”为时间状语，“当”为情态状语，“与儿媳”为对象状语。例（51）的“商”前有状语“以（之）”修饰，后接补语“主人”。例（52）的“商”后接双宾语。例（53）的“于余”为“商”的对象补语。

5.2　“议”类交互词语

明清时期“议”类词语比较发达，不仅有共议、会议、建议、论议、异议、倡议、创议、公议、议处、议定、议亲、议婚、面议、议和、和议、议事等双音节词，还有如谋议等各类“议”字短语。这些词和短语大部分带有“商议”“讨论”“交换意见”等意义，表达了事件参与者之间的交互关系[①]，因此正是我们要讨论的对象。

---

① 《现代汉语词典（第七版）》对“商议”的解释为：“为了对某些问题取得一致意见而进行讨论”；“讨论”的解释是：“就某一问题交换意见或进行辩论”。从这些解释来看，它们都预设了事件的参与者为双方（多方），且他们围绕某一问题展开互为相互依存共事对象的交换意见行为，这表明这些意义是比较典型的交互义。

5.2.1 “议”交互义的产生

“议”甲金文未见，《说文解字》小篆作“”，释为“语也。从言，义声”。“语”，金文作“”或“”；《说文解字》作“”，释为“论也，从言吾声”。段玉裁引毛亨：“一人辩论是非谓之语。”又引郑玄：“与人相答问辩难谓之语。”由此看来，段玉裁等认为“议”和“语”有两种解释：一个是“一人辩论是非”，相当于今天的“评论、评议”；另一个是多人“相答问辩难”，相当于今天的“议论、辩论”。这两个解释中，后者体现了人与人之间的交互关系，为交互义。段氏的论断得到了《诗经》语例的支持。如：

（1）或出入风议，或靡事不为。（《诗经·小雅·北山》）

（2）无非无仪，唯酒食是议。（《诗经·小雅·斯干》）

这两例中，例（1）的“风议”即“讽议”，是“评论”的意思；为“议”的非交互用法。例（2）的“唯酒食是议”，郑玄解释为“妇人之事唯议酒食耳”。按照郑玄的观点，“议”在这里是“讨论、商议”的意思，因而是交互用法。除了《诗经》外，“议”的交互用法还广泛出现于上古汉语的传世文献中。如：

（3）士志于道，而耻于恶衣恶食者，未足与议也。（《论语·里仁》）

（4）王卒，及葬，子囊议谥。（《国语·楚语上》）

5.2.2 明清“议”类交互词语

远在《诗经》年代，“议”就可用来表达交互义。经过几千年的发展，到了明清时期，“议”类交互词语已然形成了一系列相关词和短语的聚合。我们从总体上将其分为：“议”字交互词和“议”字交互短语两类。“议”字交互词，可分为复音交互词和单音交互词。“议”字复音交互词又可分为“～议”和“议～”两类。“议”字交互短语又可以分为状中式、中补式和支配式等类别。

5.2.2.1 “议”类双音交互词

明清时期，“议”类交互词绝大多数是双音节交互词，占其用例的80%以上。根据“议”所处的位置，我们将这些双音词分为“～议”和“议～”两类。

5.2.2.1.1　“～议”类交互词

明清时期，“～议”结构的词主要有商议、共议、会议、建议、论议、异议、倡议、创议、公议、面议、和议等，它们大多是动词，其中以“商议”的使用频率最高，其次为“会议动词”。这系列双音词中，商议、会议、共议、公议、面议、和议等为交互词，是我们主要的考察对象。

此期的“～议”大都为动词，从构词语素的语义关系来看，这些动词大多数是状中式偏正关系，如会议、共议、面议等；少量为并列式联合关系，如商议、论议、谋议等。还有些“～议”为名词，如和议，它们在句中主要充当主语、宾语和定语，偶尔也可以作谓语。

明清时期的复合动词“～议”都是二价的及物性动词，主要充当句子的谓语。在句法结构上，有的以后接宾语为常，如商议、共议等；有的以不接宾语为常，如会议、公议、私议、面议等。

(5) 玄德曰：“要吾僭居尊位，吾必不敢。可再商议长策。”（明・罗贯中《三国演义》）

(6) 到了明日早上，三位大仙收拾上关，共议退兵之策。（明・罗懋登《三宝太监西洋记》）

(7) 朝廷旨下九卿会议，便会推了张佳胤督抚浙江军门。（明・陆人龙《型世言》）

(8) 瑜曰：“不必多言，来日都到府下公议。”（明・罗贯中《三国演义》）

(9) 适值黄二姐进来看见，上前接过签子，替子富另烧一口，为此对躺在烟榻上，切切私议。（清・韩邦庆《海上花列传》）

(10) 叔叔才回家，未免劳乏，不用过我们那边去，有话明日一早再请过去面议。（清・曹雪芹《红楼梦》）

(11) 宋与金人和议，天下后世专罪秦桧。（明・陆容《菽园杂记》）

少数情况下“～议”也可以充当句子的主宾语，此时它们通常表示两种意义：一种转指商量、讨论的结论，另一种指商量、讨论行为本身。转指讨论的结论时，该结论通常是共识性的话语、主张或观点等，此时“～议”没有表示出参与者间的交互关系，因此是非交互词。当“～议”转指讨论行为自身时，它仍然可以表示参与者间的交互关系，因此也是交互词。如：

(12) 而吴、夏、程、谢四公之论议，卒见行于后世，成昭代之盛典，非圣君贤相主张于上，何以臻此？（明・徐咸《徐襄阳西园杂记》）

（13）谢文正初入翰林，为御史某骤升都宪，台中循例请公文为贺，公曰："此人素不为公议所与，恶可以谀言悦之。"（明·焦竑《玉堂丛语》）

（14）此老词藻俊发，意气凌轹，当官随试辄效，亦奇才也。独于于肃愍事不能免于公议，惜哉！（明·徐咸《徐襄阳西园杂记》）

（15）你要图成和议，急如风火，却如何等得这三日过呢？（明·董说《西游记补》）

（16）蒋爷深以为是，计议已定，夜星子收拾收拾，立刻起身，竟然奔茉花村而来。（清·石玉昆《三侠五义》）

例（12）和例（13）中的"论议"和"公议"均作主语，它们转指"讨论"后达成的共识观点，没有表达交互关系。例（14）、例（15）中的"公议"和"和议"分别充当各自句子的宾语，例（16）的"计议"则是句子主语，这三例的"～议"都指讨论行为本身，因而表达了交互关系。

5.2.2.1.2 "议～"类交互词

明清时期，"议～"结构的合成词使用频率较"～议"稍低，主要有议处、议定、议亲、议婚、议和、议事等。它们大多是支配式复合动词，如议亲、议婚、议和、议事等；少数为状中式和补充式复合动词，如议处和议定等。"议～"类交互词中以"议事"最为常见。

"议～"在句中主要充当谓语。议定、议取等为及物动词，以带宾语为常；议处[①]、议亲、议婚、议和、议事等为不及物动词，以不带宾语为常。如：

（17）当日议定了职事，随即写了榜文，先使人去菜园里退居廨宇内挂起库司榜文，明日交割。（明·施耐庵《水浒传》）

（18）曹操大军入城，安民已毕，随唤众谋士议取下邳。（明·罗贯中《三国演义》）

（19）如有国政事，俟明日临殿议处。（明·许仲琳《封神演义》）

（20）半年前偶有媒人来与他议亲，小人欲待娶妻与他，恐误了人家女儿。（明·罗贯中《三遂平妖传》）

---

① 据《汉语大词典》的解释，"议处"有两个义项：一个是"议定其罪给予处分"；另一个是"计议处理"。作第一个义项用时，"议处"通常为不带宾语的作格动词；作第二义项用时，则可以带宾语，如"司道就说他跋扈不臣，不受勘理；巡抚就题本，命下议剿，议处了兵粮，分兵进讨"（明·陆人龙《型世言》）。明清时期，"议处"带宾语的用法罕见，我们仅发现寥寥数例。

(21) 你老爷方与小姐议婚，小姐坚持不从。(清·李修行《梦中缘》)

(22) 若径兴师，则前番与宋议和，岂宜失信？(明·熊大木《杨家将传》)

(23) 天子乃宣群臣议事，敕令大将钟离权，统兵五十余万，号八十万，即日起行。(明·吴元泰《东游记》)

除了谓语之外，“议～”还可以充当定语等句法成分，偶尔还可以作宾语，一般不作状语。如：

(24) 已而，议处本上，有旨：“薛国观着冠带闲住。中书王陛彦着革了职，刑部提问。”(明·文秉《烈皇小识》)

(25) 你前日议亲的时节，誓也不知罚了许多！(明·凌濛初《初刻拍案惊奇》)

(26) 把秃带的敕书中是这样写的：“把秃等至，具悉议和之意，但前已遣杨善、赵荣赍书币，至可汗及太师处，专为迎朕兄太上皇帝。……”(明《明实录》)

(27) 若家兄听得道台大人议婚的话，家兄必定吆喝你。(清·李绿园《歧路灯》)

(28) 天下奉行，百有余年，或有议定。(明·许浩《复斋日记》)

例 (24) 至例 (27) 中，“议”作定语；例 (28) 中，“议”作宾语。

5.2.2.2　“议”字交互短语

“议”与“商”二者语义功能相似，但是“议”的交互义用法产生的时间更早，使用频率更高。长时间的高频使用，使得“议”的功能较“商”更加丰富。明清时期也是如此。此期“议”字与其他词语构成的短语结构包括“Adv. +议”式状中偏正短语、“议+Comp.”式中补短语、支配短语等。

5.2.2.2.1　“议”字状中短语

明清时期，根据句法功能，“议”字状中交互短语可分为两类：一类是“议”作中心语的“Adv. +议”类状中短语；另一类是“议”作状语的“议+Pred.”类短语。

5.2.2.2.1.1　“Adv. +议”

“Adv. +议”状中短语是明清时期最常见的“议”字短语。从意义上看，短语中的状语“Adv.”既可以表示时间、地点、方式、对象，还可以表示处所等，有时候“议”字前有几个不同的状语叠加修饰。如：

(29) 尚书道：“须先差人体访一番，才议征进。”（明·罗懋登《三宝太监西洋记》）

(30) 坐议立谈，无人可及。（明·罗贯中《三国演义》）

(31) 副使定要逼来，却见上边写道：“差人催投文甚急，可即出一议。”（明·陆人龙《型世言》）

(32) 天晚了，银子兄且带回，明日再议。（明·陆人龙《型世言》）

(33) 今大臣皆议当降，汝独仗血气之勇，欲令满城流血耶？（明·罗贯中《三国演义》）

(34) 步出门外，听见守门人大惊小怪，乃问曰：“汝等相议何事？”（清·熊大木《杨家将传》）

(35) 照律杀兄之候，应议凌迟定罪，不料继功染病，又因重受官刑，元气大伤，忿闷而绝。（清·邵彬儒《俗话倾谈》）

(36) 至六年正月见大虏入犯击退，当事以臣守关有功，将议破格优升。（明·朱长祚《玉镜新谭》）

(37) 今本初又与表私议欲袭江东。（明·罗贯中《三国演义》）

例（29）中“议”的状语“才”表示时间和条件；例（30）中的“坐”表示方式；例（31）中的数词状语“一”表示短时；例（32）中的“再”表示频率和反复；例（33）中的“皆”表范围；例（34）的“相”表描摹[①]；例（35）“应”表示情态；例（36）中的状语“将”表示“议”的时间；例（37）中的“议”有多个状语叠加修饰：“又”表示反复，介宾短语“与表”表示对象，“私”表示方式。明清时期，“Adv. ＋议”短语数量甚多，除上述外，还有妄议、讪议、别议、正议、朝议、廷议、徐议、复议、急议等。

从句法功能看，“Adv. ＋议”短语在句中主要充当谓语，如上述诸例；少数情况下，也可以充当其他句法成分。如：

(38) 主公且理会拒敌之策，立嗣之事，毋容多议。（明·罗贯中《三国演义》）

(39) 正议间，报：“闻太师差官下书。”（明·许仲琳《封神演义》）

① 此处采用张谊生（1996）的观点。

例（38）的“多议”为“容”的宾语，例（39）的“正议”为“间”的定语①。

5.2.2.2.1.2　“议 + Pred.”

明清时期绝大多数情况下，动词“议”是充当中心语，构成“Adv. ＋议”结构。少数情况下，它也可以作状语来修饰其他谓词，构成“议＋Pred.”结构，表示动作行为的方式。如：

（40）当时辅政诸老，但知慕古，不知皇祖手定，无故议改，亦变乱旧章之一也。（明·沈德符《万历野获编》）

（41）婉儿拈得南字，刘钊拈得北字。议决各从一人。（清·枫江半云友《引凤萧》）

（42）赦了金光寺众僧的枷锁，快教光禄寺排宴，就于麒麟殿上谢圣僧获贼之功，议请圣僧捕擒贼首。（明·吴承恩《西游记》）

5.2.2.2.2　“议 + Comp.”中补短语

明清时期，我们还常常可以见到“议＋Comp.”中补交互短语的用例。如：

（43）那刑部官有和陈文昭好的，把这件事直禀过了省院官，议下罪犯……（明·施耐庵《水浒传》）

（44）我们两老口议了一夜，主意已定，不可推辞。（明·凌濛初《二刻拍案惊奇》）

（45）沈阆怕这时不进，樊举人还要作难，去寻分上，寻得一个，说是宗师母舅，三面议成，只等进见，应承了封物。（明·陆人龙《型世言》）

（46）迁都时朕与大臣议久方行，彼时何不言也？（明·郎瑛《七修类稿》）

（47）做得大状棍，无理议出有理来。（清·邵彬儒《俗话倾谈》）

例（43）“议下”中的“下”为趋向补语；例（44）“议了”中的“了”为动相补语；例（45）中“议成”中，“成”是“议”的结果补语；例（46）中“久”为“议”的时间补语；例（47）“议出”中的“出”为结果补语。

从句法成分上看，此期的“议＋Comp.”短语通常作句子的谓语，少数情况下也可以作状语，如例（46）的“议久”为其后谓语“方行”的方式状语。

---

① 本期还有“正议之间”的说法：正议之间，忽探马报：“曹真、夏侯尚围了南郡，被陆逊伏兵于内，诸葛瑾伏兵于外，内外夹攻，因此大败。”（明·罗贯中《三国演义》）这更能说明“正议”确实是“间”的定语。

从对名词性成分的支配能力看，“议＋Comp.”短语通常为二价短语，都要接逻辑宾语。少数表层结构不接宾语的句子，是因为上下文语境中有所交代，省略了逻辑宾语。如上面例（46）中，“议”的逻辑宾语“迁都”已经在前面作了状语；而下例（48）连动结构中，“议了”的宾语“亲”为整段话的话题，故无须多作交代。

（48）那官媒婆去议了来，回复道：“平爷说蒙太师爷垂爱，许结朱陈，是夙昔所仰望而不得者，诚生平之愿。……”（清·荻岸散人《平山冷燕》）

5.2.2.2.3 “议”字连动短语

明清时期，“议”还可以构成连动短语用于连动句中，如上例（48）。再如：

（49）嘉靖元年五月朔奉旨，你部里再查议了来说。（明·陈洪谟《治世余闻》）

（50）原来周瑜在鄱阳湖训练水师，闻曹操大军至汉上，便星夜回柴桑郡议军机事。（明·罗贯中《三国演义》）

例（49）的“查议”本来就是连动结构，然后再与后面的“说”构成套嵌式连动式；例（50）的“议军机事”与其前的“回柴桑郡”构成连动句。

5.2.2.2.4 其他“议”字交互短语

“议”还可以跟名词构成定中式偏正短语。定中短语中，“议”的意义已经由交互行为事件通过转喻指称“商量、讨论”行为事件的共识性结果，可译为“共识、商定”等。要注意的是，该类短语没有交互义。如：

（51）陛下若不从众议，恐旦夕萧墙祸起。（明·罗贯中《三国演义》）

（52）于是张、桂等又疏诤之，宜如初议。（明·沈德符《万历野获编》）

除定中短语外，表交互义的“议”字可用于支配短语、“者”字短语和“的”字短语等。它们都是交互义短语。如：

（53）我只为买这官人的珠翠，约他来议价，实是我的不是。（明·凌濛初《二刻拍案惊奇》）

（54）使当时议礼者，兼先圣庙祭而言，则今日武官主祭，与礼制悖矣。（明·陆容《菽园杂记》）

(55) 这头亲事又不是劈空说起，当日原有成议的，如今要复前约，料想没什疑难。(清·李渔《十二楼》)

例（53）的支配短语“议价”与其前的动词“来”构成连动短语，在句中为“讨论价格”的意思，交互义比较明显。例（54）的“议礼者”为“者”字短语，指代“议礼”（商议、讨论制定礼仪）的人。例（55）的“成议的”为“的”字短语，意为“已达成的约定”，其中“成议”为定中式偏正短语。

5.2.2.3　“议”独用表交互

自上古汉语以来，“议”就是一个使用频率较高的常用交互词，明清时期则更加频繁。此期，它通常充当谓语中心语，较少充当其他句法成分。如：

(56) 司天监丞迭里月实十四人，二年又征元回回历官郑阿里等十一人至京，议历法，占天象。(明·郑晓《今言》)

(57) 太宗闻言，遂将此表掷付群臣议之。(明·吴承恩《西游记》)

(58) 日前下官升帐，与诸将议攻城之策，不期妖人使邪法，将磨盘从空压将下来，幸得多目神救了性命。(明·罗贯中《三遂平妖传》)

(59) 每与妇议归，妇亦诺之，而因循不即行。(清·蒲松龄《聊斋志异》)

(60) 礼部议窦东皋罚俸降级，第一名会元赶逐归家，不准殿试。(清·邵彬儒《俗话倾谈》)

(61) 曹操传檄告天下，诸侯奋怒皆兴兵。议立袁绍作盟主，誓扶王室定太平。(明·罗贯中《三国演义》)

(62) 瓦氏来海上，锐欲建功，数请出战，诸将集议军门，辄以固守为上策，多观望不进。(明·朱九德《倭变事略》)

(63) 令婆与六郎议曰：“贾教练非辽将之敌。国家新立，我儿只得赴难。”(明·熊大木《杨家将传》)

上述诸例中，“议”均为谓语动词，不过其后接的句法成分各有不同：例（56）的“历法”为名词宾语；例（57）的“之”为代词宾语；例（58）的“攻城之策”为偏正短语作宾语；例（59）的“归”为动词宾语；例（60）的“窦东皋罚俸降级”为双宾语；例（61）的“立袁绍作盟主”为兼语短语作宾语。除了后接各种不同类型的宾语外，交互词“议”后还可以接名词作补语，如例（62）的“集议军门”就是“集议于军门”的意思。此外，“议”后还可接其他动词构成连动句，如例（63）。

明清时期，“议”表交互关系时主要是动词。但作名词时，也可以表交互，只不过用例比较少，如上文例（51）的“众议”、例（52）的“初议”和例（55）中的“成议”。再如：

（64）原来不是别个，就是裴七郎未娶之先与她许过婚议的。（清·李渔《十二楼》）

5.3 “谈”类交互词语

明清时期“谈”类词语比较发达，不仅有谈天、谈心、谈吐、谈话、言谈、谈论、笑谈、谈笑、坐谈、闲谈、清谈、谈判、交谈、叙谈和谈天等双音节词，也有如谈玄说妙、谈天说地等短语。这些词和短语中，只有表达或隐含事件参与者之间具有相互依存关系的，才是我们要讨论的对象，具有交互性。它们的交互性通常用词语的“交流”“对话”等意义来表现。

5.3.1 “谈”交互义的产生

“语”金文作“”或“”。《说文解字》小篆作“”，许慎释为“论也，从言吾声”。关于“语”，古人认为有两个意义：一个是“一人辩论是非谓之语”（段玉裁引毛亨），这就是《释名·释言语》“语，叙也，叙己所欲说也”的意思，译成现代汉语就是“一个人陈述自己的见解和看法”。另一个是《诗经毛亨传》的解释“论难曰语”，孔颖达《毛诗正义》解作“谓二人相对”，段玉裁引郑玄“与人相答问辩难谓之语”，翻译成现代汉语就是“跟他人相辩论”的意思。

“谈”甲金文未见，《说文解字》作“”，许慎解为“语也，从言炎声”。马叙伦《说文解字六书疏证·卷五》认为“谈语实转注字”。也就是说，“谈”和“语”的意义相同。既然同义，那么“谈”也应该有两种意义：一种表示自己发表见解的直陈、陈述义，如“谈不容口”等；另一种表示多人之间言语问答的辩论、交流义，如“商谈”“谈论”等。这两种意义中，后者表达了交流者之间的相互依存关系即交互关系，这就是本文所要探讨的“谈”的交互义。

“谈”的交互义最早在《诗经》中就出现了。如：

（1）忧心如惔，不敢戏谈。（《诗·小雅·节南山》）

“不敢戏谈”，《郑笺》：“不敢相戏而言语。”“相戏而言语”就是“互相嬉戏交谈”的意思。程俊英（1985）将“戏谈”翻译成“谈论发牢骚”。向熹（2014）

把“谈”解释为“言谈，说”。董志安（1989）将“谈”解为“谈论”。笔者以为，郑玄所处时代离《诗经》年代更近，语言也更为接近，他的理解应该最接近《诗经》原意。根据郑玄的解释，那么“谈”早在《诗经》中就有了交互义用法。

《诗经》以后，“谈”广泛用于先秦文献中，其中既有交互义用法也有非交互义用法。如：

（2）言谈者，仁之文也。（战国《礼记·儒行》）

（3）今告子言谈甚辩，言仁义而不吾毁，告子毁，犹愈亡也。（战国《墨子·公孟》）

（4）遍国中无与立谈者。（战国《孟子·离娄下》）

（5）途旁之树未沐之时，五衢之民，男女相好，往来之市者，罢市，相睹树下，谈语终日不归。（战国《管子·轻重丁》）

上述四例中，例（2）、例（3）的“谈”为非交互义用法，为单个人说话的“陈说、直陈”义；例（4）、例（5）语境中的“无与”和“男女相好”分别交代了“立谈”和“谈语”的参与者为复数，既然交谈者为复数，那么它们作交互义理解也就顺理成章了。

5.3.2　明清“谈”类交互词语

从《诗经》年代开始到明清时期，“谈”类交互表达已然形成了一系列表达交互义的双音节交互词语。我们可以将其分为“谈”字交互词和交互短语两类。“谈”字交互词可以分为复音交互词和单音交互词。根据“谈”的位置，“谈”字复音交互词又可分为“～谈”和“谈～”两类。下面分别介绍。

5.3.2.1　“谈”类复音交互词

5.3.2.1.1　“～谈”类交互词

明清时期，可以表达交互义的“～谈”类动词主要包括坐谈、叙谈、闲谈、交谈和面谈等动词，其中闲谈、叙谈和坐谈的使用频率最高。从构词语素间结构来看，除了“叙谈”是并列联合式复合词之外，其他的如坐谈、闲议、面谈和交谈等，都是状中式偏正复合词。这些词除了“交谈”是不及物动词外，其他都是及物性的二价动词。如：

（6）金、玉姊妹便在上屋坐谈，叫人张罗伺候晚饭。（清·文康《儿女英雄传》）

(7) 有话不必在此叙谈，咱们且到那边再说不迟。(清·石玉昆《三侠五义》)

(8) 一个闺中弱质，与新郎未经半晌交谈；一个旅邸故人，共娇面曾做一年相识。(明·凌濛初《初刻拍案惊奇》)

(9) 天子召见八千岁，奏对之下，赐座闲谈，问及世子共有几人，年纪若干。(清·石玉昆《三侠五义》)

(10) 王麟州太常又亲见徐公面谈，而笔之杂纪，弇州又别记之。(明· 沈德符《万历野获编》)

(11) 时余会咸宁侯仇鸾，坐谈时事，渠浩叹曰："今之时事，日异往昔，大可笑也!"(明·张瀚《松窗梦语》)

(12) 忽又报吕蒙、甘宁等一班儿来见。瑜请入，亦叙谈此事。有要战者，有要降者，互相争论。(明·罗贯中《三国演义》)

(13) 话说皮五爷请过捕衙之后，他在家无事，闲谈众事。(清·浦琳《清风闸》)

(14) 公事忙，不得脱身；等到事完出衙门，八点钟在自己相好贵宝那里吃晚饭，可以面谈一切。(清·李伯元《官场现形记》)

上述诸例中，例(6)至例(10)，动词"～谈"不带宾语；例(11)至例(14)，动词"～谈"则后接宾语。

明清时期，除了主要充当谓语外，"～谈"还偶尔作定语。如：

(15) 西门庆一面请宽了青衣，请进里面，各逊让再四，方才一边一位，垂首坐下。正叙谈间，吴大舅、范千户到了，叙礼坐定。(明·兰陵笑笑生《金瓶梅词话》)

(16) 碾米的地方必定在附近人家，必须趁机秘密调查一下。于是在闲谈时打听两岸有没有村庄?(清·蓝鼎元《蓝公案》)

(17) 及坐谈时，钱子刚赶着那姓高的叫"亚自哥"。(清·韩邦庆《海上花列传》)

本期作定语的"～谈"绝大多数是位于时间名词前，构成时间偏正短语，然后再充当句子的时间状语。

5.3.2.1.2 "谈～"类交互词

明清时期，"谈～"结构的双音合成词主要有谈话、谈天、谈论、谈心、谈叙和谈判等。它们有的是支配式复合动词，如谈话、谈天和谈心等；有的是并列式的联合关系复合动词，如谈论、谈叙和谈判等。两类双音词中，前者"谈心"使用频率最高；后者则是"谈笑"和"谈论"使用最频繁。

5.3.2.1.2.1　支配式"谈～"交互词

支配式关系的"谈～"双音词一般为不及物动词，在句中主要充当谓语。如：

(18) 次后甘伙计收了铺子，又请来坐，与伯爵掷骰猜枚谈话，不觉到掌灯已后。(明·兰陵笑笑生《金瓶梅词话》)

(19) 只见丁二爷进来，道："五弟沐浴已毕，请到堂屋中谈话饮酒。"(清·石玉昆《三侠五义》)

(20) 我正闷的慌，找他谈天去。(清·刘鹗《老残游记》)

(21) 统乃邀入草庵，共坐谈心。(明·罗贯中《三国演义》)

(22) 两个对面谈心，一见如故。(清·李渔《无声戏》)

少数情况下，"谈～"类交互词也可以作定语。如：

(23) 谈话间，忽报刘、薛二公公到。(明·兰陵笑笑生《金瓶梅词话》)

(24) 谈心之顷，各人已将乐器送还原位，复行坐下。(清·刘鹗《老残游记》)

清代，"谈～"交互词使用频率高，以至于产生了功能扩展，表现为出现了"谈 N 的谈 N，"和"谈谈 N"等重叠形式的构式。如：

(25) 钱庄里老板是头一个大赢家。四十摊之后，别的人过瘾的过瘾，谈天的谈天，独他一个穿穿马褂，说："号里有事，不能不回去。"(清·李伯元《官场现形记》)

(26) 这时满园子里的人，谈心的谈心，说笑的说笑。(清·刘鹗《老残游记》)

(27) 他是杭州人，别处朋友又说不来，每日没有事的时候，一定要到仁钱会馆里走走，同两个同乡亲戚谈谈讲讲，吃两顿饭，借此消闷。(清·李伯元《官场现形记》)

(28) 周老爷没有家眷，是住在院上的，他不时要到周老爷屋子里坐坐谈谈天，还时常从公馆里做好几件家常小菜，自己带来给周老爷吃，说是小妾亲手做的。(清·李伯元《官场现形记》)

(29) 但是难得今天你大人有空，我们正想借此谈谈心，所以让他们去陪他也是一样的。(清·李伯元《官场现形记》)

例 (25)、例 (26) 中的"谈 N 的谈 N"一般与几个相似结构并列使用，并且融合"的"字短语，组成"VP_1 的 VP_1，VP_2 的 VP_2"的复杂构式，具有人人沉浸或陶醉于某种场合或氛围中，并在其中"各行其是"的构式义。例 (27) 的"谈谈讲讲"和例 (28)、例 (29) 中的"谈谈 N"表示的是短时、轻松的构式义。

5.3.2.1.2.2 并列式"谈～"交互词

明清时期，并列关系的"谈～"双音词主要是谈论、谈叙、谈说、谈笑①和谈判②等。如：

(30) 却说二位元帅正然坐在帐中，谈论军情重务，猛然一阵旋风，从西北上旋起，直旋到中军帐下才止。(明·罗懋登《三宝太监西洋记》)

(31) 这面几个人正谈论着，只听得外间也有人在那里吱吱喳喳的说话。(清·李伯元《官场现形记》)

(32) 圣上大怒道："我阁中与他睡觉的么?"发刑部充吏，刘吉士便买了吏巾，到刑部中与这些当该一体参谒，与这些人谈笑自如。(明·陆人龙《型世言》)

(33) 二人谈叙一夜，寿姑欢喜。(清·省三子《跻春台》)

(34) 你我居处只隔此篱，娘子何不乘便到此谈叙衷情?(清·省三子《跻春台》)

(35) 二人彼此谈论国家事务，武成王置酒，与比干丞相传杯相叙?(明·许仲琳《封神演义》)

(36) 滇兵越界滋事，经该道会同法员勘查谈判，尚有条理。(清《清实录·光绪朝实录》)

(37) 这事包在我身上，明天就叫人去和他开谈判，料他也不敢不依。(清·曾朴《孽海花》)

(38) 僧齐公一向与他相厚，出来接陪了，登阁眺远，谈说古今。(明·凌濛初《初刻拍案惊奇》)

从我们的语料来看，明清时期"谈论"和"谈叙"虽然是及物动词，但是不带宾语的时候远多于带宾语的时候。此期，我们没有发现交互义"谈笑"后

---

① "谈笑"的交互义颇难断定，因为一个人也可以谈笑，几个人之间也可以谈笑。我们认为，一个人的谈笑没有交互义，而几个人的则有。所以衡量"谈笑"交互义的标准就是"谈笑"行为参与者是单数还是复数。如果是单数参与者则为非交互义，如果是复数参与者则为交互义。例如文中例(32)中的"谈笑"主语为复数，那么它就有交互义。下面的例子中的"谈笑"就没有交互义：子牙忙令左右安排筵宴，侍武王夜宴，只是谈笑军国重务，不敢说土行孙行刺一节(明·许仲琳《封神演义》)。

② "谈判"在明代之前还是一个短语，通常以"立谈判(也)"的形式出现，"立谈"为一个词，意为"立刻、马上"。清代晚期"谈判"开始作为一个独立的双音词出现。刘正琰、高名凯等先生(《汉语与外来词词典》，上海辞书出版社，1984年)认为是日语的借词。

接宾语的情况；“谈判”主要用作名词充当句子主宾语，如例（37），偶尔也可以作谓语，如例（36）。

另外，除了可以作谓语之外，这些交互词还可以作定语，或者作状语，有的可以作主语。如：

（39）正在谈论之际，忽听后面声言：“船里头不要走了，五员外还有话说呢。快些拢住呀。”（清·石玉昆《三侠五义》）

（40）谈笑之间事已成，和尚功德可思议。（明·张岱《西湖梦寻》）

（41）启门视之，寂无所见，惟见二公谈笑而来。（明·都穆《都公谭纂》）

（42）眼前列扭械，背后吹蛮竽。谈笑行杀戮，溅血满长衢。（清·魏秀仁《花月痕》）

（43）结援四国，报仇强敌；谈笑取胜，长驱逐北。（明·罗懋登《三宝太监西洋记》）

例（39）和例（40）的“谈论”和“谈笑”作定语；例（41）和例（42）的“谈笑”作状语；例（43）的“谈笑”作主语。此期，只有“谈笑”“谈论”等使用频率最高的词，能够在谓语之外，扩展出定语等众多新的句法功能。

高频使用不仅使得它们的句法功能扩展，而且还使得它们产生了新的构式——重叠构式。如：

（44）或于完了功课之时，或刮风下雨之日，不时和东人谈谈论论。（清·石玉昆《三侠五义》）

（45）于是大家又谈谈笑笑，又喝了一回酒。（清·陈森《品花宝鉴》）

（46）毕竟他是孝廉出身，比众不同，平时看了几本新书，胸中老大有点学问，欢喜谈论谈论时务。（清·李伯元《官场现形记》）

例（44）和例（45）构成的是“AABB”式重叠构式。该重叠式具有状态形容词表程度深的语义特征，在句中恰当地表示出了行为参与者之间行为的高频和反复。例（46）构成的则是“ABAB”式重叠构式，该构式具有表示动作的轻快的构式义。句中这种轻快的意义表现出主人公轻松的主观心态。

5.3.2.2 “谈”字交互短语

明清时期交互义“谈”字短语[①]包括“Adv. +谈”状中式偏正短语、“谈+O”支配短语、“谈+Comp.”中补短语和连动短语等。

5.3.2.2.1 “谈”字状中短语

“Adv. +谈”式状中短语是明清时期最为常见的“谈”字短语，从所表达的意义上来看，可以表示时间、方式、对象、处所和否定等。如：

(47) 佛爷爷一连下顾了三次，遭番不得久谈。(明·罗懋登《三宝太监西洋记》)

(48) 二人至中军帐坐下，有四阵主来相见，共谈军务之事。(明·许仲琳《封神演义》)

(49) 师徒们正自胡谈乱讲，只听得有人叫道：“大圣不须烦恼，且来吃些斋饭再议。”(明·吴承恩《西游记》)

(50) 我却认得他，他却认不到我，我如今只做不认得，说是相面的，与他一谈，见机而作。(清·寄生氏《五美缘》)

(51) 众姊妹也自由他，陪着瑶瑟且食且谈。(清·海天独啸子《女娲石》)

(52) 此书非谈别事，专说镜中一段幻迹。(清·俞达《青楼梦》)

例(47)中的“久”为“谈”的时间状语；例(48)的“共”为“谈”的方式；例(49)的“胡”表示“谈”的伴随状态；例(50)的“一”为数量状语；例(51)的“且”表示情态；例(52)的“非”为否定状语。

“Adv. +谈”短语在句中主要充当谓语，如上述例(46)诸例；少数情况下也可以充当其他句子成分。如：

(53) 到次日，街前打听，只听见街谈巷议，都说兵部王尚书，昨日会问明白，圣旨下来，秋后处决。(明·兰陵笑笑生《金瓶梅词话》)

---

① “谈”字短语既有交互义用法，也有非交互义用法，它们的差别就在于参与者是单数还是复数，如果是单数就是一个人的行为，没有交互关系；如果是多人参与，那就是相互间交谈议论的交互行为，就有交互关系。如“梁师都这贼！惑世欺民，妄谈左道，如今把孩儿取名启运太子!”(明·诸圣邻《大唐秦王词话》)中的“谈”为梁师都一人的行为，故而没有表达交互义；而“家庭偶语，将有丘陵之歌；外众聚谈，岂无墙茨之句”(明·安遇时《包公案》)中的“聚谈”是众人所为，因而做交互义理解，即“聚集交谈”之意。

(54) 宋郑广以海寇来降，授以职官，旦望趋府，群寮无与立谈者，广郁郁不言。(明·谢肇淛《五杂俎》)

(55) 明日途次，楚卿道："兄事，弟未番其始末，若不见弃，一谈何如?"(清·安阳酒民《情梦柝》)

例（53）中的"街谈巷议"为"听见"的宾语，例（54）中的"立谈"为"者"的定语，例（55）中的"一谈"为句子的主语。

5.3.2.2.2　"谈"字支配短语

明清时期，交互义动词"谈"字后接宾语的用例也很常见，充当其宾语的成分通常为名词或名词性短语。如：

(56) 或三三而参同悟契，或两两以话古谈今。(明·罗懋登《三宝太监西洋记》)

(57) 向曾与王房仲谈此曲，渠亦谓乃翁持论未确。(明·沈德符《万历野获编》)

交互式"谈"字支配短语在句中主要充当谓语，偶尔也充当定语。如：

(58) 只因柳洪内侄名叫冯君衡，就是现在冯氏安人的侄儿，那一天合我主人谈诗对对子。(清·石玉昆《三侠五义》)

(59) 倒莫若撇却床第之交，结作谈文之友，比那终日被情欲所缠之人，岂不更有些意味?(清·醉月山人《狐狸缘全传》)

例（58）的"谈诗"为谓语，例（59）的"谈文"作定语，修饰其后的"友"。

5.3.2.2.3　"谈+Comp."中补短语

明清时期，我们常常可以见到交互动词"谈"后接补语，构成中补短语的用例。本期的"谈"字中补短语，通常是"谈"后面先接"了""得""到"等助词作补语，然后再接其他补语成分。如：

(60) 王尚书和三宝老爷坐了一会，谈了一会。(明·罗懋登《三宝太监西洋记》)

(61) 吴王叹息，点头称善！两人促膝谈到日暮。(清·吴敬梓《儒林外史》)

(62) 二人谈得高兴，不知早被他们团里朋友报给王三，把他们两人面貌记得烂熟，没有数个月的工夫，把他妹夫就毁了。(清·刘鹗《老残游记》)

(63) 三人谈到情密处，不忍分离。(清·竹溪山人《粉妆楼》)

例 (60) 和例 (61) 中“谈”字后接助词“了”“到”，然后再接时间补语；例 (62) 中“谈”字后先接助词“得”再接结果补语；例 (63) 后接补语“到”，然后再接宾语。此期的“谈＋Comp.”短语一般充当句子的谓语，极少见到充当其他句法成分的用例。

5.3.2.2.4 “谈”字并列短语

明清时期，交互动词“谈”可以与其他动词连用，构成并列式交互短语。如：

(64) 二人谈讲至晚，子牙就在宋家庄住下。(明·许仲琳《封神演义》)

(65) 僧齐公一向与他相厚，出来接陪了，登阁眺远，谈说古今。(明·凌濛初《初刻拍案惊奇》)

(66) 雪太守与柳友梅谈饮了一回，酒至中间，雪太守道：“贤契英年，又如此才高学博，正该宜室宜家，为何尚未授室?”(清·樵云山人《飞花艳想》)

(67) 夜间论谈近事，甚是契合。(清·苏庵主人《归莲梦》)

(68) 却说三藏与那诸老谈今论古，一夜无眠。(明·吴承恩《西游记》)

例 (64)、例 (65) 和例 (66) 为“谈＋V”式并列短语，例 (67) 是“V＋谈”式并列短语。有时候“谈”先于其他词构成短语，然后再与其他短语构成一个更大的交互义并列短语，如例 (68)。

5.3.2.2.5 “谈”字重叠式

清代的时候，还出现了表交互的“谈”字重叠式用法。如：

(69) 我就陪你谈谈。(清·刘鹗《老残游记》)

(70) 夫妻二人谈谈说说，就睡觉了。(清·寄生氏《五美缘》)

(71) 当下夫妻二人说说谈谈，一宿晚景已过。(清·竹溪山人《粉妆楼》)

(72) 嫣娘说：“正为明日远别，今日不可不细细谈谈。”(清·吴贻棠《风月鉴》)

例 (69) 的“谈谈”带有短时的语义特点。例 (70) 和例 (71) 的两个同义的“AABB”和“BBAA”式同素异序重叠式，表明它们尚处于演化之中，没有稳定形态。它们在句中表达反复义。例（72）的“AABB”式重叠的构式义与前两例不同，它强调“细谈”的程度深。

同为“AABB”式重叠，它们的构式义为什么会不同呢？笔者以为之所以如此，与它们的基式不同密切相关。“AABB”式重叠的作用就是对基式反复和强调。“谈谈说说”和“说说谈谈”的基式是“谈说”和“说谈”，它们是并列式短语，其中“谈”和“说”是同义词。认知语言学象似性原理告诉我们，语言的表层结构形式往往与其深层语义具有象似性。在构形上，“谈说”（“说谈”）的“谈”和“说”就是同义反复的，它表现出了关于内在的反复义。因此，“谈谈说说”（“说说谈谈”）就是对“谈说”（“说谈”）的反复和强调，强调了后者的反复义。“细细谈谈”的基式为“细谈”，它是一个状中式偏正短语，“细细谈谈”就是对“细谈”反复和强化。因为“细谈”只有“深入交流”义，没有反复义，所以对“细细谈谈”反复和强化的只有“深入交流”义。

5.3.2.2.6　“谈”字定中短语

上面讲的是“谈”作动词时构成的交互义短语，其实，“谈”作名词时，也可以表示交互义。如：

> （73）至晚遣开贵介，在书斋坐候，俟初更之际，奴家侍奉老母，小声与丫环等说明，使瞒老母一人，那时情愿不辞奔波，往相公书斋一会，以作倾夜之谈，岂不胜此一时眷恋乎？（清·醉月山人《狐狸缘全传》）
>
> （74）今夕奴家特来相会，以求公子日后照拂我母女，别无他意。望祈正眼相看，勿为桑中之约，目作淫奔之女，使奴家赧颜一世。不过暂叙片刻之谈，以全园中之信，奴家便告辞。（清·醉月山人《狐狸缘全传》）

例句中的“倾夜之谈”和“片刻之谈”都是定中短语在句中充当宾语，其中“谈”是“交谈”的意思，显然也带有交互义。这种名词交互义用法出现得很晚，消亡却很快。它大概在清代才零星出现，但现代汉语中已经难觅踪迹了。

第 6 章

明清空间交互词语（上）[①]

人自出生起就处于三维空间之中，空间概念是人类最早认知的概念之一，它是其他概念结构的基础（Jackendoff，1990），“人们习惯于把空间的范畴和关系投射到非空间的范畴和关系上，借以把握各种各样的非空间范畴和关系”。（李宇明，1999）空间交互范畴也是空间范畴的一部分，因此表示空间交互范畴的概念也可以投射到非空间的交互概念上。例如，我们第 3 章讨论的汉语交互标记“互”，本义指外形交错的绞绳器，然后再扩展引申指诸如“挂肉木架”和“行马”等具有外形空间交错的事物，然后再投射到抽象的非空间范畴“相互”（彼此互文）。

明清时期，“互”早已不用于表达空间的交互范畴，但是空间交互范畴作为空间范畴的重要内容，仍然有其他的词语表示。我们根据核心语素的不同，将明清空间交互词语的主要形式分为“分”“离”“挨”“连”“比”“并”“通”和“联”等八个类别[②]，分两章加以介绍。本章介绍“分”“离”“挨”“连”四类交互词语。

① 本章的“空间交互词语”是指那些造字之初或者常用义中就表示了空间交互关系的词语。这些词语经过长期的演变发展，也可以表达其他范畴的交互关系。

② 空间交互词语远不止这八个类别，常见的还有“歧”“别”等类的交互词语。受时间、精力的限制，我们目前只能描写介绍这几类主要的空间交互词语，其他的只好留待来日。

6.1　“分”类交互词语

6.1.1　“分”交互义的产生

“分”甲骨文作“”；金文作“”；《说文解字》作“”。《说文解字》：“分，别也。从八从刀，刀以分别物也。”所谓“分别物”就是“分割、分开事物”，因此“分”的本义是“分割、分开”。如“我弗其受分”（《甲骨六录》中卷第 43 图），句中的“分”就是“分开”之义。（刘兴隆，1993）

甲骨文时期“分”的功能已经开始了扩展，意义也有了微妙的变化。如：

（1）贞：牝分。（罗振玉《殷墟书契续编》）

如果说“我弗其受分”中的事件参与者“我”还可以看作一个不可分割的整体的话，那么例（1）中的事件参与者“牝”指的就是一群母畜。“牝分”中的“分”也是“分开”的意思，此时的它就表达出了比较明显的交互关系：“一群母畜”就意味着事件参与者为复数；而“分开”在句中指“物体间空间距离的扩大”。“物体间空间距离”就意味着参与者之间存在不可或缺的“相互依存”关系，因为任何空间距离都是对事物及其参照物而言的，单一事物不存在距离之说。所以例（1）的“牝分”表达了母畜之间距离扩大的交互关系。

例（1）中的“分”除了可以理解为动态的空间距离扩大之外，也可以理解为静态的空间距离大，即空间距离扩大的结果。所以例（1）中的“分”，也可以理解为形容词性的“分散”之义[①]。“分散”就是“散在各处，不集中”（《现代汉语词典（第七版）》），是事物间相互距离远的意思，这同样表达了交互关系。

先秦传世文献中也可见“分”的这种表交互关系的“分散”义用法。如：

（2）故形人而我无形，则我专而敌分。（春秋·孙武《孙子兵法·虚实》）

杜佑对例（2）的注解为：“我专一而敌分散。”

先秦时期，“分”还引申出表抽象交互关系的“差异、区分”。如：

（3）公私之分明，则小人不疾贤，而不肖者不妒功。（战国·商鞅《商君书·修权》）

① 马如森（2008）就是这样做的，他把“牝分”解为“牧畜分散之义”。

例（3）“公私之分明”即为“公私的区分明显”之意。

6.1.2 明清“分”类交互词语

经过长期的发展演变，到了明清时期，“分”字交互表达的使用范围和数量大大超过前期。此期的“分”类交互表达可以分为“分”字词和“分”字短语两个大类，其中“分”类交互词又可以分为复音交互词和单音交互词。“分”字复音交互词主要有分别、分头（投）①、分开、分手、分歧（岐）、分争、分离等，“分”字交互短语也有更多的细分次类。

6.1.2.1 “分”字复音交互词

明清时期的“分”字复音交互词大多数为动词，在表达交互关系的时候，通常充当句子的谓语，但也可以作状语、宾语、定语和主语等其他句法成分。

6.1.2.1.1 作谓语

本期的“分”字交互动词分别、分开、分手、分歧（岐）、分争、分离等，在结构上，它们有的是动补关系，如分别、分开等；有的还是并列关系，如分歧、分争、分离等；有的是支配关系，如分手等。句法功能上，它们主要充当谓语，而且以不带宾语为常。在表达交互义的时候，它们逻辑上的参与者（施事与共事）必须是复数。如：

（4）他的船分得有个头尾，我和你也要分开来。（明·罗懋登《三宝太监西洋记》）

（5）两人相亲相爱，及至各娶妻后，分开财产，别宅而居。（清·邵彬儒《俗话倾谈》）

（6）亮闻将军欲与孟起分别高下。（明·罗贯中《三国演义》）

（7）包公与展爷恋恋不舍，无奈分别而去。（清·石玉昆《三侠五义》）

（8）雌雄拆对不相呼，子母分离难叫唤。（明·吴承恩《西游记》）

---

① 分别，《现代汉语词典（第七版）》解作“（副）分头、各自”；分头，《汉语大字典》解为“分别，各自”，《现代汉语词典（第七版）》解为“若干人分几个方面（进行工作）”。由此可见“分头”与“分别”是同义词，都“若干人分几个方面（进行工作）”的意思。这就说明它们表示的事件必有多个参与者，而且参与者之间是相互依存的分工协作关系，这种关系就是交互关系。因此，“分别”“分头”都表达了交互义。

(9) 高秀才因伴他到南京分手，来访两小姐消息，因便来见纪指挥。(明·陆人龙《型世言》)

(10) 你我不必同行，就此分手，各干营生去罢。(清·曹雪芹《红楼梦》)

(11) 端居促席轻，分歧驰念笃。(明·杨慎《与方思道别》)

(12) 我听先夫说过，你们教门中派别分歧，大抵入主出奴，各树其党，力排异己。(清·无垢道人《八仙得道》)

(13) 假如楚霸王、汉高祖分争天下，何等英雄！(明·凌濛初《初刻拍案惊奇》)

(14) 两个你言我语，分争不休。(清·石玉昆《三侠五义》)

需要注意的是，此期的“分”类复音交互字词具有多义性，它们可以在不同的义项上表达交互关系。如例（6）的“分别”是“比较”义，而在例（7）中是“分手、离别”义；例（11）的“分歧”是“离别”义，而在例（12）中是“差异、不一致”义；例（13）的“分争”为“争夺、争斗”义，而在例（14）中为“争论、争执”义。

6.1.2.1.2　其他句法成分

除了主要作谓语外，明清时期“分”类复音交互词还可以充当状语、主语、宾语和定语等多种句法成分，这也表明“分”在明清时期的活跃度非常之高。

(15) 二成曰：“你不用问我，我与你分开食，你唔管得我个的。就是龙肉与你无干。”(清·邵彬儒《俗话倾谈》)

(16) 潘璋、董袭分头放火呐喊，四下里鼓声大震。(明·罗贯中《三国演义》)

(17) 审得试官丁谈，称文章有一日之短长，实钱财有轻重之分别。(明·安遇时《包公案》)

(18) 但排偶之中，亦有分别。(清·李渔《闲情偶记》)

(19) 要知这两卦的分别就在“阴”“阳”二字上。(清·刘鹗《老残游记》)

(20) 识者预占为不祥，谓分争从此起矣。(明·文秉《烈皇小识》)

(21) 善不善之分歧不一矣，而彝伦为其纲。(清·王夫之《读通鉴论》)

(22) 因念吴中有故人张翚，侠者也，家在虎阜，犹忆曩年分歧之语，投之必能纳我。(清·钮琇《觚剩续编》

(23) 则二子志学之始，固犹在割据分争之日也。（清·王夫之《宋论》）

(24) 嫁鸡怎不随鸡飞？夫妻岂有分离之理？（明·许仲琳《封神演义》）

例（15）中的“分开”和例（16）中的“分头”在句中作状语；例（17）和例（18）的“分别”在句中作存现谓语“有”的宾语；例（19）的“分别”和例（20）的“分争”都是它们所在宾语从句的主语；例（21）的“分歧”是其所在句子的主语；例（22）、例（23）和例（24）的“分歧”“分争”和“分离”分别是其后中心语“语”“日”和“理”的定语。

6.1.2.2 “分”字交互短语

明清时期单音动词“分”的使用范围非常广，用法也灵活，这就使得其表达交互关系的方式手段也很丰富，包括“Adv.＋分”和“分(状语)＋Pred.”状中式偏正短语、“分＋O”式支配短语，还有“分＋Comp.”式中补短语等。

6.1.2.2.1 “分”字偏正短语

(25) 安平镇五鼠单行义　苗家集双侠对分金（清·石玉昆《七侠五义》）

(26) 瓒得书，见说共攻冀州，平分其地，大喜，即日兴兵。（明·罗贯中《三国演义》）

(27) 鲍雷拿了银子，大家同到家中，一人一两三钱，六个均分。（明·陆人龙《型世言》）

(28) 却说胡永儿执着剑，喝人马左盘右旋，合龙门交战，只见左右混战，不分胜败。（明·罗贯中《三遂平妖传》）

(29) 黄凤仙道：“大限来时，怕他各自分飞。”（明·罗懋登《三宝太监西洋记》）

例（25）至例（28）中动词“分”为“Adv.＋分”式状中结构的中心语；例（29）中的“分”为状语修饰其后谓语动词“飞”，构成“分＋Pred.”的状中短语。

6.1.2.2.2 “分”字支配短语

(30) 火家各自分钱散了。（明·施耐庵《水浒传》）

(31) 殡葬既毕，兄弟分产异居。（清·邵彬儒《俗话倾谈》）

(32) 却说这菩萨高张慧眼，早已知道老祖下临，抽身急转莲台之

上。两家相见，分宾主坐。（《明·罗懋登《三宝太监西洋记》）

（33）县尊一吓，将鲍雷主谋，花芳助力，众人分赃，一一供出。（明·陆人龙《型世言》）

例（30）、例（31）中的“分＋O”短语用于连动句中；例（32）中的支配短语“分宾主”为后面谓语动词“坐”的方式状语；例（33）中的“分赃”为所在小句的谓语。

6.1.2.2.3　“分＋Comp.”式中补短语

（34）好个四众人等，即时间分作左右两班：有须的居左，无须的居右。（明·罗懋登《三宝太监西洋记》）

（35）诸将得令，一拥而出。左右行锋分为两翼，五营大都督看营。（明·罗懋登《三宝太监西洋记》）

6.1.2.3　“分”独用表交互

除了上述用法之外，明清时期的“分”还可以作为单音节交互词充当谓语，或者充当句子的主宾语，相当于一个体词性成分。如：

（36）巍峨阙殿隐灵谷，星列辰分环辇毂。（明·罗懋登《三宝太监西洋记》）

（37）上下之分既明，事使之义斯定。（明·罗懋登《三宝太监西洋记》）

例（36）中的“分”先与“辰”构成主谓短语，然后与“星列”构成并列关系复句。例（37）中的“分”意为“区分、区别”，作句子主语的中心语。

6.1.2.4　“分”字交互表达的特点

“分”字句大多表示的是空间交互关系，而表达这种关系的句子又大多是复杂的事件句，因此其交互性不容易判定。我们以为，遇到这种复杂事件的句子，可以运用第 2 章所述的“最小原子事件”分析法来判定其交互性。如：

（38）好八戒，抹抹脸，抖擞精神，双手拿钯到河沿，分开水路，依然又下至窝巢。（明·吴承恩《西游记》）

（39）那呆子就弄玄虚，将行李分开，就问寺中取条匾担，轻些的自己挑了，重些的教那皇帝挑着。（明·吴承恩《西游记》）

（40）奚十一听了，把绉纱在脸上捆了两道。叫他坐在炕沿上，把腿分开，搁在两张凳上。（清·陈森《品花宝鉴》）

(41) 快快回去，拿大小老婆分开在两下里住，包你平安无事。(清·李伯元《官场现形记》)

(42) 正饭酒间，王兰保、金漱芳、秦琪官、林春喜同来见了，即分开坐了，谈了些闲话。(清·陈森《品花宝鉴》)

(43) 便在匣子里找出两个金钩来，挂在秋莲耳上，两边分开。(清·陈森《品花宝鉴》)

以上各句的“分开”小句，它们在表达交互义上有着不同的表现：例（38）、例（39）句中“分开”所在的小句中，都包含两个原子事件：一个是，八戒分某物；另一个是，某物打开。很明显，这两个原子事件都不是交互事件，因此整个事件也非交互事件。由此可见，句中的“分开”没有表示交互关系。

例（40）也包含两个原子事件：他分腿和（两）腿分开。与前两句不同的是，“（两）腿”是人身上的肢体器官，具有一定的自主性，其生命度等级要高于上面两句中的“水路”和“行李”。在人的认知中，人腿都是成双成对的，这就预设了“腿”为双数的前提。该子事件“腿分开”就蕴涵了“两条腿彼此分开”之意。于是事件参与者（两腿）之间就存在着相互依存的关系，所以该原子事件为交互事件。我们知道，事物的性质由主要矛盾或者矛盾的主要方面决定，整体事件的性质由构成它的主要原子事件的性质决定。在例（40）的整体事件中，第一个原子事件（他分腿）是主要事件；第二个原子事件（腿打开）是第一事件的结果事件，为次要事件；前者决定整个事件的性质。由于第一事件参与者双方没有相互依存的互为施受关系，不存在交互性关系，因此，整个事件也不是交互事件，没有表达交互义。

例（41）的“分开”小句是一个兼语句。跟前面一样，它也分两个子事件：男主人公“朱骆驼”分大小老婆，大小老婆分别在两个地方居住。此句与例（40）相似，主要原子事件为非交互事件，次要原子事件为交互事件。但是由于“大小老婆”是有着最高生命度等级的人，有着强主观能动性，因此，该整体事件也可以做如下理解：（在朱骆驼的促使下）“大小老婆”自动彼此分开，然后分别住在两个地方。如果这样看，那么这两个原子事件都是交互性事件，整个句子也就可以看作是具有交互性的交互句。综上所述，例（41）可看作是处于交互性与非交互性两可的情况之中。

例（42）句中，“分开”整体事件的两个原子事件，“分”与“开”的行为参与者都是王兰保、金漱芳、秦琪官、林春喜等人，他们之间无疑是相互依存的交互关系（互相分散，彼此拉开距离），因此两个原子事件都是交互事件，整体事件毫无疑问也是交互事件。

例（43）中“两边分开”事件中形式上承前省略的逻辑参与者主语只能是受事“两个金钩”，整个小句表达成一个作格句的形式。因为“分开”是及物动词，如果其前省略的是施事主语，那么后面就要接上受事宾语，否则便不足句。这样“分开”句的逻辑语义就成了“两个金钩两边分开”，在语义上与例（40）、例（41）等复杂事件的次要原子事件相同，也是交互句，即“两个金钩”在“分开”这一整体事件上彼此相互依存。本句中“分开”的作格用法是它及物用法的进一步功能扩展，而作格化又使得“分开”句由复杂交互事件向简单的原子交互事件发展。同时，由于交互事件的参与者由生命等级度高、自主性强的人向生命等级度低、自主性弱的非生命体转变，其主观交互性递减的同时客观交互性在递增。

综上，从例（38）、例（39）到例（42），“分开”在交互义表达的典型性上形成了一个斜坡：

非交互$_{典型}$	＜非交互$_{非典型}$	＜非交互/交互	＜交互$_{典型}$[①]
例（38）、例（39）	＜例（40）	＜例（41）	＜例（42）、例（43）

除了“分开”之外，明清时期的“分”类交互词在表达交互义时，大都存在这么一个交互表达的典型性斜坡，如“分散”等。

6.2　“离”类交互词语

6.2.1　“离”交互义的产生

“离”甲骨文作“”（前6·45·4）、“”（甲2270），《说文解字》小篆作“”。许慎的解释是“离黄，仓庚也。鸣则蚕生。从隹离声”。段注：“今用鹂为鹂黄，借离为离别也。”徐中舒（1989）认为：“从隹从，象鸟罗与毕之形，毕为捕猎工具，故离之本义为以毕捕鸟，与（罗）为以网捕鸟之义相类。”这也是目前学界的普遍观点。由此看来，许慎错将假借义解释成了本义。

学者们虽然能够从构形上推知“离”的造字本义，但是从文献中难以找到本义的用例，即使甲金文中也是其引申义。如：

（1）贞王狩离。（乙814，转自徐中舒（1986））

（2）辛巳卜，在龚，今日逐兕离，允离七兕。（摭续125，转自马如森，2008）

① 文中“＜”的右边表示倾向于“交互”，左边表示倾向于“非交互”。

例（1）和例（2）中的“离”为“捕获”的意思。

到了《诗经》中，人们更找不到“离”的本义用例，即使在捕鸟的语境中，用的也是其引申义“捕获”，而非本义。如：

（3）渔网之设，鸿则离之。（《诗经·邶风·新台》）

早在甲骨文时期，“离”就有表示“离开”的用法。如：

（4）贞：弗其离土方。（后下37·6，转自马如森（2008））

（5）今我民用荡析离居，罔有定极。（《尚书·盘庚下》）

上述两例中的“离”都是“离开”的意思，但是此时“离”的行为方向只是单向的，行为施事主体只有一个方面，不具备相互依存的同为施受关系，因此句子没有交互关系。

到了战国时期，情况发生了变化，“离”的“离开”义开始出现了交互义用法的趋向。如：

（6）阻兵无众，安忍无亲，众叛亲离，难以济矣。（《左传·隐公四年》）

例（6）中，“离”表示空间距离上的离开。从行为事件“离”的事件参与者双方来看，它主要指一方（“亲”）主动背离的行为，而另一方（州吁）是被动的，二者之间不存在“同为施受”的交互性关系，因此句子没有交互义。

与例（4）和例（5）相比，例（6）中的“离”发生了功能扩展，即受事宾语由例（4）、例（5）中的非生命体的“土方”和“居”，扩展到与施事主语生命度等级相同的生命体，这为双方互为施受的交互性打下了可能性基础。同时，上古汉语单音节词占优势，单个词在表意上具有多功能性，因此造成了理解上的模糊性。例（6）中的“亲离”，我们既可以理解为“亲人背离”的行为，也可以理解为最终的结果。这两点因素使得例（6）的“离”具有较强的交互义表达倾向。

当“离”的功能进一步扩展，事件参与者不仅是复数，而且他们之间是相互依存的同为施受关系或者同为共事关系时，“离”就具有了交互义。如：

（7）父子不相见，兄弟妻子离散。（战国·孟轲《孟子·梁惠王下》）

例（7）中“离”的事件参与者为复数的多方“兄弟妻子”，而且他们双方存在明显的相互依存同为共事关系[①]，因此句子的交互义显豁。至此，“离”的交互义登上历史舞台。

6.2.2　明清“离”类交互词语

“离”字的交互义产生于战国时期，主要表示事件参与者在空间上彼此拉开距离的行为。到了明清时期，“离”类的交互表达有了极大的发展。我们主要分“离”字复音交互词和交互短语展开描写。

6.2.2.1　“离”字复音交互词

明清时期主要的“离”类交互词有分离、距离、别离、离开、离别、离异、离婚、离合、离散等。根据前后的位置不同，我们将“离”类交互词分为“～离”和“离～”两类。前者主要包括分离、距离、别离等复合词，后者主要包括离开、离别、离异、离婚、离合、离散等复合词。

6.2.2.1.1　“～离”类交互词

明清时期“～离”类交互词主要有分离、别离和距离等复合词，其中“分离”和“别离”早在战国时期就已成词，“距离”直到清代才出现。从构词语素间的关系看，“分离”和“别离”为动补式关系，“距离”为并列式关系。“分离”和“别离”出现时间早，发展时间长，到了明清时期，用法更加丰富灵活：既有动词用法，又有名词和形容词用法；既可以充当谓语，又可以充当主语、宾语和定语等多种句法成分。“距离”的使用时间较短，用法相对简单很多：主要作动词，充当句子的谓语，偶尔也有名词用法，充当句子的主语。如：

(8) 或一日被贼赶败，室家分离。(明・戚继光《练兵实纪》)

(9) 到落后你身死，我下海，中间这一段的分离，谁想到如今，反在阴司里面得你一会。(明・罗懋登《三宝太监西洋记》)

(10) 焚香顶礼已过，就将分离之事通诚了一番。(明・凌濛初《初刻拍案惊奇》)

(11) 陈景升闻言，心中苦切不舍分离，求高老爷与我等一同到京。(清・佚名《乾隆南巡记》)

(12) 冤冤相报自非轻，分离聚合皆前定。(清・曹雪芹《红楼梦》)

---

① 对动词“离”和“散”而言，事件参与者“兄弟妻子”之间是同为共事关系，即“兄与弟离散，弟与兄离散”；“妻与子离散，子与妻离散”等。

上述五例均为明清时期“分离”的用例，“分离”在其中充当不同的句法成分：例（8）中作谓语；例（9）中为定中结构的中心语，该定中结构为所在小句的谓语；例（10）中为定中结构的定语，该定中结构为小句中介词“将”的宾语；例（11）中“分离”为小句的宾语；例（12）中“分离”为小句的主语。

要注意的是，“分离”的事件参与者必须是生命度等级相当的物体，当参与者是人时，“分离”常常作“别离”解；当参与者为非人的物体时，“分离”通常只能作“分开”理解。两种理解交互关系的性质没变，但是感情色彩或者事件参与者的主观性有很大的不同。如：

（13）旗分离位列前锋，硃雀迎头百事凶。铁骑横排冲阵将，果然人马似蛟龙。（明·许仲琳《封神演义》）

例（8）中的“分离”理解为“别离”，表现了参与者的浓厚感伤色彩；例（13）中的“分离”只能理解为“分开”，是一种没有感情色彩的纯客观描述。

（14）我使的一对桃奴儿寻你，见你在软枣儿树下就和我别离了去。（明·兰陵笑笑生《金瓶梅词话（崇祯本）》）

（15）愿作巫山枕畔云，愿作卢家梁上燕。莫作生前轻别离，教人看作班姬扇。（明·沈德符《万历野获编》）

（16）几度话来多悒快，何年重诉别离情！（明·许仲琳《封神演义》）

（17）飞虎不忍别子，叹曰：“相逢何太迟，别离须恁早？此一别何时再会！”（明·许仲琳《封神演义》）

上面四例是明清时期“别离”的用例，它分别充当所在小句的谓语、宾语、定语和主语等句法成分。“别离”表交互义时只能用于人与人之间，带有说话者感伤、不舍的浓厚感情色彩。

（18）胜爷向外掏镖的时候，那虎已距离老英雄两丈余远。（清·张杰鑫《三侠剑》）

（19）两人骑行的距离，虽隔着半里多，却是一般的速度。（清·曾朴《孽海花》）

例（18）、例（19）为明清时期“距离”的用例，它在句中分别充当小句的谓语和主语。由于任何物体与其参照物之间都存在特定的空间距离，这种纯粹的空间上的交互关系并不会受到参与者生命度等级的制约。如例（18）中的老虎和“老英雄”之间的“距离”关系也是交互的，不会因他们生命力的不同而不存在。又如：

（20）因为莲花湖距离贾柳村二百余里的旱路，姑娘也已经长大成人啦，出远门也太不便利。（清·张杰鑫《三侠剑》）

例（20）中的“莲花湖”和“贾柳村”均为无生命的事物，但是这种空间的交互关系依然存在。

6.2.2.1.2　“离～”类交互词

明清时期“离～”类交互词的数量较“～离”类要更多。此期“离～”交互词主要有离析、离别、离间、离异、离散、离婚、离合、离恨、离愁等。除了离恨、离愁为名词外，其他的主要作动词，充当句子谓语，少数情况下也可以用作其他词性，充当主语、宾语、定语等句法成分。

6.2.2.1.2.1　作谓语

明清时期绝大多数“离～”类交互词都是动词，充当谓语或谓语中心语是其最主要的功能。如：

（21）不若先写一告示射入城中，晓谕众人，使百姓自相离析，人心离乱，不日其城可得矣。（明·许仲琳《封神演义》）

（22）这些时离别久，往来稀，今朝厮会。（明·凌濛初《二刻拍案惊奇》）

（23）端肃奉柬。拜违咫尺，似隔关山，少成欢会多离间，直恁艰难。（明·汤舜民《满庭芳·代人寄书》转自《汉语大词典》）

（24）陈洸妻郑，以奸离异，其子桓杀人坐死，席书代为称冤。（明·沈德符《万历野获编》）

（25）某请为密行晓示，令其自相离异。（清·魏秀仁《花月痕》）

（26）因年景渐老，事重身衰，又近因在外几年，骨肉离异，今得晏然复聚于庭室，自觉喜幸不尽。（清·曹雪芹《红楼梦》）

（27）时长安仓库虚空，士卒离散，司马模恐不能守，乃诣刘曜营投降，被粲所杀。（明·杨尔增《两晋秘史》）

（28）太子闻知，惊惶无措，上表请与韦氏离婚。（清·褚人获《隋唐演义》）

（29）起初一时间做的事，万一败露，父母必然见责，你我离合，尚未可知。思量永久完聚，除了一逃，再无别着。（明·凌濛初《二刻拍案惊奇》）

（30）时则暗月，沈闼，凄风满棂，道路阻修，梦魂离合。（清·王继香《〈小螺庵病榻忆语〉书后》转自《汉语大词典》）

(31) 离开三丈之遥，船头上立着一个英雄（清·唐芸洲《七剑十三侠》）

例（21）中的“离析”意义为“离散、分离”。例（22）的“离别”意义为“分离”。例（23）的“离间”为“分离”之意，这种用法在明清口语化语言中已经非常罕见。同样都是表达交互关系，但是例（24）至例（26）中“离异”的具体意义各不相同：例（24）中意为“离婚”；例（25）中意为“分歧、矛盾”；例（26）中意为“分离”。例（27）的“离散”意为“分离、分散”。例（28）的“离婚”与现代汉语的意思相同。例（29）的“离合”是“分合聚散”之意。例（30）的“离合”是个偏义词，偏指“合”，“会合”的意思，参与者之间同样存在着交互关系。例（31）的“离开”通常没有表交互义的用法，但在清代它偶尔还有意为“距离”的用法，指的是事物与其参照物之间的纯客观的空间跨度，这种跨度对双方而言是相互的。又如：

(32) 诚夫因不耐孩子们烦躁，独踞短榻，在那豆棚之下躺着，离开众人约有百步之远。（清·无垢道人《八仙得道》）

句（32）中的“离开”指的是“诚夫”与“众人”之间的空间距离，这种距离是彼此相互的。

明清时期几乎所有的“离～”类交互词都可以充当谓语，但是只有部分可以充当宾语、定语和主语等句法成分，几乎没有作状语的用例。

6.2.2.1.2.2 作宾语

(33) 殷勤赠物机关泄，姻缘尽处伤离别。（明·凌濛初《二刻拍案惊奇》）

(34) 御马监左监丞龙闰，娶方瑛妾许氏为妻。事发，上命离异，闰送司礼监治之。（明·沈德符《野获编补遗》）

(35) 事上闻，文帝诏离婚，杀主所生母蒋美人。（清·赵翼《廿二史劄记》）

(36) 乃引古今音之变，而究其所以不同，为《音论》二卷……综古音为十部，为《古音表》二卷。自是而六经之文乃可读。其他诸子之书，离合有之，而不甚远也。（清·顾炎武《〈音学五书〉序》）

(37) 不道相逢有离恨，春光何用向人遮。（明·柳如是《柳如是集》）

例（36）中的“离合”为“出入、差异”的意思，为“有”的逻辑宾语，表示比较双方的交互关系。

6.2.2.1.2.3 作定语

(38) 你每亦当以数自遣，不必作人间离别之态也。（明·凌濛初

《二刻拍案惊奇》）

（39）义渠乃招谕离散之众；众闻绍在，又皆蚁聚。军势复振，议还冀州。（明・罗贯中《三国演义》）

（40）乃立离婚书，送妇归。（清・蒲松龄《聊斋志异》）

（41）邓乃历叙与房文淑离合之情，益共欣慰。（清・蒲松龄《聊斋志异》）

（42）灯昏柝死，香销离恨之天；月黑风凄，春冷芙蓉之府。（清・张春帆《九尾龟》）

6.2.2.1.2.4　作主语

（43）死生离合皆前定，不是姻缘莫强争。（明・冯梦龙《醒世恒言》）

（44）吾因为天下的男男女女都逃不出这两句话儿，丧命的也为此，离异的也为此，反目的也为此。（清・坑余生《续济公传》）

（45）看鹤禁沈冤，天涯路杳，离恨知多少。（清・褚人获《隋唐演义》）

以上诸多“离～”类交互词中，“离合”的功能最为繁复，只有它全部具备上述所有的句法功能，这表明清时期“离合”是一个非常活跃的词。在我们的考察范围内，明清时期“离～”类交互词中只有“离合”才有重叠式的用例，这也说明了它的高活跃度。如：

（46）人的事体，颠颠倒倒，离离合合，总难逆料；然惟平素在情义两字上，信得真，用得力，随处皆可感化人。（清・褚人获《隋唐演义》

6.2.2.2　“离”类交互短语

明清时期单音动词“离”使用广泛，用法灵活，这不仅表现为它能充当主语、宾语、定语等不同的句法成分，也表现在可与不同的词构成状中、并列、定中等不同结构的短语。交互义表达仅仅是动词“离”的诸多语义功能中的一项，也表现出了多功能性。我们根据与其搭配的成分的语义关系，将其所在短语分为“离”字状中短语、支配短语、并列短语和定中短语等。

6.2.2.2.1　“离”字状中短语

明清时期，交互动词“离”常常与他词构成状中短语，“离”充当短语的中心语。如：

(47) 凡滇、蜀两省远离海滨，舟车艰通，形势高上，其咸脉即韫藏地中。(明·宋应星《天工开物》)

(48) 以名相服，而无其实者，乍合而终离也。(清·王夫之《宋论》)

(49) 世间万般哀苦事，无过死别共生离。(明·许仲琳《封神演义》)

(50) 割据称雄者，犹且离且合，自守其疆域，以为吾藩棘。(清·王夫之《宋论》)

(51) 大先生与茂儿哭得真是死去活来，难舍难离。(清·张杰鑫《三侠剑》)

例（47）中的“离”指几地之间空间距离的跨度大，这种客观距离对各方而言是相互的。也就是说相关小句也可以理解成“海滨远离滇、蜀两省”，句子的深层语义两地距离远近是一致的。内在语义虽然一样，表层表达形式却可以有多种，而说话者之所以采用例（47）的形式，是由于话题衔接等篇章语用的需要。透过表层形式，我们发现例（47）的深层语义中包含了客观的交互关系。例（48）至例（51）中的“离”均为“分离、分开”的意思，也都表示了参与者之间交相互为的相互依存关系。

6.2.2.2.2　“离”字支配短语

明清“离”字支配短语中的“离”通常为“距离”的意思，其后通常接地名作宾语，然后再接补语，构成“动＋宾＋补”的结构。如：

(52) 当时说那城池离寺只有四十里，故此凭高就望见了。(明·吴承恩《西游记》)

(53) 话说这清风山离青州不远，只隔得百里来路。(明·施耐庵《水浒传》)

“离”在短语中表示的“距离”既是客观的，也是交互的。有时候，距离不仅仅表现在空间上，还可以投射到时间上，这也是交互的。如：

(54) 其时离开中饭还远，姚老夫子叫儿子向楼底下买了五块麻爿饼，拿上来叫大家充饥。(清·李伯元《文明小史》)

例（54）中说的“其时”与“开中饭”之间的时间距离是一种“还远”的关系，这种时间关系是相互依存的，两个参与者少了谁都不行。所以，如果不考虑语用衔接等因素的话，例（54）表述为“开中饭离其时还远”也未尝不可。

6.2.2.2.3　“离”字并列短语

交互词“离”也常与其他谓词组成并列短语充当句子成分，这种用法在清代较之明代尤为多见。如：

(55) 故太宗之大举北伐，惊溃披离而死伤过半。（清·王夫之《宋论》）

(56) 若夫乐府流传，声诗则效，《木兰》征戍，《孔雀》乖离，以及《陌上》采桑之篇，山下蘼芜之什……（清·章学诚《文史通义》）

(57) 详于往事，而知成败之繇；察其合离，而知强弱之数。（清·王夫之《宋论》）

(58) 案是时天下初定，民方去乱离而就安平，岂肯又生变乱？（清·赵翼《廿二史劄记》）

例（55）中并列短语“披离”意为“散乱、分散”的意思，句中指将士们彼此分散溃逃。例（56）中的“乖离”意为“别离、分离”，它们在句中作谓语。例（57）中的“合离”意为“聚合分离”，与“其”构成定中短语作小句谓词“察”的宾语。例（58）中的“乱离”意为“战乱和流离”，作小句谓词“去”的宾语。

6.2.2.2.4　“离”字定中短语

“离”字也常用于名词前构成定中短语充当句子成分，这种用法在清代尤为明显。如：

(59) 如今见他这一着行衣，就未免觉得离绪满怀。（清·文康《儿女英雄传》）

(60) 连宵脉脉复飕飕，灯前似伴离人泣。（清·曹雪芹《红楼梦》）

(61) 每念及故友，五内如焚，恨不得一叙离怀。（清·张杰鑫《三侠剑》）

(62) 欲将离恨寻郎说，待得郎归恨却休。（清·纳兰性德《纳兰词》）

上述诸例中的“离”均为“离别”之意，与其后的名词构成定中式短语，充当所在小句的主语（例59、例60）或宾语（例61、例62）。

6.2.2.3 “离”独用表交互

6.2.2.3.1 作谓语

有时候，单音交互动词“离”还可以以光杆的形式单独成句或者充当句法。如：

(63) 破镜重圆，离而复合。(明·凌濛初《初刻拍案惊奇》)

(64) 庶士之族，亦有亲疏；闾里之交，亦有比耦；其离其合，自以其伦而为厚薄。(清·王夫之《宋论》)

例(63)中“离而复合”构成一个承接关系的紧缩复句，例(64)中“其离其合”为并列关系的复句，“其离”为主谓关系的分句。

6.2.2.3.2 作宾语

除了主要用作谓词之外，此时期光杆的单音节词“离”还偶尔具有体词性用法，充当所在结构的宾语。如：

(65) 若不情愿时，只须用个计策，要官府断离，有何难处？(明·凌濛初《初刻拍案惊奇》)

(66) 大凡人情，莫不恶离而喜合，而于男女之间为尤甚。(清·褚人获《隋唐演义》)

例(65)中的“离”意为“离婚”，例(66)中为“分离、分别”之意。以上诸例表明，此期光杆单用又表交互义的“离”一般出现在对仗或前后对举的语境中。

6.2.3 小结

“离”字的诸多交互义义项中，“分离”“离婚”“区别”等义项交互性明显，容易被人们所接受。但是在“距离”这一义项上，人们容易忽视其交互性。如前例(47)和例(52)、例(53)的分析，“离”表示客观时空上的距离关系，这种关系对于双方而言是相互依存的，是交互的。同时，我们要注意的是，并非“离”只要表示时空上的距离，就都为交互关系。如：

(67) 话说崇侯虎领五万人马，即日出兵，离了朝歌，望冀州进发。(明·许仲琳《封神演义》)

(68) 只见谢亚福将背拳在地上一勘，忽然离地有四五尺高。(清·佚名《乾隆南巡记》)

例（67）中的“离”虽然也是表示空间的距离，但是这是一个动态的距离，运动的方向是从“朝歌”向外，而没有反向的运动方向，即该运动行为是非交互的单向行为。换句话说，就“离”这一事件来说，参与者双方“崇侯虎”与“朝歌”之间并没有相互依存的同为施受关系。具体来讲，句中只表示“崇侯虎”等人离开“朝歌”，并不能表示“朝歌”离开“崇侯虎”等人，其关系如图 6.1 所示。

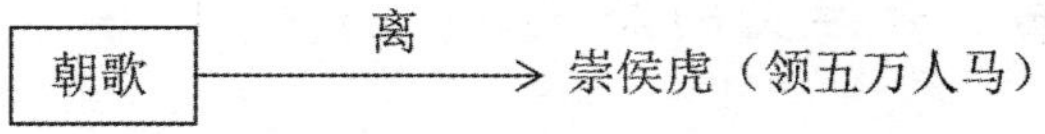

图 6.1　“离”的“离开”义示意图

例（68）中的“离”也是“距离”的意思，也是“离＋宾＋补”的结构，这与前面例（47）等句子相同。但是，我们以为例（68）中的“离”没有表示交互义关系。其原因就在于受到后面的形容词“高”的制约。我们知道距离是没有方向的，但是形容词“高”“深”等却有方向性，但不具备交互性。如例（68）可以理解为“谢亚福离地四五尺高”但不能理解成“地离谢亚福四五尺高”，因为“地”在“谢亚福”下面，不存在“高”这一性状。所以，在“高”这个性状上，“谢亚福”与“地”之间是单向的非交互关系，如图 6.2 所示：

图 6.2　“离”单向“距离”义示意图

有趣的是，汉语中纵向的“高”“低”“深”等是单向的，但是横向的“远”“近”等却不是单向的。因此，表示“距离”的“离”用在修饰“远”“近”等词时，仍然表示交互关系义。如：

（69）武成王曰：“此间离末将府第不远，薄具杯酒，以表芹意，何如?”（明·许仲琳《封神演义》）

例（69）中的“此间”与“末将府第”在“不远”这个距离关系上是双向交互的，因此句中的“离”表达了交互义关系，如图 6.3 所示。

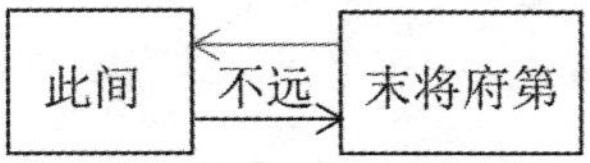

图 6.3　“离”双向“距离”义示意图

6.3 “挨”类交互词语

6.3.1 “挨”交互义的产生

“挨”出现较晚，《说文解字》小篆作“𢸣”，许慎解之为“挨，击背也。从手矣声。”段注：“《列子》：‘挡搋挨扰。’张（湛）注曰：乌骇反。推也。”两汉以前“挨”的用例稀少，段玉裁所举《列子》中的用例，也是我们目前所能查检到的较早的可靠用例。

隋唐时期，“挨”的语义功能发生扩展，表示“靠近”“依次”等意义，“击”“推”等意义就难觅踪迹了。如：

(1) 好鸟挨花落，清风出院迟。(清·董诰辑《全唐诗》)

(2) 孝杰将四十万众，被贼诱退，逼就悬崖，渐渐挨排，一一落间。(唐·张鷟《朝野佥载》)

例(1)的“挨花落”就是“靠着花朵落下”，“挨”为“接近、靠近”义。“挨排”《汉语大词典》的解释是“依次排列”。例(2)的“挨”就是“依次”的意思。

宋代“挨”又引申出“擦、挤”义和“冒犯、滋扰、调戏”等意义。(郭作飞，2003)如：[1]

(3) 庙前拥挨，轿马盈路。(南宋·西湖老人《西湖老人繁胜录》)

(4) 闹里相挨如有意，静中背立见无聊。(宋·周密《癸辛杂识·前集》)

据齐春红、邱渊(2009)和陈文欣(2013)，宋元时期“挨”还出现了“遭受”义的用法。如：[2]

(5) 赤身挨白刃。死中还得活。(南宋·颐藏主《古尊宿语录》)

---

① 以下两个例句取自郭作飞(《唐宋笔记语辞札记——读〈唐宋笔记语辞汇释·语辞备考录〉》,《五邑大学学报(社会科学版)》2003年第4期，71—74页)。

② 以下两例句均选自齐春红等(《方言词“挨”表被动探源》,《云南民族大学学报》2009年第5期，111—115页)和陈文欣(《“挨”字句的多角度考察》,广西师范大学硕士论文，2013年)。

（6）我如今无铺无盖，教我冷难挨。（元·张国宾《合汗衫·第三折》）

唐宋时期，“挨”所具有的这些语义功能中，“接近、靠近”义表达了交互义关系。如例（1）的“好鸟挨花”中“挨花”指鸟儿落下时的相对位置：鸟儿挨着花落下，同时隐含着花儿也挨着落下的鸟儿之意。因此在空间的位置关系上，二者是相互邻近的双向交互状态，这正是交互关系的体现。“挨”在表示其他意义时则不能表示出相互依存状态，因而不是交互义。

6.3.2　明清“挨”类交互词语

明代的《正字通》：“挨，今俗凡物相近谓之挨。”这表明在明代口语中，“挨”表示事物之间空间上的距离相近，这就有了明确的交互用法。此期，“挨”的交互表达主要体现为“挨”字复音交互词、交互短语和单音交互词等。

6.3.2.1　“挨”字复音交互词

明清时期用来表示交互义的“挨”字复音词很少，最常见的是挨肩、挨光这两个。在表达交互关系的时候，它们通常充当句子的谓语，但也可以作状语等其他句法成分。如：

（7）行者在暗中细看，见他一个个携手相搀，挨肩执袂，有说有笑的，走过桥来，果是标致。（明·吴承恩《西游记》）

（8）宝玉此时与宝钗挨肩坐着，只闻一阵阵的香气，不知何味，遂问：“姐姐熏的是什么香？我竟没闻过这味儿。”（清·曹雪芹《红楼梦》）

“挨肩”意为“并肩”的意思，表示事件参与者双方在空间上并列的交互状态。它在例（7）中与“执袂”并列共同充当谓语，在例（8）中则充当谓语“坐着”的状语，表示方式。

早在元代，“挨肩”由最初的“肩并肩”引申出“人挤人”的交互义。如：

（9）你怎么偏要挨肩擦膀的舒着手，往我怀里摸甚么？（元·无名氏《庞居士误放来生债》）

后来，“人挤人”的用法自然引申出“拥挤”的用法。如：

（10）挨肩叠背，老人家挤坏了腰脊厉声呼；裸袖舒拳，小孩子踏伤了脚指号啕哭。（明·凌濛初《二刻拍案惊奇》）

如例（9）、例（10）所示，元明以来“挨肩”常与“擦膀”“并足”“叠背”

"擦背"等构成并列式四字格的准成语结构。它们之中，有的在现代汉语中已经被视为成语了。如：

（11）那两边围看的，挨肩擦膀，不知其数。（明·兰陵笑笑生《金瓶梅词话》）

（12）此刻和这些南来北往之人，挨肩擦臂，尊卑不分，成个甚么体统？（清·李百川《绿野仙踪》）

（13）观看的人，到也挨肩叠臂，直至他家祖茔。（清·李百川《绿野仙踪》）

（14）下面看的人已挨肩擦背，等看开台。（清·唐芸洲《七剑十三侠》）

只不过，这时的"挨肩"四字格表示"拥挤"的意思。"拥挤"是指一群人在特定空间整体分布密度大的状况，虽然其参与者通常被看作一个整体，但在人们的认知中，它仍然被理解为内部成员之间彼此空间距离小的状态，是一种相互依存的空间交互关系，因此这些四字格隐含着交互义。

当这些"挨肩"四字格发生功能扩展，用于男女之间时，其表示的意义由空间距离小，通过隐喻投射，转而表示男女之间抽象情感距离小。此时，它们就不再是空间"拥挤"之义，而是情人间"亲昵"之义，这也是一种交互关系。这一用法，元明时期便已出现。如：

（15）枉着你佳人受尽相思怨，早两个携手挨肩，共枕同眠。（元《全元曲》）

（16）见止有老妇同走，越道可欺，便去挨肩擦背，调戏他。（清·褚人获《隋唐演义》）

在我们掌握的材料中，"挨光"只出现于明代，为"偷情"之意，偷情的行为无疑是双方你情我愿的交互关系。"挨光"在句中可以充当谓语、主语和宾语。如：

（17）老和尚硬挨光，说得句把风话，没着没落的，冷淡的当不得。（明·凌濛初《初刻拍案惊奇》）

（18）大官人休怪老身直言，但凡挨光最难，十分，有使钱到九分九厘，也有难成处。（明·兰陵笑笑生《金瓶梅词话》）

（19）定挨光王婆受贿　设圈套浪子私挑（明·兰陵笑笑生《金瓶梅（崇祯本）》）。

6.3.2.2　"挨"字交互短语

明清时期单音交互动词"挨"的使用频率并不太高，所构成的短语类型主要是动补、状中、支配等谓词性短语。在这些短语中，“挨”通常表示“接近、贴近”的意思。这种空间距离上接近的客观的物理现象，对于参与者而言是彼此相互的，双方互相依存的缺一不可。因此这一语义上的“挨”字短语，与上一节的“离”字短语一样，表达的是一种空间上的交互关系。

6.3.2.2.1 “挨”字动补短语

明清时期，交互动词“挨”最常见的用法就是在其后附加单音节的“着”“近”“到”“在”等构成动补短语，在句中充当谓语。如：

(20) 我且在他床里眠他一眠，也沾他些香气，只当亲挨着他皮肉一般。（明·凌濛初《二刻拍案惊奇》）

(21) 我亲眼看见他在姨太的床背后冲出，挨近我身，我一把揪住他衣襟，被他用力洒脱。（清·曾朴《孽海花》）

(22) 然后到晚夕月上时分，李瓶儿那边同迎春、绣春放桌凳，把箱柜挨到墙上。（明·兰陵笑笑生《金瓶梅词话》）

(23) 玉箫挨在月娘边说道：“这个是主子，还不磕头哩!”（明·兰陵笑笑生《金瓶梅词话》）

有时候，该类型的“挨”字短语也有充当其后谓词方式状语的用法。如：

(24) 我是挨着赵四弟一处坐。（清·石玉昆《三侠五义》）

(25) 宝玉笑着挨近袭人坐下，瞧他打结子。（清·曹雪芹《红楼梦》）

例（24）和例（25）中动补短语“挨着”和“挨近”与它们的宾语共同充当其后谓词“坐”的状语。

6.3.2.2.2 “挨”字状中短语

明清时期，交互动词“挨”还可以构成“相挨”“厮挨”等状中式交互短语，在句中充当谓语。如：

(26) 那些京营里的将官，人头簇簇，马首相挨，不在话下。（明·罗懋登《三宝太监西洋记》）

(27) 又在床上紫锦帐里，妇人露着粉般身子，西门庆香肩相并，玉体厮挨。（明·兰陵笑笑生《金瓶梅词话》）

(28) 能报事拐子马紧挨鹿角；能冲锋连珠炮提防劫营。（明·许仲琳《封神演义》）

例（26）和例（27）的“相挨”“厮挨”中，“相”与“厮”自身就是交互义明显的副词，这强化了中心语“挨”的交互性。

交互动词“挨”不仅可以充当谓语中心语，接受状语的修饰，而且还偶尔充当状语修饰其他谓词。如：

（29）说着，便轻移莲步，慢慢的走过去，刚刚和章秋谷擦肩挨过。（清·张春帆《九尾龟》）

例（29）中“挨”作状语修饰谓词“过”，表示行为的方式。

6.3.2.2.3　“挨”字支配短语

明清时期，交互动词“挨”还可以后接体词性成分，构成支配短语然后再共同充当相应的句法成分。如：

（30）是时微有月色星光，一时让避不及，与天子所坐花船挨舟擦过。（清·佚名《乾隆南巡记》）

（31）张豹早将马拴在挨墙的槽头之上，引客到了西厢房内。（清·佚名《施公案》）

例（30）中的支配短语“挨舟”充当状语，例（31）的“挨墙”则充当定语。

6.3.2.3　“挨”独用表交互

除了组成短语充当句子成分外，交互动词“挨”也可单独作谓词，这时候它后面通常要接宾语。如：

（32）寒蹊点雪鸠头白，春径挨花鹤膝红。（明·夏言《咏杖》）

（33）又走一会，只见十字街口上人头簇簇，个挨个儿，闹闹吵吵，搅做一团。（明·罗懋登《三宝太监西洋记》）

（34）船挨船，车拥车，远远近近，都来南昌城一广眼界。（清·唐芸洲《七剑十三侠》）

本期“挨”独用表交互通常出现在“NP 挨 NP”类重叠构式中，如例（34）和例（35）；或出现于有特殊韵律要求的诗词中，如例（33）。

6.3.3　小结

通常而言，“挨”在表示“接近”“贴着”和“接触”等表示空间关系的意义时，一般都顺带蕴含了交互关系。但当“挨”的行为参与者之间在生命度等级上存在明显差异的时候，动词“挨”就表现出明显的行为单向性，即由生命度高的一方指向生命度低的一方，这就破坏了纯粹的空间交互性，因此不存在交互关系。试比较：

（35）在桌子上摸着了演剧时常用的小佩刀，也没换衣服，在黑暗中轻轻开了房门，一路扶墙挨壁下了楼。（清·曾朴《孽海花》）

例（35）中“挨壁”的“挨”是“贴着”的意思，表明双方之间的空间紧密。虽然这种紧密空间是客观的，是依赖于参与者双方而存在的：如果人挨着墙，那么墙一定也挨着人。但是在人们的主观识解中，例（35）并非是一个交互句，这与上文例（32）等句截然不同。其原因在于例（35）参与者双方生命度等级差异太大：“小山清之介”（《孽海花》）是生命度等级最高的人，“墙壁”是生命度最低（无生命）的物体。人们在识解动作行为时，通常理解为由生命度高的一方指向生命度低的一方，理解为单向的行为。具体到“挨壁”，就将其理解为“人贴着墙壁”的行为，而“墙壁贴着人”的意义被压制了。相同的情况，如例（20）等诸例中，由于事件参与者双方的生命度等级相当，不存在行为方向的压制性，自然被人们识解为空间上的交互关系。

类似的非交互用例还挺多，我们不妨多举几例：

（36）他独自一个急到关前，挨门而进。（明·凌濛初《二刻拍案惊奇》）

（37）安太太便陪张太太在南间挨炕陪下。（清·文康《儿女英雄传》）

例（36）和例（37）的“挨门”“挨炕”都不表示交互关系。

6.4　“连”类交互词语

6.4.1　“连”交互义的产生

“连”甲骨文未见，金文作“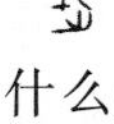”，《说文解字》小篆作“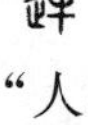”。“连”，《说文解字》：“负车也。从辵从车。”什么是“负车”呢？段注：“人挽车而行，车在后如负也。”同时段玉裁认为“‘连’即古文‘辇’也①。《周礼·乡师》‘辇辇。’

① 段玉裁认为“连”是“辇”的古字，二者是古今字关系。我们以为这一观点值得商榷。首先，从字形上看，“连”与“辇”二者相差甚远，不存在字形上的古今演化关系。其次，从产生和使用年代看，二者也没有明显的古今区别。二者上古都是来母元部，同时意义相近，因此声近义同，视为通用字或异写字或许更好些。

故书‘辇’作‘连’，大郑读为‘辇’。‘巾车连车’，本亦作‘辇车’。”

“辇”在甲骨文中也未见，金文作“”，《说文解字》小篆作“”。《说文解字》：“辇，挽车也。从车，从㚘在车前引之。”《说文解字》：“㚘，并行也。从二夫。”

按照《说文解字》的解释，“连”和“辇”的本义都是“人拉的车”①。如：

（1）六四，往蹇来连。（《周易·蹇卦》）

王夫之《船山全书》：“出而行于天下曰‘往’，退而自正曰‘来’”。李镜池（1981）、周振甫（1991）都认为“连”和“辇”都是“（人）拉的小车”。

“连”又引申出“连绵、连属”义。《说文解字》段注：“人挽车而行，车在后如负也。……人与车相属不绝，故引申为连属字。”如：

（2）执讯连连。（《诗经·大雅·皇矣》）

朱熹《诗集传》：“连连，属续状。”

春秋战国时期，“连”引申出“连接、连结”义。如：

（3）夙沙卫连大车以塞隧而殿。（《左传·襄公十八年》）

杨伯峻（1988）将其中的“连”解为“连结”；《汉语大词典》解释为“连接”。当表示客观事物“连接、连结”的“连”发生功能扩展，用于人们之间，表示主观有意识的行为时，它就解为“联合、联络”。如：

（4）故善战者服上刑，连诸侯者次之。（《孟子·离娄上》）

当主语为复数的时候，动词“连”就隐含了交互关系，表达出了交互义。如例（4），“连诸侯”就是“与诸侯相联合”，隐含了事件参与者为复数的情况。有时候，复数事件参与者会以显性主语等形式出现。又如：

（5）彼其爱民谨忠，利民谨厚，忠信相连，又示之以利，是以终身不餍，殁世而不卷。（《墨子·节用中》）

---

① 关于“连”的本义，有不同的观点。陈初生（1987）认为“连”在金文中还有一个异构字“”（），是“联”的初文。所以“连”的本义是“若车之相连”（徐锴《说文系传》），即“连及”的意思。于江（《近代汉语“和”类虚词的历史考察》，《中国语文》1996年第6期，457—465页）、邢志群（《从“连”的语法化试探汉语语义演变的机制》，《古汉语研究》2008年第1期，23—31页）、金小栋（《汉语方言多功能虚词“连”的语义演变》，《方言》2016年第4期，385—400页）等学者也认为动词义“连接”是“连”最初的意义。这些观点可备一说。

春秋战国时期，“连”还引申出“连续”义用法。如：

（6）备临以连弩之车，材大方一方一尺，长称城之薄厚，两轴三轮（《墨子·备高临》）

所谓“连弩”就是可以连续射箭的弩弓。但是在表示连续义时，此期“连”的参与者要么是单数，如例（6），要么参与者之间形成不了相互依存的同为施受关系或共事关系，不表达交互关系，因此不是交互义。如：

（7）民相连而从之，遂成国于岐山之下。（《庄子》）①

魏晋以来“连”字又引申出“连同、包括”义用法、强调义用法（于江，1996；蒋冀骋、吴福祥，1997）；唐代又引申出“和”义、“随”义、“接近、靠近”义、“连通、通向”义、“通往”义、“接连不断”义、“围绕”义等诸多不同的语义功能（公炎冰，1999）。但是，据我们考证，这些后出现的引申义用法都没有体现事件参与者间的交互关系，因而不是交互义。

综上，“连”类词中只有在表示“连接”“联合”义时，才表达出了隐性的交互关系，而这一交互用法产生时代正是春秋战国时期。

6.4.2　明清“连”类交互词语

“连”字的交互义产生于春秋战国时期，主要表示事件参与者在空间上彼此连接或者在人事上彼此联合的行为。经过长时间的发展，到了明清时期，“连”类的交互表达有了很大发展。这首先表现为“连”类交互词语的数量多、使用频率高；其次表现为“连”类交互表达式的结构形式多样；最后，表现为句子中的结构和语义功能丰富多样。本节，我们主要从“连”类交互词、“连”类交互短语等方面展开介绍。

6.4.2.1　“连”字复音交互词

明清时期的“连”类复音交互词数量多，使用频繁，主要有连肩、连襟（衿）、连袂、连床、连壤、连界、连封、连天、连兵、连手、连文、连理、连枝、连好、连和、连合、连近、连接、连结和连络等“连～”类双音词，还有干连、钩连、接连、结连、毗连、牵连、通连和粘连等“～连”类双音交互词。该类交互词中的交互义均与“连”字的“连接”义有着或远或近的关系。

---

① 例（7）的“相连”到底有没有交互关系，不同的视角可以有不同的结论。具体请参看第2章第3节，关于 Evans 与 Dixon 观点的讨论。

6.4.2.1.1 “连～”类交互词

从构词要素间的结构关系看，明清时期“连～”类交互词主要是动宾（连肩等）、动补（连好等）和并列（连接等）等关系的复合词。它们在句子中主要充当谓语、状语、定语、主语和宾语等句法成分，下面我们分类加以介绍。

6.4.2.1.1.1 作谓语

绝大多数的“连～”类交互词都是谓词性的复合词，在句中的最主要功能是充当谓语。如：

(8) 花烛之夜，如鱼似水，夫妇和睦，行则连肩，坐则并股，不觉过了十年，李氏已生二子。（明·安遇时《包公案》）

(9) 长途连袂若为欢，咫尺京华不忍看。（明·朱长祚《玉镜新谭》）

(10) 情深大被，谊笃连床。既欲谈心，还须抵足。（明·陈汝元《金莲记·同梦》）

(11) 吾松江与苏州连壤，其人才亦不大相远。（明·何良俊《四友斋丛说·史十二》）

(12) 卫鞅曰：“寡君以秦魏连界，久失音问，故遣小臣贡上微礼，聊备起居之敬！”（明·余邵鱼《周朝秘史》）

(13) 今荒土连封，蒿莱弥望，若开渠置堰，规以为田，可七千顷，顷得谷三百石。（清·张廷玉等《明史》）

(14) 时冶山翁山相守广平，连境而治。（明·张瀚《松窗梦语·宦游纪》）

(15) 湖平波浪连天，水落汀沙千里。（明·凌濛初《二刻拍案惊奇》）

(16) 狼心未厌，招缅以抗本朝，连兵十年，蹂践数郡。（明·沈德符《万历野获编》）

(17) 目今，韩、赵连兵，送忌归齐，此谋魏之机也！（明·余邵鱼《周朝秘史》）

(18) 潘岳美姿容，少时曾挟弹出洛阳道游，妇人遇之者皆连手萦绕，投之以果，遂满车而归。（明·杨尔增《两晋秘史》）

(19) 如今襄阳王造反，他与襄阳王连手，也是一个反叛。”（清·佚名《小五义》）

(20) 不知二字连文，而望文生义，岂六国时人之书乎。（清·皮锡瑞《经学通论》）

(21) 只觉花蓬连理好，尽缘人重合欢名。（明·柳如是《柳如是集》）

(22) 看此人一貌堂堂，双眸炯炯，俺若得这等一个汉子，带绾同心，枝头连理，岂不为美？（明·罗懋登《三宝太监西洋记》）

(23) 如他国侵赵，则韩、魏相救；攻魏，则赵、韩相救；如此则三国连好，威服列国。（明·余邵鱼《周朝秘史》）

(24) 魏王曹丕听知，大怒曰："吴、蜀连和，必有图中原之意也。不若朕先伐之。"（明·罗贯中《三国演义》）

(25) 若明明降诏削爵，则周王必不奉诏，即连合四国，而兵起矣。（明·佚名《续英烈传》）

(26) 空出西边连近影堂三间，以补衮堂东西六间，为日间歌舞筵宴戏耍之处。（清·夏敬渠《野叟曝言》）

(27) 吾观阴平、武都二郡，与汉连接，若得此城，亦可分魏兵之势。（明·罗贯中《三国演义》）

(28) 此人连结恶党，欲反背朝廷，谋害曹某。（明·罗贯中《三国演义》）

(29) 赵姨娘原是好察听这些事的，且素日又与管事的女人们扳厚，互相连络，好作首尾。（清·红楼梦《红楼梦》）

(30) 世子喜曰："既蒙辱临，缘分不浅！"于是授生骑，请与连辔。（清·蒲松龄《聊斋志异》）

例（8）中的双音复合词"连肩"为假设关系紧缩复句"行则连肩"的主句，意为"肩并肩、肩挨肩"①，用于形容夫妻形影不离、恩爱无间的情形。从空间上看，这种亲密无间的"肩挨肩"，必须是两个人之间才行，因为仅仅单个人是无法"肩并肩"的。综上，"连肩"无疑表达出了参与者之间相互依存的交互关系，是一个交互词。

例（9）的"连袂"本指"衣袖相联"引申为"携手偕行"之意，是一个交互义比较明显的动词。它首现于魏晋六朝时期，如：

(31) 于是腊鼓垂无赖之子，白醉耳热之后，结党合群，游不择类，奇士硕儒，或隔篱而不接，妄行所在，虽远而必至，携手连袂，以遨以集，入他堂室，观人妇女，指玷修短，评论美丑，不解此等何为者哉？（晋·葛洪《抱朴子》）

---

① "连肩"的这一用法可以上溯到六朝时期，如"况八弦既掩，风靡云蒸，抱玉者连肩，握珠者踵武"（南朝·钟嵘《诗品序》）。句中"连肩"本义为"肩挨着肩"，它与"踵武"（意为"脚尖挨着脚后跟"）相对为文，用于形容人才济济的样子。

唐宋时期，“连袂”使用频繁，到了明清时期，“连袂”使用情况迅速衰减，逐渐被异形同义词“联袂”所取代。

“联袂”首现于唐代，如：

(32) 三代之文既远，两汉之风不振。怀芬敷者联袂，韵音响者比肩。(清·董诰等编纂《全唐文》)

唐宋时期“联袂”的使用量尚少，清代用量多了起来，到了近现代逐渐取代了“连袂”。明清用例如下：

(33) 都中士女，倾国出城西郊所谓白云观者，联袂嬉游，席地布饮，都人名为耍烟九。(明·沈德符《万历野获编》)

(34) 高亚白仍与钱子刚并肩联袂，同出了东兴里。(清·韩邦庆《海上花列传》)

不过，明清时期“联袂”大部分是充当句子的状语，我们少见作谓语的用例。

例(10)中的“连床”最初见于唐代，为“连榻”的别称。如：

(35) 晋杜预拜荆州，贺客皆集，羊琇与裴楷后至，坐连床，琇怒曰：“杜预以连榻待客。”拂衣而出。(唐·李亢《独异志》)

句中的“连床”，被文中的羊琇称为“连榻”。羊琇为西晋时人，由此可见，唐代把晋代称为“连榻”的家具称作“连床”。由此可知“连床(榻)”就是“并床(榻)”，例(10)的“连床”就是“椅子挨着椅子”[①]的意思，这也可以从后文的“抵足”获得证实。

对国人来说，古代只有关系密切或者情投意合、感情深厚的才让人并榻坐卧。因此，唐代时，“连床”又引申出形容关系密切或感情深厚的用法。如：

(36) 杭州暮醉连床卧，吴郡春游并马行。(唐·白居易《奉送三兄》)

由于形制的发展，到了明清时期，床仅仅是晚上用来休息的卧具，不再具有坐具等功能。此期的床长大笨重，不便于搬运。因此在口语化语言中，“连床”通常表示“同床”的意思，少有表达“并榻”之义的用法。如：

---

① 扬之水(《棔柿楼集》，人民美术出版社，2016年)考察发现，唐代的床所指范围十分宽泛，“凡上有面板、下有足撑者，不论置物、坐人，或用来睡卧，它似乎都可以名之曰床”。因此唐时的床包括现代的椅子、凳子和床。

（37）今夜就在这店里权住一宵，和你连床谈谈。（清·吴敬梓《儒林外史》）

明代以前的“连床”只用于同性之间，表示“并榻而坐”或者“同床而卧”的意思，如前例（35）至例（37）。清代，这种用法又扩展到异性之间的同床共枕，如下面的例（38）。

（38）生喜，禁女勿去，留与连床。（清·蒲松龄《聊斋志异》）

上述“连床”的交互性语义特征还是较为明显的。明清时期，“连床”还有非交互义用法，如：

（39）老爷急将起来，叫声：“左右的，连床抬将他来。”（明·罗懋登《三宝太监西洋记》）

（40）图书四壁，充栋连床；鼎彝尊罍，不移而具。（明·张岱《陶庵梦忆》）

（41）那些时扶着个杌子还动的，如今连床也下不来了。（清·西周生《醒世姻缘传》）

例（39）中的“连床”是“连同床”的意思，该意义没有表现人与床间的交互关系，即不存在客观的空间上的相互依存性；同时“他”与床之间既没有“同为施受关系”，也不存在“同为施共事”关系，因此它不具有交互义。在例（40）中，“连床”意为“满床”，也没有交互关系。在例（41）中，“连”是一个经过语法化后的焦点标记，与句子后面的“也/都”等助词组成“连……也/都”的表强调义的推宕构式，构式中的“连床”不是一个词，也没有表达交互义。

例（11）到例（14）中的“连壤”“连界”“连封”和“连境”等词在明清时期的使用频率都不高，其中“连界”的用量稍多。这几个词都是“土地相接，边境相连”的意思，我们知道，相连的土地在空间上肯定是互相依存不可或缺的交互关系。因此，这几个词都是隐含交互义的交互词。

例（15）的“连天”是“波涛与天际相连”的意思。“（事物）与天际相连”就意味着二者在空间上存在着“事物连着天际”和“天际连着事物”的同为施受的相互依存关系，这种关系就是交互关系。因此表示这一意义的“连天”也就是一个交互词。除了表示空间视觉上的“与天际相连”的意思之外，明清时期的“连天”还扩展出听觉上的用法，如：

（42）忽然山坡后喊杀连天，鼓声震地。（明·罗贯中《三国演义》）

例（42）中的“连天”不再是“连着天际”的意思了，而是“震动天际”等强调程度高或烈度强的意思。此时的“连天”不能表示参与者间相互依存的“同为施受”或“同为共事”关系，因此不是交互义。

例（16）的“连兵十年”就是“交战十年”之意，“交战”肯定是交战双方相互依存的“同为共事”交互关系，因此“连兵”也是一个表示交互关系的词。除了表示“交战”之意外，明清时期“连兵”还有表示“联合兵力”之意的用法，如例（17）所示。从语义特征上看，“联合”表明参与者必须是两个以上的复数，而且他们之间必然是互相依存的“同为施共事”关系。因此“联合”表现的是一种交互关系，而表示“联合兵力”义的“连兵”也蕴含着参与者间的交互关系，表达了交互义。综上，“连兵”的两个义项都表达了交互关系，它是一个不折不扣的交互词。

“连手”在例（18）中意为“手挽手”，在例（19）中意为“携手、勾结”。“手挽手”义无疑表达了不同“手”之间的“同为施受”关系，而“携手、勾结”义也表达了参与者间的“同为施共事”关系。因此，明清时期的“连手”也是一个典型的交互词。

例（20）中的“连文”意为“多个字相连缀”，这种不强调特定先后的“A与B相连，B与A相连”的连缀关系，表示的是字与字之间的相互依存关系，这无疑也是一种交互关系。

“连理”在例（21）中意为“植物的枝干相连”，在例（22）为“结成夫妻”的意思，后者是前者的隐喻扩展。“枝干相连”指的是枝干在三维空间的交互关系，而“夫妻”是人类在伦理关系上的交互关系，二者表达的都是参与者间的交互关系。

例（23）中的“连好”是“交好、结好”的意思，表示的是参与者间的相互结交友好的行为，体现了他们之间的交互关系。因此，明清时期的“连好”无疑也是一个交互词。

例（24）的“连和”与例（25）的“连合”都是“联合、交好”的意思，它们与例（17）的“连兵”一样，表示的都是参与者间“同为施共事”的交互关系。明清时期，这两个词意义相同，用法有区别：“连和”只用作不及物动词，而“连合”主要用为及物动词，偶尔也有不及物用法。如：

（43）今主上初登宝位，民心未安，当与东吴连合，结为唇齿，一洗先帝旧怨，此乃长久之计也。（明·罗贯中《三国演义》）

例（26）的“连近”是“靠近、接近”的意思。从空间上看，“A靠近B”，那就意味着“B也靠近A”，这种空间上距离的缩短关系对参与者而言是相互的，因此这类意义也是交互义。

例（27）中的“连接”，明清时期主要表示空间上“互相衔接”的意思，该意义隐含着事物在空间上的彼此依存的交互关系，因此也是一个交互词。除了表示空间衔接之外，“连接”也可用于表示事理的互相衔接，如：

（44）秋榜高魁，行魁春榜，嘉事自然连接。（明・吴承恩《贺阎双溪令嗣登科障词》）

明清时期，动词“连接”后面通常不带宾语，极少数情况也可以带。如：

（45）他催马进了山口，一瞧里面是大峰俯视小峰，前岭连接后岭。（清・贪梦道人《彭公案》）

例（28）中的“连结”为“联合、结交”之意，为交互义用法。与“连床”“连天”“连理”等意义丰富的词不同，“连结”只有这一个意义，比较单一。它在句中作谓语时，以后接宾语为常，偶尔不带宾语。如：

（46）山东教、幅、棍诸奸民连结，起于兖东。（清・王闿运《湘军志》）

例（29）的“连络”相当于现代汉语的“联络”，为“彼此联系、交接”的意思。明清时期，“连络”的这一用法还比较少见，这是逐渐被“联络”取代的必然结果。

例（30）的“连辔”仅见于清代，为“骑马并行”的意思。“并行”无疑表示出了参与者双方的交互关系。

6.4.2.1.1.2　作状语

明清时期，“连～”类交互词的第二大句法功能就是充当句子的状语。如：

（47）而芳兰犹属意生，屡以色授。为众所觉，故曳两人连肩坐。（清・蒲松龄《聊斋志异》）

（48）内中就有四五个好吃一杯儿，连袂牵襟上留珮楼，呼僮叫保，干那卷白波的高兴事儿。（清・李绿园《歧路灯》）

（49）连床笑语到晨鸡，走笔赠言何款悃。（明・刘基《寄赠怀渭上人》转自《汉语大词典》）

（50）先主急上马，奔冯习营时，习营中火光连天而起。（明・罗贯中《三国演义》）

（51）若二处连兵而来，东吴危矣。（明・罗贯中《三国演义》）

（52）主上天兵一回，扫除内乱，今吾与子，连兵在外，不能制敌班师，此事奈何？（明・余邵鱼《周朝秘史》）

(53) 秦尤闻听，心中暗想：我若是将老胜英攀出来，恐怕白白皮肉受苦，老胜英与官面连手办事，官面必不听我一面之辞。(清・张杰鑫《三侠剑》)

(54) 暴秦无道，群雄并起，逐鹿中原，那汉王与西楚霸王项羽连合攻秦，约先入关者王之。(清・文康《儿女英雄传》)

(55) 四家皆连络有亲，一损俱损，一荣俱荣。(清・曹雪芹《红楼梦》)

(56) 徐鸣皋等亦各按本职，鹄立演武厅下。不一时，杨一清与张永连辔而来，直至演武厅，下马升座。(清・唐芸洲《七剑十三侠》)

例（51）与例（52）的“连兵”都表达了交互义，但具体的意义不同：前者意为“联合出兵”，后者意为“交战”。例（53）的“连手”就是“联手”，即“携手、合作”的意思。其他各例中的“连”字交互词意义与它们作谓语时相同。

6.4.2.1.1.3　作定语

“连～”类交互词还可以充当所在句子的定语。如：

(57) 我等三人，随身俱有质证，异日同往株林，可作连床大会矣！(明・冯梦龙《东周列国志》)

(58) 公子黔牟是周王之婿，于齐有连襟之情，赦之不诛，放归于周。(明・冯梦龙《东周列国志》)

(59) 自江阴、无锡与常地连壤之间，连日接仗，大挫贼锋。(清・柯悟迟《漏网喁鱼集・咸丰十年》转自《汉语大词典》)

(60) 有我朝之乌良海，亦有俄罗斯之乌良海。此正北之连界处也。(清・赵翼《檐曝杂记》)

(61) 连天衰草，岂独蒹葭，匝地悲声，无非蟋蟀。(清・曹雪芹《红楼梦》)

(62) 宋平公遣向戍如晋，诉告楚、郑连兵之事。(明・冯梦龙《东周列国志》)

(63) 连理枝头，共宿女墙之树；郁金堂上，双栖玳瑁之梁。(明・柳如是《柳如是集》)

(64) 我多因这蜗角虚名，赚得我连理枝分，同心结解。(明・凌濛初《初刻拍案惊奇》)

(65) 只见带叶树木，连枝山柴，交横塞满地下，两边都是鹿角，无路可进。(明・施耐庵《水浒传》)

（66）英雄只念连枝树，淫妇偏思并蒂莲。（明·施耐庵《水浒传》）

（67）到了幽州，见吐番天庆王，述大周则天皇帝连和之意，吐番王允和。（清·如莲居士《薛刚反唐》）

例（58）的“连襟”在明清时期为姊妹丈夫间的互相称呼，这无疑是一个双方互相依存的交互性关系。“连理”作定语时，可表示两种不同的意义：例（63）中指“枝干互相搭连的异根草木”，例（64）中则为“夫妻”之意，后者是前者的引申义。例（65）和例（66）中的“连枝”意义也不同：前者指“枝条互相搭连而生的不同的树”，后者引申指“兄弟手足”；二者都表达了参与者间的交互关系。例（67）的“连和”为“连结和平（不再交战）”之意。

6.4.2.1.1.4　作主宾语

明清时期，“连～”类交互词还可以充当所在句子的主宾语。作主语的如：

（68）他的连襟邵老先生做翰林，已开了坊。（清·李绿园《歧路灯》）

（69）自此统众过十万，而左、李各将数万，合湖北、江西湘军几三十万，自余援军分布黔、桂、秦、齐者又数万，连兵不得罢，国藩日夜忧危，以进攻江宁为非计，乃自行围案视焉。（清·王闿运《湘军志》）

（70）连理未谐鸳帐底，冤魂先到九重泉。（明·兰陵笑笑生《金瓶梅词话》）

（71）今叨蒙不弃，连理结成，此去尚有千里，方出潼关。（清·好古主人《赵太祖三下南唐》）

（72）谁想生擦擦连枝锯开，哀呖呖双雁惊分阵。（明·沈璟《义侠记》）

（73）秋风团扇原吾分，多谢连枝特过存，总有万语千言，只在心上忖。（清·洪昇《长生殿·献发》）

（74）自以为分拨有方，连络合法。（明·佚名《续英烈传》）

例（68）的“连襟”与“邵老先生”构成同位短语作主语。例（69）的“连兵”就是“联军”之意。例（70）与例（71）中的“连理”意义不同，前者指“男女欢爱”之事，后者指夫妻。例（72）的“连枝”意为“恩爱的夫妻”，例（73）中的“连枝”指的是“兄弟姐妹”。例（73）中的“连枝”是一个兼语：既是谓语“谢”的宾语，又是“特过存”的主语。例（74）的“连络”即“联络”，“各方之间的联系”的意思。

少数情况下，“连～”还可以作句子的宾语。如：

(75) 春宇那里知道，他与侯先生早已是干连襟呢。(清·李绿园《歧路灯》)

(76) 又产狮子，则鲁迷为其所属，或其连界，故附著其事于此。(明·严从简《殊域周咨录》)

(77) 第三件，你又和他老婆有连手，买了他房子，收着他寄放的许多东西。(明·兰陵笑笑生《金瓶梅词话》)

(78) 旬日间，木长三丈许，其枝自相附结成连理。(明·冯梦龙《东周列国志》)

(79) 便是我替姐姐打算，四海虽大，九州岛虽广，你除玉郎一人之外，也断合第二个结不得连理。(清·文康《儿女英雄传》)

(80) 南游不为爱江光，欲省连枝道路长。(清·孙枝蔚《寄五兄大宗》)

(81) 在天为比翼，在地为连枝。(清·李孚青《枣巷行》)

(82) 种谔城罗兀，令河东亦修荒堆、三泉诸塞相为连接。(清·吴广成《西夏书事》)

例（76）的“连界”是动词“为”的宾语。例（77）的“连手”是动词“有”的宾语，意为“勾结、勾搭”。例（78）的“连理”指“树枝干相连”，例（79）的“连理”意为“夫妻”。“连枝”在例（80）中喻指“同胞兄弟姐妹”，在例（81）中喻指“夫妻”。

6.4.2.1.2 “～连”类交互词

明清时期，“～连”类交互词的数量远远少于“连～”类交互词；此外，在结构组成方面也较后者简单许多：只有偏正关系（如“钩连”等）和并列关系（如“接连”等）两种结构方式。在句法功能上，“～连”类交互词在句子中主要充当谓语，比较少充当其他句法成分。

6.4.2.1.2.1 作谓语

“～连”类交互词都是动词性复合词，最主要功能就是充当谓语。如：

(83) 我们捕厅因常州府盗情事，扳出与你寺干连，行关守提。(明·凌濛初《二刻拍案惊奇》)

(84) 皆有窍穴钩连，窗楞罗列，而空悬无上处。(明·徐弘祖《徐霞客游记·粤西游日记四》)

(85) 尔父母兄嫂尽忠而死，你不忠不孝，勾连草寇，劫夺关梁。(清·佚名《说唐全传》)

(86) 一壑云涛淬洞，两岸石磴勾连。(明·杨慎《盘江渡》)

（87）可解马缰绳接连，拴缚帝腰，放下船去。（明·罗贯中《三国演义》）

（88）李乐暗令人结连李傕、郭汜，一同劫驾。（明·罗贯中《三国演义》）

（89）原来这个云卧园在后载门内，不是寻常园林，其地毗连一座王府……（清·曾朴《孽海花》）

（90）但见一颗鲜血的人头牵连在尸腔上面，那五官已被血同泥土污满。（清·佚名《狄公案》）

（91）他虽惫懒，怎牵连着你？（明·罗懋登《三宝太监西洋记》）

（92）说罢，放舍利之光，满空有白虹四十二道，南北通连。（明·吴承恩《西游记》）

（93）汝欲与贼通连为内变耶？（明·罗贯中《三国演义》）

（94）男人头上儒巾，大半是尘埃堆积；女子脚跟罗袜，两边泥土粘连。（明·凌濛初《初刻拍案惊奇》）

例（83）的“干连”意为“关联”，表示两事物在事理逻辑上相关。这种关联的双方彼此缺一不可，它们间的相互关系彼此依存，因此是一种事理交互关系。例（84）的“钩连”是“互通连接”的意思，表示的是一种空间交互关系。同为表交互关系的“勾连”，例（85）与例（86）意义有着比较明显的不同，前者是“勾结”的意思，后者相当于“钩连”的“互通衔接”之意；前者是后者的空间交互关系在抽象逻辑事理关系上的隐喻投射。例（87）的“接连”即“连接”，在句中是“马缰绳互相连接”的意思，这无疑也表现了马缰绳之间的交互关系。例（88）的“结连”是“串通、勾结”的意思，也表达了人与人之间的交互关系。例（89）的“毗连”意为“邻近”，表示的是物体在空间上的交互关系。例（90）的“牵连”指的是物体在空间上互相连接的交互关系，例（91）则是空间交互关系向抽象人际交互关系的投射，表示“关联”的意思。例（92）和例（93）的“通连”也表意不同：前者表示空间上的“相通连接”，后者表示人与人之间的“相通连接”即“串通勾结”。两个意义都表示出了交互义。例（94）的“粘连”为事物“黏合在一起”的意思，表示事物在空间上距离归零的互相黏合状态，无疑是一个表示交互关系的交互词。

6.4.2.1.2.2 作状语

明清时期充当状语的“～连”类交互词不多，用例也不多。如：

（95）此楼原是钩连搭十间，自当中隔开。（清·石玉昆《七侠五义》）

(96) 吾村之毗连而居者，尽皆清白，无此淫女。（清·魏文中《绣云阁》）

(97) 子善书画，而无门可投；吾多交游，而无物为贽，盍牵连南行，彼此各有所济。（清·钱泳《履园丛话》）

例（95）的“钩连”意为“互通连接”之意，为交互义。例（96）的“毗连”作动词“居”的状语，为“邻近”的意思，也表达了空间上的交互关系。例（97）的“牵连”修饰谓语“南行”，意为“联袂、结伴”，也表达了较明显的交互义。

6.4.2.1.2.3 作定语

明清时期，充当定语的“～连”类交互词种类相对较多。如：

(98) 吴清久病未痊，受刑不起。那两个宗室，止是干连小犯。（明·冯梦龙《警世通言》）

(99) 才看出手足钩连之状。（清·夏敬渠《野叟曝言》）

(100) 忽听大喊一声，惊醒起来，却见两人勾连之状，还认是快活极了。（清·夏敬渠《野叟曝言》）

(101) 在下亦不知何故，闻系因一个人命牵连案件，被差人拘来。（清·刘鹗《老残游记续》）

(102) 地窨子里周遭一看，下面一样的方砖墁地，上面模着一尺来见方的通连大木。（清·文康《儿女英雄传》）

(103) 似此粘连的模样，叫个人来看见，好不羞死！（明·凌濛初《二刻拍案惊奇》）

例（99）的“钩连”与例（100）的“勾连”在“钩挂相连”这个意义上相同。但在“勾结串通”这个意义上，一般只用“勾连”。例（102）的“通连”为名词“大木”的定语，意为“相通连接”。

6.4.2.1.2.4 作主宾语

明清时期，谓词性的“～连”类交互词充当主语的情况非常罕见。如：

(104) 起念埋根际，须思决局时。动止虽微渺，干连已弥滋。（明·凌濛初《初刻拍案惊奇》）

例（104）的“干连”指的是“引发的相关联的情况”。

明清时期，“～连”类交互词充当宾语的用法用例也不多。主要如下：

(105) 狱辞有钩连有不可决，君片言之闲，如庖丁刺牛，皆迎刃而解。（明·宋濂《吕府君墓志铭》）

（106）我冯元志一不在官，二不应役，我跟彭大人有什么牵连。（清·贪梦道人《彭公案》）

（107）也都有一百多里长、六七十里宽，都流人运河，和运河竟是通连的一般。（清·张春帆《九尾龟》）

例（105）的“钩连”和例（106）的“牵连”分别为谓词“有”的存现宾语，例（107）的“通连”是判断动词“是”的宾语。

6.4.2.2 “连”字交互短语

明清时期“连”类交互表达除了交互词以外，还有“连”字构成的交互义短语，另外“连”字单用时也可以表达交互义。此期含有交互义的“连”字短语结构比较丰富，主要有主谓短语、状中短语、定中短语和支配短语等。

6.4.2.2.1 “连”字主谓短语

“连”字主谓短语主要充当句子的谓语，少数可以充当定语等。如：

（108）江陵驭下最严，闻七娶妾，与两黄门李姓者姻连，大怒笞之几死，二李皆见逐矣。（明·沈德符《万历野获编》）

（109）这安义山数百里，周围山连山，山套山，你又知他走的哪一条路？（清·唐芸洲《七剑十三侠》）

（110）他们俩人当时都在火儿正大的时候，这样藕断丝连的至亲，真是没有法子说话。（清·张杰鑫《三侠剑》）

例（108）的“姻连”是“连姻”的意思，在句中充当小句的谓语。例（109）的主谓短语“山连山”也是所在小句的谓语，小句的话题主语时是“周围”。例（110）中的“丝连”与“藕断”一起充当主语中心语“至亲”的定语。

6.4.2.2.2 “连”字状中短语

“连”字状中短语用法较为灵活，可以充当谓语、定语和宾语等。如：

（111）张玉龙气昂昂地说道：“你别里勾外连，有话快说！”（清·张杰鑫《三侠剑》）

（112）朝谈纵合暮衡连。（明·高启《读史十首·仪秦》）

（113）今日两番虚拽弓弦，第三箭却止射他盔缨，如何不是外通内连？（明·罗贯中《三国演义》）

（114）那里面左首，一并连两间厢楼，最是浩畅。（清·唐芸洲《七剑十三侠》）

例（111）中的状中短语“外连”与“里勾”共同充当小句的谓语。例（112）的“衡连”即“连横”之意，在其子句“暮衡连”中作宾语，句中的谓语是承前省略的动词“谈”。例（113）的“内连”与“外通”共同作判断动词“是”的宾语。例（114）的“并连”意为“并排相连”，作其后名词“厢楼”的定语。

6.4.2.2.3　“连”字定中短语

明清时期，定中关系的“连”字交互义短语主要充当定语和宾语。如：

（115）礼部尚书陶凯奏曰：句容上祖乡，连蒂之瑞，独见于此。（明·沈德符《万历野获编》）

（116）主仆二人来至屋中，原来是连舍三间，两明一暗。（清·石玉昆《三侠五义》）

例（115）中定中短语“连蒂”即“并蒂”，“花蒂相连”的意思，在句中作主语“瑞”的定语。例（116）定中短语“连舍”为“相连的房舍”之意，句中作判断动词“是”的宾语。

6.4.2.2.4　“连”字支配短语

明清还有少量“连”字交互义支配短语，它们主要充当句子的状语。如：

（117）掠妇女财物装载车上，悬头千余颗于车下，连轸还都，扬言杀贼人胜而回。（明·罗贯中《三国演义》）

（118）今日郑陈连臂去，中原伯气黯然收。（明·冯梦龙《东周列国志》）

例（117）的“连轸”本来是“车后横木相接”的意思，文中指“车轮与车轮相接”的意思，用来形容车马众多的景象。“连轸”在句中作状语修饰其后的谓语“还都”。例（118）的“连臂”是“手牵手”的意思，句中作“去”的状语。

6.4.2.3　“连”独用表交互

明清时期，“连”字既可以与其他词组成短语，共同充当句法成分，也可以单独使用，充当谓语和宾语等相应句法成分。如：

（119）章台长带枉垂阴。红蕖直下方连藕。（明·柳如是《柳如是集》）

（120）前两日我到兰芬处，看你们二人就如蛤蚧一般连得紧紧的，一刻也分不开来。（清·张春帆《九尾龟》）

（121）至永乐七年，新进士王彦，自陈家与奸恶外亲有连。（明·沈德符《万历野获编》）

（122）大王宜赦其死，与之立盟，自今以后，蔡与楚为连，患难相救，勿得食言。（明·余邵鱼《周朝秘史》）

例（119）的“连”作谓语，后接“藕”作宾语。例（120）的谓语“连”后接“紧紧的”作补语。例（121）和例（122）的“连”是“姻亲”的意思，分别为句中动词“有”和“为”的宾语。

第 7 章
明清空间交互词语（下）

“比”“並”“通”和“联”等的交互表达式最初主要用于表示事物空间的相对位置关系，后来功能扩展到也可用于表示参与者间各种抽象的交互关系。本章主要描写它们在明清时期的使用情况。

7.1　“比”类交互词语

7.1.1　“比”的交互义产生

“比”是个古老的词，早在甲骨文中就已出现。它在甲骨文中作“”或“”，金文作“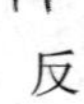”或“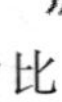”，《说文解字》小篆作“”。《说文解字》：“比，密也。二人为从，反从为比。”其实甲骨文中“比”和“从”并没有反正之别，而且从甲骨文的字形上看，“比”和“从”非常相像。正因为如此，很长一段时间古文字学界都“一般‘从’‘比’不分，均读作‘从’”。（林沄，1981；于省吾，1996；杨逢彬，2002）林沄（1981）以后，古文字学界将“比”和“从”彻底分开。[①] 另据林沄（1981）的研究，“比”在甲骨文中使用频率甚至要远高

① 在杨逢彬先生看来，林沄先生 1981 年在《古文字研究》上发表的《甲骨文中的商代方国联盟》一文，彻底改变了“比”“从”不分的现象。

于“从”。[①] 高频使用率使得“比”字在甲骨文中可能发生功能的扩展，成为一个能够表达多种意义的多义词。甲骨文中主要有如下三种意义。

首先，“比”有“亲密”义，《说文解字》：“比，密也。二人为从，反从为比。”段玉裁注曰：“其本义谓相亲密也。”该义在甲骨文中即有用例。如：

（1）王勿比鬼。（丙 24）（转自林沄，1981）

例子中的“鬼”指一个名叫“鬼方”的部落，“比”在句中为“亲密”之意。而且林沄先生（1981）指出这类的卜辞中，“王”和“鬼”的“地位是相对等的，看不出有什么主从之别”。

其次，“比”在甲骨文中还进一步引申出“联合、协同”义。如：

（2）辛酉卜，争，贞：王比望乘伐下危。（京津 1266）（转自马如森，2008）

最后，“比”还假借为“妣”。如：

（3）更省侑于比庚宰。（京都 1822）（转自徐中舒，1989）

例（3）中的“比”为“妣”的假借字，这是学界的普遍共识。

“比”的以上三种用法中，例（1）的“亲密”义用法，隐含着参与者双方之间情感的密切或心理距离的接近，通常这种情感空间的距离是相互的，因而是交互义用法。现代语言学投射理论认为，人类认知一般规律是，抽象的范畴往往是时空等具体范畴通过隐喻投射来实现。如现代汉语中“北上”“心上”等词中“上”所表达的抽象的“地位高”“重要”等意义，就是表示空间位置的“高”和“上”通过隐喻投射的结果。据此，我们认为例（1）中“比”所表示的人际情感或关系亲密的意义，很可能是其时空接近义在人际和情感范畴的隐喻投射的结果。虽然由于年代久远和出土文献不足等局限，甲骨文中很难找到表示时空近距离的“比”的用例，但是传世文献中却很常见。如“其崇如墉，其比如栉”（《诗经·周颂·良耜》）中的“比”，就是空间间隔小的“细密、致密”（《汉语大词典》）之意。

例（2）等甲骨文中表示军事方面“联合”义的“比”，根据林沄先生研究，也是没有主次之别的对等关系。因此这种“联合”的参与者双方在施受性上也是交互的，因而具有交互关系。

综上，“比”的交互义在甲骨文，甚至更早的时代中便已产生。而明清汉语中常见的表示比较和比喻的“比”则出现于《尚书》和《诗经》时代。如：

---

① 据林沄先生统计，十二种常见的甲骨文著录中，“比”的用例高达 288 例，而“从”字仅有 84 例。前者使用量远高于后者。（转自于省吾，1996）

(4) 上下比罪，无僭乱辞，勿用不行，惟察惟法，其审克之！(《尚书·吕刑》)

(5) 既生既育，比予于毒。(《诗经·邶风·谷风》)

例（4）中的“上”意为“比较、参照”，而“上下比罪”是“比较、参照上下相关的条款来定罪”的意思。例（5）中的“比予于毒”，郑玄笺注为“其视我如毒螫”。由此可知，句中的“比”为“比喻、比拟”的意思。

7.1.2 比喻句与比较句的交互表达

虽然，“比喻”义和“比较”义在明清汉语中通常都是用“比”来表示，但是二者在交互义的表达上并不相同：在表比喻的时候，“比”的双方仅仅是单向性关系，不存在交互关系；而在表比较的时候，“比”的双方之间通常是交互关系。如：

(6) 两汉诏命皆由尚书出，故比之于北斗，谓天之喉舌也。(清·赵翼《廿二史劄记》)

(7) 日本自古凶狡，非诸国比。(明·沈德符《万历野获编》)

例（6）中的“比”为“比喻”的意思。在作比喻的时候，人们通常都是将本体比作喻体，而不会反向操作。以例（6）为例，人们只能将“尚书”比作“北斗”，而不会将“北斗”比作“尚书”。从相互依存性上看，话语中的“尚书”依赖“北斗”表达“天之喉舌”之意，而“北斗”并不依赖“尚书”表意，二者之间不存在彼此的相互依存关系。因此，比喻句[①]中本体和喻体之间没有相互依存的交互关系。

与比喻不同，当表比较时，“比”的双方处于相互依存的交互关系之中。如例（7）的“比”指的就是“日本”和“诸国”的相互比较：既可以理解为“日本”比“诸国”更“凶狡”，也可以理解为“诸国”在“凶狡”方面比不上“日本”。“日本”和“诸国”之间是相互依存的关系，因此“比”在句中表达了相关方的交互关系。

在人类认知中，只要有比较的存在，那么比较方之间便存在着相互依存的交互关系。映射到汉语中，便是用诸如“比”“若”“较”等表比较的词来表示。但是句子意义的表达是构成句子诸成分的意义相互压制和妥协的结果。因此，

---

① 《现代汉语词典（第七版）》对“比喻”有两个解释：一个是“比方”，另一个是修辞手法“比喻”。我们这里所说的“比喻”也包括二者。如“每常自比管仲、乐毅，其才不可量也”（明·罗贯中《三国演义》）中，“比”是“比喻“之意，该比喻不是指作修辞手法的比喻，而是《现代汉语词典》所说的“比方”。

虽然独立地看，表比较的词语都表达交互关系，但是带有比较词的比较句却并非一定表达了交互关系。比如，由于受到结构“非……比”的语义压制，例（7）的小句“非诸国比”意为“（凶狡）不是诸国所能比得上（的）”，表示的仅仅是“诸国”比不上“日本”，并没有“日本比不上诸国”的意思，因此它仅仅是一个单项义的句子，不是交互句。

那么在什么情况下比较句表示的是交互义呢？我们认为可以通过拆分原子事件的方法拆分为行为事件和结果事件进行分辨。众所周知，比较句通常分差比（含极比）与平比（含类比）两种，它们的原子事件在交互义表达上各有不同的表现。如（以“比”字比较句为例）：

（8）若把这椰子锯做一个瓢，你看他比五湖四海还宽大十分。（明·罗懋登《三宝太监西洋记》）

例（8）中，“他比五湖四海还宽大十分”是一个差比句，该事件可以分解成两个原子事件：显性行为事件“他（瓢）与五湖四海比较”，显性结果事件“（他）还宽大十分”。显性行为事件中，“比”的交互义比较明显。但是显性结果事件中，“宽大十分”的参与者只有一个：“他（瓢）”。毫无疑问，结果事件是一个非交互事件。我们知道，汉语是焦点后置的语言，在正常语序下，句子的语义焦点位于句子尾部。所以“他比五湖四海还宽大十分”中的谓语为结果事件“宽大十分”，而行为事件“比五湖四海”只能充当状语成分。由此可知，两个原子事件中，结果事件是焦点事件，是句子语义重心，决定了整个句子的语义性质。又因为它是非交互的，所以例（8）的整体事件就只能是一个非交互事件。而句子中“比”所在的行为事件表示的交互义则受到压制而隐含于句子的深层语义中，充当句子语义的背景。

平比又可以分为类比和等比两大类别，我们考察发现它们在交互义表达上也存在着差异：类比句有的没有交互义，有的则可表达交互义；而等比句通常可以表达较明确的交互义。仍以“比”字句为例：

（9）殿内宫中，木燃膏火，悬大珠一百二十颗以照之，光比白日。（清·褚人获《隋唐演义》）

（10）他起眼一瞧，果是唐状元唇红齿白，不比马太监的橘皮脸儿。（明·罗懋登《三宝太监西洋记》）

（11）前两回虽赢，不过是一猛之性；后面两次打水之时，被师父钩他两跌，却不是相比肩也？（明·吴承恩《西游记》）

例（9）的“光比白日”通常认为是一个类比句。它的两个原子事件分别为：表层行为事件为“（大珠之）光与白日（之光）比较”，深层结果事件是“珠光的亮度与白天类似”。行为事件表达了交互关系，即“大珠”与“白日”

互相比较。结果事件中，双方却不存在双向的相互依存关系：在人们的认知中，只有“大珠的亮度类似于白天”的看法，而不存在“白天的亮度类似于大珠”的观点。又因为该结果事件是焦点事件，是句子表达的重点，其所表示的参与者关系也是主要的支配关系。这就决定了，例（9）在整体上就是一个非交互的事件。整个的事件中，行为子事件是背景事件，其表示出来的交互性也仅仅是背景事件的属性。

例（10）也是类比句。我们用原子事件分析发现，它表达出了比较双方互相不同的交互义。也就是说，例（10）是一个交互句。那么同为类比句，例（10）与例（9）在交互义的表达上为什么会截然不同呢？仔细比较分析，我们会发现例（9）的双方具有共同的特点：明亮。但是在人们认知常识中，二者在比较参项（明亮度）上是有差异的，即通常情况下，比较标准（白日）的明亮度高于比较对象（大珠）。也就是说，例（9）其实是带有夸张性质的类比句，其中的“比”甚至可理解为“比得上”。“比得上”是“近比”，是差比的一种，指的是比较对象与比较标准相差很小的比较。从这个意义上看，可做近比分析的类比句均不表达交互义，都不是交互句。例（10）的比较双方（唇红齿白和橘皮脸儿）本来差别就大，是一种互不相同的否定类比[①]。在人们的认知常识中，这种不同也是相互的。

例（11）是一个等比句，句中的“比肩”意为“相当、不相上下”。该句也可以拆分为两个子事件：隐形行为子事件“孙悟空与师父（如意真仙）比试”和显性结果子事件“（二者的法术和武艺）比肩（不分上下）”。参与双方在两个子事件中都处于相互依存的“同为共事”[②]交互关系中。因此，例（11）表示的等比关系其实也是一种交互义关系。

从上述例句的分析，我们知道，交互词在词汇层面的交互义并非一定能在句子前景义中表现出来，有些受到相关结构的语义压制而只能成为背景义。因此，带有交互词的句子并非就一定表达了交互义，这要求我们视具体情况而区别看待。具体到比较句中，差比、类比和等比三者之中，只有不能作差比分析的类比句和等比句才是真正的交互句，其他的都只能是非交互句。

7.1.3 明清“比”类交互词语

明清时期，“比”字复音交互词的主要结构形式为“比～”，如比肩、比赛、

---

① 这里的“否定类比”指表示“不同于”“不类似”等意义的类比句。它与“不等于”“不相等”的否定等比句不同，也不同于“比不上”“比不了”等否定差比句。

② “同为共事”关系指的是事件参与双方可以互为施事与共事的关系，或互为共事关系。例（10）中，“孙悟空”和“师父”二者互为共事关系，二者颠倒顺序不影响句子的逻辑真值，因此句子是交互义关系。相关判定标准请参见本文第2章相关内容。

比翼等；少数交互词的结构形式为“～比”，如无比、非比、不比、对比和朋比等。以外，此时期“比”还经常以单音词的形式充当多种句法成分，表达出不同的句法、认知和语用意义。

从语义上看，本时期的“比”类交互表达可以通过多种语义来表达交互义，除了等比之外，还有并列（如比肩）、并排（如比翼）、勾结（如比周、朋比）、竞争（如比赛）等意义。

7.1.3.1 “比～”类交互词

明清，“比”字交互词数量众多，结构上绝大多数为“比”字在前的“比～”类词语，如比肩、比并、比附、比量、比对、比较、比赛、比试、比翼、比武、比屋、比周、比美、比舍、比伦、比邻、比数等。从词性来看，此时期“比”字交互词主要为动词，其他词类较少见。从充当的句法成分看，它们主要作谓语，其次是状语和定语，作主宾语情况比较少见。

7.1.3.1.1 作谓语

明清时期绝大多数“比～”类交互词都是动词，充当谓语或谓语中心语是其最主要的功能。如：

(12) 见坛中有一重菩萨，外有一重金甲神人，又外有一重金刚围着，圣贤比肩，环绕甚严。(明·凌濛初《初刻拍案惊奇》)

(13) 两人比并真假，打至南海，又打到天宫，又曾打见唐僧，打见冥府，俱莫能辨认。(明·吴承恩《西游记》)

(14) 不以诗解诗，而以学究之陋解诗，令古人雅度微言，不相比附。(清·王夫之《姜斋诗话》)

(15) 下列石兽六，森然象卤簿。自马至狮子，两两相比附。(清·顾炎武《孝陵图》)

(16) 马玉龙，老夫与你比量三百合！(清·贪梦道人《彭公案》)

(17) 抡起两个沙煲盆大的拳头，威风凛凛，相貌堂堂，特来比对。(清·佚名《乾隆南巡记》)

(18) 北史与魏、齐、周、隋各史比对，大略相同。(清·赵翼《廿二史劄记》)

(19) 此房为京师富人徐性善所得，重构华甍，以馈吏部侍郎徐检庵，侍郎先与先人比邻，至是拓为大第，未久亦以白简告归。(明·沈德符《万历野获编》)

(20) 秦人恐而退，自摈为戎，不敢比数于诸侯。(明·王世贞《短长上》)

(21) 唐状元道："凭你比较。那一般起?"三太子道："就比较弓马起罢。"(明·罗懋登《三宝太监西洋记》)

(22) 南班和北班比较起来又是大同小异：到北班里头打个茶围，要两块钱；到南班去打茶围，却只消一块钱。(清·张春帆《九尾龟》)

(23) 此剑神仙流金精，干将莫邪难比伦。(明·邓志谟《铁树记》)

(24) 递拳脚小太爷不是你的敌手，暗器也未打中于你，水面比赛输赢。(清·张杰鑫《三侠剑》)

(25) 从前的风气，无论一靴一帽，以及穿的衣服花头、颜色，大家都要比赛谁比谁的时样。(清·李伯元《官场现形记》)

(26) 某能守经，某能应变，逐节比拟，以我身为彼身，以今时为彼时，使我处此地当此事，而何如可。(明·戚继光《练兵实纪》)

(27) (刘带川) 为督府时，与蓟帅戚继光者，比周如一人。(明·沈德符《万历野获编》)

(28) 余与姚夫人四十年伉俪，虽未足比美古人，亦庶几其万一。(清·俞樾《春在堂随笔》)

(29) 今日我也买了这口好刀，慢慢和他比试。(明·施耐庵《水浒传》)

(30) 鸟似有情长比翼，花应知喜亦双头。(明·柳如是《柳如是集》)

(31) 有好些人在那里住着，每日里耍枪弄棒，对刀比武，都是好本事。(清·石玉昆《七侠五义》)

(32) 迨国朝以来，吾邑贡籍不能出他邑上，而所辖金阊内外，比屋连甍，通阛带阓，万商之渊，骎骎乎甲通省焉！(清·冯桂芬《重修吴县学记》)

例 (11) 和例 (12) 中的"比肩"分别为"肩并肩"和"相当、差不多"的意思，后者是前者的空间"并排、并列"义，隐喻投射的结果，表示双方水平、程度或者表现状态相似的交互关系。例 (13) 的"比并"为"比试、打斗"的意思，这无疑是交互关系的表达。① 例 (14) 和例 (15) 转引自《汉语大词典》，

① 明清时期还有一个表示"比武""较量"义的支配式交互词"比手"，如："咬海干心里想道：'似此状元，天下有一无二，不敢比手。'"(明·罗懋登《三宝太监西洋记》)"比手"是一个离合词，此时期还有"比个手"的用法，如："张西塘道：'你有画杆方天戟，你敢来和我比个手么?'"(明·罗懋登《三宝太监西洋记》)

句中的“比附”表示的分别为“相关联”和“并列”的交互关系义。例（16）和例（17）的“比量”和“比对”都是“较量武艺”的意思，这无疑表示的是较量双方的交互行为。例（18）的“比对”意为“比较对照”，表示参与者之间相互异同的对比，因此也是交互义。例（19）的“比邻”意为“互为邻居”，这是双方空间近距离的交互关系。例（20）的“比数”意为“与……相提并论”。例（21）、例（24）和例（31）的“比较”“比赛”“比武”都是“较量武艺”之意。例（22）的“比较”是“比对差异”的意思，例（23）和（28）的“比伦”和“比美”都是“媲美、相当”的意思，例（25）的“比赛”指的是“时新样式”等方面的“比赛较量”，例（26）的“比拟”是“对照、比对”的意思，例（27）的“比周”为“亲近，亲密”的意思，例（29）的“比试”是“对比优劣好坏”的意思，例（30）的“比翼”指的是“鸟儿翅膀并翅膀飞翔”的意思，古人将其视为夫妻情深的表现，但在空间上看，这表现了鸟儿翅膀之间的空间位置交互关系，例（32）的“比屋”与“连甍”同义连用，是“屋并屋房连房”的意思，也是空间交互关系的表现。

7.1.3.1.2　作状语

此时期能够充当谓语的“比～”类交互词通常也能充当状语。如：

（33）遂与比肩调笑，恍同密友重逢。（清·沈复《浮生六记》）

（34）且说那李四明幼年家贫，寡母住在高国泰家和左右比邻而居。（清·郭小亭《济公全传》）

（35）澄弟在广东处置一切事务，都比较合理。（清·曾国藩《曾国藩家书》）

（36）又以掀翻大狱，疑刑官皆比周挠法，立意摧抑之，即贤者多不以善去。（明·沈德符《万历野获编》）

（37）公河莫渡，指白水以为盟；比翼相期，愿青天之作证。（清·张春帆《九尾龟》）

（38）众夫人信以为真，方知公子在中途比武招亲。今此女奉父命特来践约。（清·好古主人《赵太祖三下南唐》）

（39）当初英布未曾学武时，与这人比屋为邻，彼此性情相合，就拜了异姓弟兄。（清·佚名《乾隆南巡记》）

例（35）“比较”的参与者双方，一方为显性的前文内容“澄弟在广东处置事务”的方式和结果，另一方是隐含的其他地方或时间处理事务的不合理方式和结果，因此句中的“比较”体现了双方相互依存的交互关系。例（36）的“比周”

为“结党”的意思，无疑也表现了交互关系。例（38）的“比武”为清代才大规模使用的交互词，相同的意义明代时期通常用短语“比武艺”来表达。例（39）中的“比屋”为“屋与屋相比并”的意思，也是交互义。

7.1.3.1.3 作定语

明清时期，“比～”类交互词也可以用来充当定语。如：

（40）静思方今比肩者众，况人皆年长，语坐之间，进止之际，皆逊让为上。（明·佚名《皇明本纪》）

（41）深院好栽连理树，重帏双护比肩人。（清·文康《儿女英雄传》）

（42）天下有比次之书，有独断之学，有考索之功，三者各有所主，而不能相通。（清·章学诚《文史通义》）

（43）夫秦、晋，比邻之国，故我献公与尔穆公，结婚定好，世世相亲。（明·冯梦龙《东周列国记》）

（44）比舍郎酿酒熟，卓因醉，夜至其瓮间盗饮之，被掌酒者所获。（明·杨尔增《两晋秘史》）

（45）若遇比试之际，当要用心，以慰吾主之望。（明·熊大木《杨家将传》）

（46）晚间虚闭着房门，竟在妇人房里同宿。自道是此乐即并头之莲，比翼之鸟，无以过也。（明·凌濛初《二刻拍案惊奇》）

（47）这两个比武的和尚特别，俱是蓝布裤褂，白袜开口僧鞋。（清·张杰鑫《三侠剑》）

（48）今吾家椿萱重庆，兄弟无故，京师无比美者，亦可谓至万全者矣。（清·曾国藩《曾国藩家书》）

例（40）的“比肩者”意为“地位相当的人”，因此“比肩”表示比较者地位的相互关系。例（41）的“比肩人”由“肩并肩的人”转指为“夫妻”，“夫妻”关系是成年男女之间相互关系的交互表达。两个“比肩”都表达了交互义。例（42）的“比次”是“比照、比较”的意思，表示比较的双方之间一定是相互依存的交互关系。例（44）的“比舍”即为“邻居”的意思，是一个交互名词。例（48）的“比美者”即为“媲美者”的意思，“比美”为“者”的交互义定语。

7.1.3.1.4　作主语

明清时期，少数情况下“比～”类交互词也可以用来充当主语。如：

（49）赵瞎道：“不过比肩不和、小人作祟罢了。又兼白虎入度。”（清·李百川《绿野仙踪》）

（50）洞主看见公主笑盈盈的走来，便道：“女儿，今日台上的比试如何？”（清·佚名《说呼全传》）

（51）举石香池那不叫比武，比武还有讲笨力的吗？（清·张杰鑫《三侠剑》）

例（49）的“比肩”指的是“地位相当的人”，是一个交互名词。例（50）的“比试”为句子的主语，谓语是疑问词“如何”。例（51）中的第二个“比武”为所在原因分句的主语。

7.1.3.1.5　作宾语

明清时期，“比～”类交互词也可以用来充当宾语，用例也不多。如：

（52）君王若问侬家里，记得琼花是比邻。（清·褚人获《隋唐演义》）

（53）徐三爷问：“怎么教磕头比试？”（清·佚名《小五义》）

（54）这一堆人都是去看比武的，你只跟着他一出涌金门就看见擂台了。（清·佚名《乾隆南巡记》）

例（52）的“比邻”即“邻居”，为交互名词，作判断动词“是”的宾语。例（53）的“比试”与“磕头”一起作使令动词“教”的宾语。例（54）的“比武”为动词“看”的宾语。

7.1.3.2　“～比”类交互词

明清时期“～比”类交互表达包括复音交互词和交互短语，由于它们的数量少、结构简单，我们在这里放在一起进行讨论。此期，“～比”类交互表达的用例中以否定短语“不比”的使用频率较高，其他，如“对比”“堪比”“朋比”等交互词用例较少。

7.1.3.2.1　“不比”

20 世纪 90 年代开始，学界对状中短语“不比”多有讨论。讨论主要围绕句式结构、句义、语用、历史演变及类型学等角度展开。[①]这里我们仅从交互义表达的角度，考察明清时期的“不比”。

此期“不比”的句法功能相对简单，主要在小句中作谓语，少数组成支配短语再充当所在小句的状语等。如：

（55）密拴细甲，岂同绣袄罗襦；紧带銮刀，不比金貂玉珮。（明·罗懋登《三宝太监西洋记》）

（56）马氏每每苦劝，只是旧性不改。今日三、明日四，虽不比日前的松快容易，手头也还掤凑得来。（明·凌濛初《初刻拍案惊奇》）

例（55）中的“不比”表示否定的等比，是句子的谓语，后接宾语“金貂玉珮”；例（56）中的“不比”表差比，与后面的“日前的”共同作谓语中心“松快容易”的状语。

与句法结构不同，学者们讨论最多的是“不比”的多义性。明清时期，不同语境中的“不比”可以表达不同意义。如上述例（55）中，“不比”与前面的“岂同”相对为文，表示“不同、不相类似”的类比之意。例（56）中，“不比”是“比不上”的差比之意。清代，“不比”还可用于反问句中表差比，如：

（57）己生道：“三千银子，我不好去捐个知县，不比买这个举人好的多么？”（清·张春帆《九尾龟》）

同是差比句，例（57）与例（56）中比较双方的比较关系刚好相反：前者表示的是“比较主体（捐个知县）＞比较标准（买这个举人）”，后者则是“比较主体（今日三，明日四）＜比较标准（日前的）”。我们知道只有表示真正类比和等比的比较句才表示交互义。因此，上面三句中，真正表示交互义的只有例（55）。

---

① 相原茂（《汉语比较句的两种否定形式——“不比”型和“没有”型》，《语言教学与研究》1992 年第 3 期，73—87 页）、徐燕青（《“不比”型比较句的语义类型》，《语言教学与研究》1996 年第 2 期，79—95 页）、贾颖（《“不如”句、“不比”句与“没有”句》，《语言文化教学研究》，华语教学出版社，1996 年）、殷志平（《语境与否定比较句》，《语言研究的新思路》，上海教育出版社，1998 年，248—256 页）、张和友（《差比句否定形式的语义特征及其语用解释》，《汉语学习》2002 年第 5 期，8—13 页）、蒋静（《比较句的语义偏向及主观程度的差异——“不如”句、“不比”句和“没有（没）”句》，《上海师范大学学报（哲学社会科学版）》2003 年第 4 期，112—117 页）、吴福祥（《试说“X 不比 Y·Z”的语用功能》，《中国语文》2004 年第 3 期，222—231 页）、刘焱（《现代汉语比较范畴的语义认知基础》，学林出版社，2004）、张赪（《汉语语序的历史发展》，北京语言大学出版社，2010 年）、李新良（《协同动词带宾语及其语义后果》，《语言教学与研究》2013 年第 2 期，50—58 页）、华雨（《比较否定结构“X 不如 Y·Z”和“X 不比 Y·Z”使用差异的计量分析》，《语料库语言学》2017 年第 1 期，31—43 页）、石锓和马碧（《类型学视角下明代比较句的特点》，《语言研究》2020 年第 2 期，35—42 页）等。

我们这里所说的等比，既包括比较双方表示“相等”“一致”等意义的肯定等比，也包括表示“不等”“不一致”等意义的否定等比[①]。如：

(58) 这一齐火炮却又不比前番的两般火器，你看他乌天黑地的烟，烧天烧地的火，轰天划地的声气，把些番兵都打得没个影儿。(明·罗懋登《三宝太监西洋记》)

例（58）中的“不比”即“不等同于”的意思，本句是否定等比句。

除了“不比”之外，此期比较常见的“比”的否定用法还有“非比”和“无比”。二者中的“比”都是“比得上”的意思，是差比中的及比用法，而“非比”和“无比”就是对及比的否定。同为否定及比，“非比”与“无比”的差别在于比较对象的不同：“非比”的比较对象是特定的，并在句中明确表达出来了；而“无比”的比较对象则是泛指，通常并不在句中出现。如：

(59) 苏秦佩六国相印，张仪两次相秦，皆有匡扶人国之谋，非比畏强凌弱，惧刀避剑之人也。(明·罗贯中《三国演义》)

(60) 大郎有一室女，名唤文姬，年方一十八岁，美丽不凡，聪慧无比。(明·凌濛初《二刻拍案惊奇》)

例（59）中的“非比畏强凌弱，惧刀避剑之人”是“非畏强凌弱，惧刀避剑之人可比”的意思。句中的比较对象为“畏强凌弱，惧刀避剑之人”，比较标准为“苏秦”和“张仪”。例（60）的“聪慧无比”为“聪慧无人比得上”的意思。句中的比较对象是“无”后的零形式宾语，比较标准是承前省略的话题“文姬”。

7.1.3.2.2　其他的“～比”

明清时期，我们可以见到堪比、朋比、对比和可比等交互词语。其中，“朋比”和“对比”是双音节词，而“堪比”和“可比”是短语。它们之中，“朋比”是“密切”“勾结”的意思，其他三个为“比较”“考校”的意思。如：

(61) 然则老挝反覆狡猾，始终与胡氏黎氏朋比，以侮天朝，真夷酋中之穷奇梼杌也。(明·沈德符《万历野获编》)

(62) 众卿强谏，朋比欺君，污蔑法纪。(明·许仲琳《封神演义》)

---

① 从逻辑语义上来讲，比较句中凡是非等比的句子都可以看作是等比的否定形式，即¬p 指的是同一集合内所有“非 p”的聚合。如等比句“我和小明的成绩一样”，在逻辑上的非等比句既可以是“我和小明成绩不一样”等等比的否定句，也可以是“我的成绩比小明少/多”等差比句。本文的“否定等比句”指前一种在语义上否定等比的句子。

(63) 官军所传之法，亦有回转，但大敌交锋，与平日场上相对比不同，千百之人簇拥而去，丛如麻蓬，岂能舞丈余长竿回转走跳若此，则一二丈仅可布一人而已，不知有此阵否耶？（明·戚继光《练兵实纪》）

(64) 督、抚、镇、道比验无时，遇该比之日，每百总下抽取数人试过，只对比旧册，查其印之高下。（明·戚继光《练兵实纪》）

(65) 金箍棒，捣药杵，两般仙器真堪比。那个为结婚姻降世间，这个因保唐僧到这里。（明·吴承恩《西游记》）

(66) 那些少年尚气的朋友，一发道是堪比古来义侠之伦，一向认得的要来问他安，不曾认得的要来识他面，所以挨挤不开。（明·凌濛初《二刻拍案惊奇》）

(67) 将军不出城迎敌，良有深意，岂董澄辈可比。（明·施耐庵《水浒传》）

“朋比”可能最早出现于宋代，最初是一个意为“互相勾结”的动词，如“趋利之人，常为朋比，同其私也”（《新唐书·李绛传》），又如本文例（61）。后来常用于连动结构中，逐渐被重新分析为状中结构的状语，如例（62）。现代汉语中，“朋比为奸”已经成为一个形容坏人互相勾结的成语。

“对比”最早见于明代，此时它有两种不同的用法：例（63）中的“对比”为连动短语，意为“对立比试”或者“捉对比武”；例（64）的“对比”为状中式合成词，为“相对比较”（《现代汉语词典（第七版）》）或“对照比较”之意，这一用法一直延续到现代汉语中。上面两种用法，无论哪种都表达出了该词参与者双方之间相互依存的交互义。

明清时期的“堪比”也有两种用法：例（65）中的“堪比”意为“能够匹敌”，其中的“比”为“并列”“匹敌”的意思，这是交互义的一种表现；例（66）的“堪比”意为“能够比得上”，这正是现代汉语中常见的表示及比的非交互用法。明清时期“堪比”的交互用法罕见，事实上我们仅发现例（65）一例，而例（66）的非交互用法则是常见的用法。

早在先秦时期“可比”就已经出现了，如：

(68) 阳子居见老聃，曰：“有人于此，向疾强梁，物彻疏明，学道不倦，如是者，可比明王乎？”（战国·庄周《庄子》）

明清时期，“可比”仍然在使用，仍然是句子的谓词成分，不过意义却并不相同：先秦《庄子》中的“可比”是“可以媲美”的意思，而明清时期的“可比”，如例（67），“是“能够比得上”的意思。虽然具体意义不同，“可比”表现出来的事件参与者之间的关系是一致的：都是一种及比关系——比较对象是否比得过比较标准。但是，“可比”并不能表示比较标准对比较对象是否也有同样的及比关系。我们将这种单向的语义关系如图 7.1 所示。

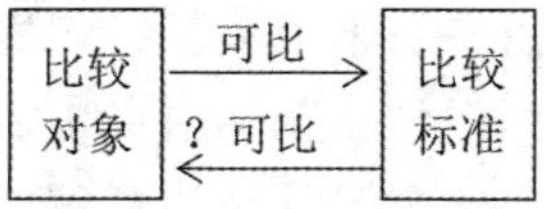

图 7.1　“可比”非交互关系示意图

换一个角度看，“可比”句的施受双方并不能处于“同为施受”的关系中。因此，“可比”句是一个不表示交互义关系的句子，即非交互句。

此期还沿用着前代的一个交互名词“邻比”，即“邻居、邻里”之意。如：

(69) 见一天神如关壮缪状，持刀入战，凡三昼夜，喧嚣之声，彻于邻比，其神不胜而出，自此遂听之。（明·沈德符《万历野获编》）

(70) （朱）孺人母家，与吾家邻比 。（明·归有光《震川先生集》）

“邻比”与现代汉语的“邻居”“朋友”“老乡”等集合名词一样，隐含着参与者之间的交互关系。

7.1.3.3　“比”独用表交互

明清时期，“比”字经常以单音动词或介词等方式充当句法成分，以“较量”“竞争”“密切”“比较”等语义来表示事件参与者间的交互关系。如：

(71) 樊瑞道：“你要比武艺，上前来吃我一剑！”（明·施耐庵《水浒传》）

(72) 老者说道：“饭铺有一二十个呢，大家比着作买卖，炒菜喝酒随便，非常的便宜，不信你们几位去看看。”（清·张杰鑫《三侠剑》）

(73) 某太史慈，东海之鄙人也。与孔融亲非骨肉，比非乡党，特以气谊相投，有分忧共患之意。（明·罗贯中《三国演义》）

(74) 我家比你家，各有内外。（明·施耐庵《水浒传》）

(75) 这个和尚果真有些本事，比那道士老大的不同。（明·罗懋登《三宝太监西洋记》）

例（71）的“比武艺”是“比试较量武艺”的意思；例（72）的“比着作买卖”是“争着作买卖”的意思；例（73）的“比非乡党”是“（交往）密切但不是同乡”的意思；例（74）和例（75）的“比”是“与……相比”的意思，只不过前者是动词，后者为介词。

7.1.4 小结

“比”本义指空间密切，后来引申为关系密切之意，这一过程早在甲骨文时期便已完成。到了《诗经》时代，“比”又引申出表示比较和比喻的用法。至此以后，“比”字词语的各种语义和用法都是沿着这两条路线引申的结果。到了明清时期，“比”字的表达形式多样，其表达的语义也丰富，其中很大部分表达出了参与者之间的交互关系。

本章，我们在分析“比”的“比喻”义和“比较”义的交互表达时发现，“比喻”（比拟）没有表达交互关系，而“比较”义则有。在对明清时期“比”字比较句进一步分析后，我们发现，虽然“比”字词语的“比较义”带有交互义，但是其所在的比较句并非一定表达了交互义。这就告诉我们，词语的交互表达与句子的交互表达并非是一种对应关系，后者要受到其他相关句法成分的制约和影响：当比较句带有（隐含）比较结果的时候，通常只有等比句表达出了交互关系，如例（55），而差比（包括类比、及比等）句则没有交互义，如例（73）；当没有比较结果时，纯粹表比较的比较句通常都是交互句，如例（74）中的“我家比你家”。

7.2 “並”类交互词语[①]

7.2.1 “並”交互义的产生

7.2.1.1 甲骨文中的“並”

“並”甲骨文作“”“”，金文常作“”“”，《说文解字》小篆作“”。据彭邦炯（1981）、徐中舒（1989）、于省吾（1996）等研究，“並”在甲骨文中就有表交互义的动词用法。如：

（1）有新大昱竝火。（《后（下）9·1》）

例（1）的“竝”就是动词，意为“并立、平列”。表示平列的话，就必然涉及多个参与者，而且参与者之间的在空间上的并排关系必然是彼此相互的。这种互为参照物的并列关系就是一种交互关系。

① 因为“并”“並”等字在现代汉语中都简化为“并”。为了避免误会，标题与语料中的“並”字的都保留，不写作“并”，而正文中则使用简化字“并”。

7.2.1.2 “並”在《诗》《书》中的发展

《尚书》中“竝”有两处用例。如：

（2）亦越武王，率惟敉功，不敢替厥义德，率惟谋从容德，以竝受此丕丕基。（《尚书·立政》）

（3）钦四邻，庶顽谗说，若不在时，侯以明之，挞以记之，书用识哉，欲竝生哉！（《尚书·皋陶谟》）

两例中的“並”都是平列的意思[①]，这是继承甲骨文时期的交互用法。

《诗经》中“並”的用法在《尚书》的基础上有了新发展。如：

（4）既见君子，並坐鼓瑟。（《诗经·秦风·车邻》）

（5）並驱从两肩兮，揖我谓我儇兮。（《诗经·齐风·还》）

（6）既醉而出，並受其福。（《诗经·小雅·宾之初筵》）

《诗经》中的例子可以看出“並”重新分析的状态。从结构上看，例（4）其实可以理解为“既见君子，並，坐，鼓瑟”，后者是一个有三个动作组成的流水句。由于诗歌的特殊格律和汉语韵律的要求使得上述句子由三个动作压缩为两个，于是“並坐”与“鼓瑟”构成连动，在时间线性序列上构成先后关系。同时“並坐”中“並”在汉语自然焦点后置的认知心理作用下，由谓语重新分析为状语，词性由动词重新分析为副词，意义由“平列”义重新分析为“并排”义，甚至为“共同”义[②]。例（5）中的“並”，向熹（2014）解作“一起，一

① 例（2）中的“竝”，屈万里（1977）解作“普遍地”，周秉均（1990）解作“共同”，二位先生都把“竝”作为状语来处理，我们觉得这值得商榷。屈先生把例（2）的“以竝受此丕丕基”翻译为“所以就普遍地接受了这伟大的王业。”什么叫“普遍地接受王业?”最后这一句翻译不仅与前面相别扭，而且自身句意也讲不通。周秉均将句中的“竝”解作“共同”，也颇为不妥。文王和武王所在的时代一个在前一个在后，怎能“共同”接受王业?

梅广（2015）认为，上古汉语是以并列结构为主的语言，直到汉魏以后才转为主从结构为主。因此，我们认为上古文献能理解为并列结构的就不要理解为主从结构。其实例（2）中的“以竝受此丕丕基”完全可以视为连动结构，如果我们将句子断成“以竝，受此丕丕基”则更好理解，句子的意义就是“（武王）用（这）（而与文王）平列，（同时）接受了这伟大的基业”。

例（3）的“欲竝生哉”与例（2）相当，也是连动结构，可以理解为“欲竝，生哉”，整个小句的意思是“希望（他们在善行上与我们）平列，且生生不息”。屈万里和周秉均两位先生都将该句中的“竝”解作“共同”，作其后动词“受”的状语，把句子理解成“想要他们共同生活下去”。我们不赞成他们的分析。

② 《汉语大词典》将句中的“並”解作“一起、一同”。

齐”。与处于重新分析中的例（4）不同，例（5）中的“並”则已经是一个完全意义上的“共同”义副词了。

例（6）中“並”所处的句法位置则又与前两例不同：例（4）、例（5）都是位于连动结构，例（6）的“並受其福”不是连动结构，而是状中结构。换句话说它不能理解为［並受＋其福］，而应理解为［並＋受其福］。这样“並”就处于“醉而出”和“受其福”两个小句中间。在这种环境中“並”很容易由句内成分升格为小句间成分，即复句“既醉而出，並受其福”的句法结构可以由［既醉而出＋［並［受其福］］］重新分析为［［既醉而出］＋並＋［受其福］］。这样，复句由承接关系重新分析为并列关系①，“並”则由修饰小句谓词的句内副词重新分析为连接小句的句间连词②。

7.2.1.3 “並”在春秋战国的发展

本期的“並”又有了新的发展，表现为除了有并列义和共同义的副词用法外，还演变出总括义的范围副词用法。如：

（7）腥臊並御，芳不得薄兮。（战国·屈原《楚辞·涉江》）

（8）枭鸮並进而俱鸣兮，凤皇飞而高翔。（战国·屈原《楚辞·离骚》）

（9）世並举而好朋兮，夫何茕独而不予听？（战国·屈原《楚辞·离骚》）

例（7）中的“並驰”已不能分析为连动式并列结构，而只能是状中结构，其中的“並”已然是一个意为“并排”的并列义副词。例（8）的“並”不能简单理解为“共同”等共同义副词，而应理解为一个表示“俱、都”等意义的总括副词。有意思的是例（9），句中“並举”与“好朋”同义并列，“好朋”是“喜好互相勾结朋比为奸”的意思，那么“並举”则只能理解为“互相推举”。“並”因此就有了相互义副词用法。

除了上述的演变外，此期的“並”还在本义“并列、并排”的基础上，引申出了新的用法。如：

---

① 邢福义先生（《汉语复句研究》，商务印书馆，2001年）认为，递进关系、顺承关系和并列关系可以统一为广义的并列关系。为了阐明重新分析的过程，我们这里仍然将其分离开来对待。

② 曹炜（《近代汉语中被忽视的“和”类虚词成员“并”——以〈金瓶梅词话词话〉中“并”的用法及分布为例》，《古汉语研究》2006年第4期，16—20页）在《庄子》中找到了两例“並”为连词的确切例子，表明战国时期重新分析过程已经完成。

（10）并后、匹敌、两政、耦国，乱之本也。（春秋战国·左丘明《左传·桓公十八年》）

（11）乡也，混然涂之人也，俄而並乎尧、禹，岂不贱而贵矣哉？（战国·荀况《荀子》）

例（10）中的“並”为使动用法的“使……平列/等同”[①]。如果例（10）“並”的“相等、匹敌”义还不够明显的话，那么例（11）的“並”就是一个纯粹的表示“等同”义的动词了。无论是“并列”“相等”，还是“匹敌”“等同”都是隐含交互关系的交互义。

7.2.1.4　小结

“並”的本义“并立、平列”表示空间上的并排关系，这体现了事件参与者在空间位置上的交互关系。从这个角度看，“並”本质上是一个空间交互词。从甲骨文时期到春秋战国时期，“並”一直处于活跃状态中，除了本义之外，还衍生出“共同”“总括”“相互”“等同”等多种语义。这些语义功能中，“相互”义和“等同”义隐含有交互关系，是交互义。

7.2.2　“並”的几个形似字

7.2.2.1　並与竝，并与併

学界普遍认为“竝”是“並”的初文，二者是古今字关系。黄征（2000）和郭齐（2000）认为“竝”写作“並”是汉代隶变的结果。于省吾（1979、1999）以后，学界普遍认为“併”是“并”的累增字。此外，古汉语文献中还有“幷”和“倂”的写法，它们分别是“并”和“併”的异写形式，功能上没有差别。综上，我们以“並”概“並”和“竝”；“并”概“并”“幷”“併”和“倂”。

① “並”与“匹”“两”“耦”等相对为文，它们的意义应该相同或相近。这里的“並”似乎也可以理解为本义“平列”，但是我们参照比较本例与例（1），发现二者之间存在很大差异：后者通常是静止状态的动词，而此处的“並”不仅带了宾语，而且表现出强烈的动态性。杨伯峻（1988）将例（10）中的“並”解释为“並立，地位等俱相等”，这是十分准确的。我们认为，就具体翻译而言，此处的“並”解为使动用法的“使……地位平列/等同”更稳妥些。

7.2.2.2 “並”与“并”

段玉裁认为“並”字本义为“依傍”，“并”本义为“并和之意”，二者是并不相同的两个词。于省吾（1996）通过考察两字的构形认同了段玉裁的判断。其后，黄征（2000）、郭齐（2000）、曹炜（2003）和张世渊（2017）等则从不同角分别证明了“並”与“并”的不同。

我们赞同上述诸位先生的观点，并认为“並”最初是动词，意为“并排、比并”之义，即段氏所谓的“依傍”义，后假借为族名①、人名和地名。“并”最初也是动词，意为“兼并、合并”之义，后假借为地名和姓氏名。

张世渊（2017）认为，“並”在古汉语中有“并排、挨着”，“合并、兼并”，“皆、都”，“同时、一起”，“匹敌”，“并坐”，“并且、而且”，“连、同”，“如同、相似”和表示强调语气等诸多不同的语义功能。“并”在古汉语中有表示地名或中医术语，“同时”，“摒弃、抑制”，“专一”，“一起、一齐”，“凡、共”，“合并、吞并”，“聚集”，表递进、并列的连词义，表强调语气等多种语义功能。比较“並”与“并”的上述诸多语义功能的异同不难发现，“并”在古代汉语文献中几乎没有交互用法，而“並”自产生之初的“并排”义开始就具有交互性，此后的“匹敌”“并坐”等意义也都隐含有交互关系。

古汉语中，“並”与“并”是两个区分明显的不同的词，但是到了元明清时期二者合流混用现象较为普遍。我们考察的重点是明清汉语表达中的交互义，只要表达了交互义的词语都是我们的考察分析对象。因此，“並”与“并”到底有没有混写，影响并不太大。基于上述考虑，本节我们以“並”为主，遇到表示交互关系的“并”也放在这里一起讨论。

7.2.3 明清“並”类交互词语

明清时期，“並”主要在“并排”“并列”等空间意义上蕴含着事件参与者之间的交互关系，少数在“同等”“同列”等人际关系意义上蕴涵交互关系。此期，“並”表示交互关系的形式主要是“並～”类复音词，此外还有“並”类短语和“並”的单独使用。

7.2.3.1 “並～”类交互词

明清时期，表达交互义的“並”字复音词数量较多，结构上主要是“並～”类词语，如並肩、並辔、並列、並驱等。从词性来看，此期“並”字复音交互

① 彭邦炯（1981）认为，竝氏是殷商时代的一个大族。（转自于省吾（1996））

词主要为动词，少数为名词。从充当的句法成分看，它们主要作谓语，少数充当状语和定语等。

7.2.3.1.1　作谓语

此期，“並～”的词性主要是动词，其主要句法功能是充当谓语。如：

（12）金老夫妇坟与铁尚书坟並列，教子孙彼此互相祭祀。（明·陆人龙《型世言》）

（13）纲见大悦，与之携手而入，並肩而坐。（明·冯梦龙《情史》）

（14）吾与汝主並肩，汝与吾臣相立，即奉使于吾，当行臣礼，何得自持而越法乎？（明·谢诏《东汉秘史》）

（15）每日间一个内相、两个尚书，联镳并辔，奔着厂里而来。（明·罗懋登《三宝太监西洋记》）

（16）于是家有眷属，外练兵钢；群雄並驱，饮食不遑。（明·朱元璋《御制皇陵碑》）

（17）帝见二将势勇並驱，无一高下，乃叫曰：“二将暂止。”（明·谢诏《东汉秘史》）

（18）上房一並排是个九间，原说明是太太住的上房。（清·李伯元《官场现形记》）

（19）采菱翔凤兮並称，吴蜩晋舶兮一类。（明·罗懋登《三宝太监西洋记》）

（20）过沟涧山崖，是铭下马扶持圣驾过到平地上马，依旧笼马并行。（明·杨铭《正统临戎录》）

例（12）和例（20）的“並列”“并行”是“并排”的意思。例（13）的“並肩”为“肩挨肩”的意思，例（14）的“並肩”则是“地位相当”之意。例（15）的“并辔”为“并排”的意思。例（16）的“並驱”意为“竞争高下”，例（17）的“並驱”是“不分高低”“相当”之意。例（18）“上房一並排是个九间”句是一个关系从句，“并排”是关系小句“上房一并排”的谓语。例（19）的“並称”为“相同”的意思，句子的意思是“‘采菱’和‘翔凤’一样都是船的名称”。上述用法中，例（12）、例（13）、例（15）和例（18）表示的是空间上的交互关系，其他表示的是抽象的人际关系上的交互关系。

7.2.3.1.2　其他句法成分

交互词“並～”充当状语的情况较少，主要是“並肩”一词。“並～”作定语的情况也不太多，如“並肩”“並头”等。

(21) 两个並肩而坐，交杯换盏饮酒。(明·兰陵笑笑生《金瓶梅词话》)

(22) 女王道：“这是个並头莲酒，我陪你一杯。”(明·罗懋登《三宝太监西洋记》)

(23) 巢曰：“尔众兄弟，俱封並肩一字王。”(明·罗贯中《五代秘史》)

(24) 这是江湖豪杰、绿林英雄的黑话。“合字”，是自己；“並肩字”，是兄弟。(清·哈辅源、姜振名《康熙侠义传》)

例(21)中的“並肩”作谓词“坐”的状语，而例(22)的名词“並头莲”① 和例(23)、例(24)的“並肩”都是作定语。

7.2.3.2　“並”类交互短语

除了复音节交互词之外，“並”字还可以短语的形式，或者单音词的形式表达交互义。

“並”字交互短语既有四字格的，也有两字格式的；该短语在句中既可以充当谓语也可以充当状语等其他成分。如：

(25) 似此之时，这和尚却不与我师父齐驱並驾？(明·吴承恩《西游记》)

(26) 赵大人是制台衙门的师爷，见了制台是並起並坐的，通南京城里没有再阔过他的。(清·李伯元《官场现形记》)

(27) 两个並马进城，在公馆安下。(明·陆人龙《型世言》)

(28) 返至野芳滨，畅饮甚欢，並舟而泊。(清代·沈复《浮生六记》)

例(25)、例(26)是“並”字四字格短语，在句中谓语，而“並”字则在短语内作状语。例(27)、例(28)为“並”字二字短语，均是动宾式支配短语，在句中作状语修饰其后的谓词“进城”和“泊”。

7.2.3.3　“並”独用表交互

明清时期，“並”字还偶尔单独充当句子成分表交互关系。如：

---

① “並头莲”指“并排地长在同一个茎上的两朵莲花”(《汉语大词典》)，因此“並头莲”中的“並”为“并排”的意思。“並头莲”还喻指“男女好合或者夫妻恩爱”(《汉语大词典》)。这些意义都隐含着参与者之间的交互关系，因此都是交互义。

（29）那文姬作娇作痴，把手搭着他肩<u>並</u>坐，说些亲话。（明·陆人龙《型世言》）

（30）芸或与人坐谈，见余至，必起立偏挪其身，余就而<u>並</u>焉。（清代·沈复《浮生六记》）

例（29）的“並”意为“並排”，在句中作状语，修饰其后的谓词“坐”。例（30）的“並”为动词，在承接关系复句“余就而並焉”后一分句中作谓语，意为“挨着”“并排”。

7.3　“通”类交互词语

7.3.1　“通”交互义的产生

“通”甲骨文作“”或“”，金文作“”或“”，《说文解字》小篆作“”。“通”从“甬”得声，“甬”字又有“中空旁通”的语义特征。[①]“通”的形旁是辵，它的本义理应与道路或者行走相关。因此，我们赞成高田中周的解释：“《易·系词》：‘往来不穷谓之通。’此为本义也。转为凡通达通贯之义。”（转自《古文字诂林》第 2 册，P366）根据高田中周的解释，我们可知“通”本指空间上的“通达”，是一个表达空间概念的词。

“通”表达交互关系的最早用例可能出现于西周，如：

（1）皇帝哀矜庶戮之不辜，报虐以威，遏绝苗民，无世在下，乃命重黎，绝地天<u>通</u>，罔有降格。（《尚书·吕刑》）

（2）唯君子为能<u>通</u>天下之志。（《周易·同人卦》）

例（1）中的“通”为“往来、交好”之义。例（2）的“通”为“沟通”之义。这些意义表达出了参与者间的交互关系，因而具有交互性的意义。

春秋战国时代，“通”的语义有了较大的发展，出现了新的交互义用法。如：

---

① 宋代戴侗、元代周伯琦、清代徐灏以及现代的郭沫若、杨树达、李孝定、唐兰、李纯一等古文字学家经过持续考证，“甬”为“钟”的初文。这一观点已经为学界所普遍接受。青铜器之前的钟为竹木所制成，这些竹木做的钟铎都有中空旁通的特点，详细论证可参看李纯一（《试释用、庸、甬并试论钟名之演变》，《考古》1964 年第 6 期，310—311 页）、杨树达（1983）。

(3) 公会齐侯于泺，遂及文姜如齐，齐侯通焉。(《左传·桓公十八年》)

(4) 桓公知天下诸侯多与己也，故又大施忠焉。可为动者为之动，可为谋者为之谋，军谭、遂而不有也，诸侯称宽焉。通七国之鱼盐于东莱，使关市几而不征，以为诸侯利，诸侯称广焉。(《国语·恒公霸诸侯》)

例(3)的“通”是“通奸”的意思。例(4)的“通”为“流通”“交换”的意思。这两个意义都表达了参与者间的交互关系，因而都是交互性意义。

从西周到春秋战国，“通”的使用频率越来越高①，高频的使用，使得其用法日益完善。明清时期的“通”类交互词语的用法，大多建立在先秦交互义用法的基础上。

7.3.2 明清“通”类交互词语

明清时期，“通”类交互表达背景数量多而且语义丰富。它们从结构上可以分为“通”字复音交互词、“通”字交互短语和“通”字单音交互词三类。而“通”字复音交互词又可以分两小类，一为“通～”，如通好、通假、通家、通同、通私、通奸、通眉、通婚、通商等；另一为“～通”，如交通、私通、互通、串通等。

7.3.2.1 “通”字复音交互词

明清时期，“通”字交互词总体上具有数量大和意义多的特点。相对而言，明代的“通”字交互词数量更多，可是每个词的用例并不多；清代的“通”字交互词相对少些，每个词的用例相对多一些。

7.3.2.1.1 “通～”类交互词

明清时期，“通～”类交互词绝大多数为动词，充当谓语，少量作状语；也有些为名词，大都充当定语或主宾语。

7.3.2.1.1.1 作谓语

(5) 此妾厌其老，窃与焦之子、编修黄中通好。(明·沈德符《万历野获编》)

---

① 我们使用北师大“汉字全息资源应用系统”查检，“通”在《周易》有8处用例，《礼记》有26例，而《左传》则有47例，《庄子》56例，《荀子》则高达78例。这么高的频率为“通”意义的引申提供了极好的语言环境。

（6）自此吴、蜀通好。（明·罗贯中《三国演义》）

（7）你们专惯与贼通同，故意把这等话党庇他，多打一顿大板才好！（明·凌濛初《二刻拍案惊奇》）

（8）如今可就是差这位老爷前来放粮，他要一到，那个官吏还敢通私作弊，坑害良民？（清·佚名《施公案》）

（9）此贼与国舅侍妾通奸，被责诬主，不可听也。（明·罗贯中《三国演义》）

（10）这国国富民稠，通商贸易，故此进贡礼物颇多。（明·罗懋登《三宝太监西洋记》）

（11）两人起立，迎出阶前，县尊已进来了。彼此通问，圣公代文畀述明。（清·夏敬渠《野叟曝言》）

（12）说罢，放舍利之光，满空有白虹四十二道，南北通连。（明·吴承恩《西游记》）

（13）汝欲与贼通连为内变耶？（明·罗贯中《三国演义》）

（14）堂前切莫走三婆，后门常锁莫通和。（明·兰陵笑笑生《金瓶梅词话》）

（15）我们用得着的是银子，有的是货物，彼此通融，大家有利，有何不可？（明·凌濛初《初刻拍案惊奇》）

（16）仙英与众通情是真，终不敢妄言善甫拐带。（明·安遇时《包公案》）

（17）戴宗由他拷讯，只不肯招和梁山泊通情。（明·施耐庵《水浒传》）

（18）异人之母，曰夏姬，无宠，又早死，故异人质赵，久不通信。（明·冯梦龙《东周列国志》）

（19）张绣从之，使贾诩至操寨通款。（明·罗贯中《三国演义》）

例（5）的“通好”为“男女私通”之意；例（6）的“通好”是“交好”之意；例（7）的“通同”是“串通、勾结”的意思；例（8）的“通私”则为“私下串通勾结”之意；例（9）的“通奸”也是“男女私通”之意；例（10）的“通商”为“相互贸易”的意思；例（11）的“通问”为“相互问候”的意思；例（12）的“通连”意为“互相连接”；例（13）的“通连”为“勾结串通”的意思；例（14）的“通和”意为“往来”；例（15）的“通融”是“交换”的意思；例（16）的“通情”意为“勾搭”；例（17）的“通情”意为“勾结”；例（18）的“通信”是“相互传递消息”的意思；例（19）的“通款”意为“（与敌方）言和”。这些词语都表达了事件参与者之间相互依存“同为共事”的交互关系，因此是交互义双音词。

除了以上这些在明清时期使用频率较高的交互词外，还有一些词用例不多，但也是作谓语。如：

(20) 燕王䳍以其妹妻之，由此两国通婚，结为唇齿。（明·杨尔增《两晋秘史》）

(21) 先生昆弟五人，白首同居，有无通假，死丧患难，惠恤惟勤，于伦谊至笃也。（明·文征明《企斋先生传》）（转自《汉语大词典》）

(22) 杜少卿看那先生，细瘦，通眉，长爪，双眸炯炯，知他不是庸流，便也一见如故。（清·吴敬梓《儒林外史》）

(23) 李每日放衙二次，通接宾客，收发文书，但不鼓吹举炮耳，识者或以为未安。（明·沈德符《万历野获编》）

(24) 传六世至襄公，以勤王功封秦伯，又得岐丰之地，势益强大，定都于雍，始与诸侯通聘。（明·冯梦龙《东周列国志》）

(25) 沙复与恶少通体，憎其子碍眼，以药鸩之。（明·沈德符《万历野获编》）

(26) 宪庙时，万贵妃专房异宠，首援万文康至通谱称从子。（明·沈德符《万历野获编》）

(27) 南匈奴单于，通结诸部乌桓、鲜卑等，叛已入中界。（明·谢诏《东汉秘史》）

(28) 通敌则各自用命，督之以战；闲暇督之以耕，互相耕守，以老其师，使吾不战而武周自困矣。（明·罗贯中《隋唐野史》）

例（20）的“通婚”意为“互通婚姻”；例（21）的“通假”为“互相借用”之意；例（22）的“通眉”意为“眉毛互相连接”；例（23）的“通接”是“交往”的意思；例（24）的“通聘”意为“互相遣使交好”；例（25）的“通体”意为“媾合”；例（26）的“通谱”是“本非同族的同姓者互认为同族”的意思；例（27）的“通结”意为“串通勾结”；例（28）的“通敌”意为“对敌”。

以上诸例，除了例（22）的“通眉”是名词外，其他的均为动词。这些词无一例外都表现出了参与者之间相互依存的交互关系，因而都表达了交互义，都是交互词。

7.3.2.1.1.2　作定语

除了主要作句子谓语外，“通～”类交互词还常见于作句子的定语。如：

(29) 吾与郑主有通好之义，今在危困，安忍坐视不救。（明·罗贯中《隋唐野史》）

(30) 通常和他通问的几个朋友，一个是江宁候补知县，名字叫做沙得尤，是位公子哥儿，大家替他起了个混号，叫做傻瓜。（清·李伯元《文明小史》）

(31) 瑾见孙权，言先主不肯通和之意。（明·罗贯中《三国演义》）

(32) 国王备问通聘事实，神元一一奏称。（明·方汝浩《东度记》）

(33) 秋谷也为着广东地方是个最先通商的口岸，又是南洋群岛的门户，本来心上狠想去游历一趟。（清·张春帆《九尾龟》）

(34) 二公在林下与予修通门谊，其韵致固晋宋间人也。（明·沈德符《万历野获编》）

(35) 叔嫂通言礼禁严，手援须识是从权。（明·施耐庵《水浒传》）

(36) 刚刚到得寓所，忽接到本部密电，连忙照通信暗码译出来。（清·曾朴《孽海花》）

(37) 小婿蒙令爱庆娘不弃，一时间结了私盟，负不义之名，犯通私之嫌。（明·凌濛初《二刻拍案惊奇》）

(38) 虽则不可以私废公，然而我与太师有师生之谊，你我乃年家弟兄，有通家之好。（清·石玉昆《三侠五义》）

(39) 我们宝船在大国经过，不敢惊烦，故此先上尺书，聊表通问之意。（明·罗懋登《三宝太监西洋记》）

例（29）的“通好”作宾语“义”的定语，意为“友好往来”；例（30）的“通问”是“互通音信”的意思，为修饰“几个朋友”的定语；例（31）的“通和”是“互相往来和好”的意思，与其前状语“不肯”一起作“意”的定语，例（32）的定语“通聘”意为“交好、往来”；例（33）的“通商”是“互相贸易”的意思；例（34）的“通门”意为“同门”，在句中作定语修饰中心语“谊”，然后共同作动词“修”的宾语；例（35）的“通言”作定语修饰“礼”，“通言礼”意为“互相交谈言语的礼节”；例（36）的“通信”作定语修饰“暗码”，是“互通音信”的意思；例（37）“通私”作“嫌”的定语，然后共同充当谓语“犯”的宾语；例（38）的“通家”意为“世交”，在句中为“好”的定语。与例（30）不同，例（39）的“通问”为“互相问候”的意思。

7.3.2.1.1.3　作宾语

明清时期，“通～”类交互词还可充当宾语。如：

(40) 总算靠着列祖列宗的洪福，威酋答应了赔款通商，立时退兵。（清·曾朴《孽海花》）

(41) 又其邑胡元瑞（应麟）以丙子举孝廉，乃翁与先大父己未同籍，因得与称通门，其名噪一时。（明·沈德符《万历野获编》）

(42) 龙山为主人别号，自是遂溺于男宠，不问妍媸老幼，必求通体。（明·沈德符《万历野获编》）

(43) 妾乃文孝坊薛氏女，嫁与平氏子康，不幸早卒，妾独孀居于此。与郎君贤东，乃乡邻姻娅，郎君即是通家了。（明·凌濛初《二刻拍案惊奇》）

例（41）的“通门”为谓词“称”的宾语；例（42）的“通体”为谓词“求”的宾语，“媾合”之意；例（43）的“通家”意为“姻亲”，为谓词“是”的宾语。

7.3.2.1.1.4　作状语

明清时期，“通～”类交互词偶尔还可以作状语，不过用例少见。如：

(44) 江州府犯人一名宋江，故吟反诗，妄造妖言，结连梁山泊强寇，通同造反，律斩。（明·施耐庵《水浒传》）

(45) 王弇州为藩臬，时江陵当国，其同年也，通书不书衔，不称晚，竟究易之。（明·沈德符《万历野获编》）

例（44）的“通同”意为“串通、勾结”，在所在小句中作“造反”的状语；例（45）的“通书”为动词，“互通书信”之意，在句中作谓词“书”的状语。

7.3.2.1.2　“～通”类交互词

与“通～”类交互词相比，明清时期的“～通”类交互词在数量、使用频率和功能的丰富上稍少一些，常见的有交通、私通、互通、串通、奸通、勾通、贯通、关通等。它们大部分是动词，在句中主要充当谓语，少数还可以充当定语和主宾语等句法成分。

7.3.2.1.2.1　作谓语

“～通”类交互词在作谓语时都是及物动词，后面常接宾语。有些词还在多个义项上都具有表达交互关系的功能。如：

(46) 樊稠何故交通韩遂，欲谋造反？（明·罗贯中《三国演义》）

(47) 自幼孤弱，躬耕读书，年四十不与人交通。（明·杨尔增《两晋秘史》）

(48) 卓入后堂，唤貂蝉问曰：“汝何与吕布私通耶？”（明·罗贯中《三国演义》）

(49) 这个老贼是私通外国之人，推他下去，砍了他的头！（明·罗懋登《三宝太监西洋记》）

(50) 不知哪里来了个流痞，串通了山上一个甚么庙里的和尚，冒充做地主。（清·吴趼人《二十年目睹之怪现状》）

(51) 蔡广、张耀宗翁婿二人过去见了礼，给高恒引见张耀宗，互通名姓，张耀宗给高恒行礼。（清·贪梦道人《彭公案》）

(52) 只因江南同安徽搭界的地方有个洪泽湖，这湖同淮水贯通。（清·坑余生《续济公传》）

(53) 马员外点点头道："不消说了，是他母子两个商通合计的了。"（明·凌濛初《初刻拍案惊奇》）

(54) 别人尚不足介意，诚恐萧麻子利心过重，或勾通匪类，意外生枝。（清·李百川《绿野仙踪》）

例（46）的"交通"意为"勾结、结交"，例（47）的"交通"却是"交往、往来"的意思，二者感情色彩明显不同，但同样表示了参与者之间的交互关系[①]，因而都是交互性意义。例（48）的"私通"意义也与例（49）的不同：前者意为"暗中发展不正当的男女关系"，后者为"暗中勾结"的意思。它们都蕴含了参与者之间互相依存的"同为共事"交互关系，因此二者也都是交互性意义。例（50）的"串通"是"勾结"的意思，例（51）"互通"是"互相通报"之意，它们也都是交互性意义。例（52）的"贯通"意为"互相连接"；例（53）的"商通"为"商量沟通"之意；例（54）的"勾通"意为"勾结"。

7.3.2.1.2.2　作其他句法成分

除了作谓语之外，"～通"类交互词偶尔还可以充当宾语或者定语。如：

(55) 按院之身辞闺阁，阉黎之律禁奸通，塾师之客羁馆舍，皆系托物比兴，见景生情，理势所不免。（明·沈德符《万历野获编》）

(56) 中设兵禁，将军选贡貂后，始听交通，凡二十余日。（清·方式济《龙沙纪略》）

(57) 汝前日不力战，必有私心；昨日马失，他不杀汝，必有关通。（明·罗贯中《三国演义》）

---

① 以例（46）为例，"樊稠交通（勾结）韩遂"必然蕴含着"韩遂交通（勾结）樊稠"的意思，不存在"樊稠交通（勾结）韩遂"，而"韩遂却不交通（勾结）樊稠"的情况，反之亦然。因此，在"交通（勾结）"这一行为上，"樊稠"和"韩遂"是相互的，他们处于交互关系之中。故而，"交通"的"勾结"义是交互义。其他"～通"交互词的情况类似。

(58) 怪得前日鄢陵之战，郤犨与婴齐对阵，不发一矢，其交通之情可见矣。(明·冯梦龙《东周列国志》)

例 (58) 的“交通”为定语，其他例句中的“奸通”“交通”和“关通”(勾结、串通之意)皆为宾语。

7.3.2.2 “通”字交互短语

明清时期，“通”类交互表达用法灵活多样，除了以复音词的形式出现外，“通”字还与其他的词构成表交互义的短语，充当不同的句法成分。如：

(59) 吴主览毕，大怒曰：“朕闻抗在边境与敌人相通，今果然矣!”(明·罗贯中《三国演义》)

(60) 金生巴不得要他留住，寻出机会与妻子相通，今见他如此认帐，正中心怀，欣然就书房里宿了。(明·凌濛初《二刻拍案惊奇》)

(61) 当时，卫灵公之夫人名南子，宋国之女，常与宋公子朝相通，闻孔子至，即遣使召孔子，孔子欲往见之。(明·余邵鱼《周朝秘史》)

(62) 马须膘肥，习惯人与马意相通，使马如臂使指。(明·戚继光《练兵实纪》)

(63) 且说郑祥引军前去，与敬德军相通。(明·罗贯中《隋唐野史》)

以上句中状中交互短语“相通”均充当句子的谓语，但是意义却各不相同。“相通”在例 (59) 中意为“勾结”；在例 (60) 中意为“交往、聚首”；在例 (61) 中意为“通奸”；在例 (62) 中意为“连通”；在例 (63) 中意为“对阵”。

除了用例众多，语义复杂的“相通”之外，“通”字交互短语还有很多，但它们的用例数要少得多，语义也相对简单。如：

(64) 赵鞅叱曰：“大夫此行，必有外通之事!”(明·余邵鱼《周朝秘史》)

(65) 于图书中捡出书信一束，皆许都及军中诸人与绍暗通之书。(明·罗贯中《三国演义》)

(66) 涓辞而回，即召徐甲往东门，截捉孙膑之仆，诈写通齐之书，换其省问之书，入奏魏王。(明·余邵鱼《周朝秘史》)

(67) 今日两番虚拽弓弦，第三箭却止射他盔缨，如何不是外通内连?(明·罗贯中《三国演义》)

（68）我朝书生辈，不知军国大计，动云禁绝通番，以杜寇患。（明·沈德符《万历野获编》）

（69）若壬子年，咸宁侯仇鸾，以通虏戮尸，传首九边，父母妻子俱斩，妾女及孙，发功臣为奴。（明·沈德符《万历野获编》）

（70）吴门陆水部太宰，以通逆濠下狱，至俘献于朝，籍没其家。（明·沈德符《万历野获编》）

（71）而唐户部疏中，至云皇上尊宠王氏如此，盖暗指永年赂通中官，见之章奏，以故上怒而谪之。（明·沈德符《万历野获编》）

（72）可先遣使去羌人处通盟，然后出西平，近雍州。（明·罗贯中《三国演义》）

例（64）的状中短语"外通"意为"对外勾结"，充当定语。例（65）的"暗通"也是状中短语作定语，意为"暗中勾结"。例（66）的支配短语"通齐"也是定语，意为"勾结齐国"。例（67）的状中短语"外通"作连谓句的谓语，意为"勾结外国"。例（68）的支配短语"通番"作宾语，意为"与外国交流"。例（69）的支配短语"通虏"作介词"以"的宾语，意为"勾结敌人"。例（70）的"通"与偏正短语"逆濠"组成支配短语，意为"勾结叛逆的宁王朱宸濠"，充当介词"以"的宾语。例（71）的状中短语"赂通"意为"贿赂勾结"，为所在小句的谓语。例（72）的支配短语"通盟"意为"结盟"，与其前的动词"去"构成连动结构，共同充当谓语。

7.3.2.3 单音交互词"通"

除了与其他词语搭配组成"通"字交互短语，充当句法成分外，单音交互动词"通"还单独充当句法成分，表达交互关系。如：

（73）草节铅单入烘炉煎炼，炉傍通管注入长条土槽内，俗名扁担铅，亦曰出山铅。（明·宋应星《天工开物》）

（74）瑾劝权勿通袁绍，且顺曹操，然后乘便图之。（明·罗贯中《三国演义》）

（75）但肯俯通一夕之欢，必当永矢百年之好。（明·凌濛初《二刻拍案惊奇》）

（76）晋之使者贲诏入齐，当时齐庄公通于下大夫崔杼之妻，每欲杀杼而夺其室，争夺无计。（明·余邵鱼《周朝秘史》）

（77）又如婴儿哑子，饮食为之通，疾病为之恤，患难为之共，甘苦为之同，盖有情焉。（明·戚继光《练兵实纪》）

(78) 男不许读书，女不许缠足，自相配偶，不与良民通婚姻。（明・沈德符《万历野获编》）

(79) 小弟的哥哥多时不通信息，因此要去望他。（明・施耐庵《水浒传》）

(80) 愿陛下言听计从，百事详察而行，毋令君臣隔绝，上下不通。（明・许仲琳《封神演义》）

“通”在例（73）中意为“连通”，在例（74）中意为“交好”，例（75）中意为“交媾”，例（76）中意为“通奸、私通”，例（77）中意为“共享”，例（78）中意为“结成姻亲”，例（79）中意为“交换、流通”，例（80）中意为“交流”。

7.4 “联”类交互词语

7.4.1 “联”交互义的产生

“联”的甲骨文字形作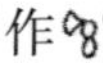①，金文字形作“”、“”或者“”；秦简牍字形作“”或“”；《古玺文编》收录的字形作“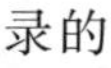”；《说文解字》收录的小篆字形作“”。关于“联”的本义，《说文解字》认为：“从耳，耳连于颊也；从丝，丝连不绝也。”这一观点已经被林义光、马叙伦、杨树达、李孝定等绝大多数的现代古文字学家所否定。裘锡圭②认为“联”字是“从耳，从，亦声”的字，“”是表连接义的“联”的本字。朱德熙（1995）进一步认为：“‘’像两束丝相连，乃‘联’之初文。”我们赞成两位先生的观点，即“联”的本义

① 关于“联”的甲骨文字形，争论颇多。有这么一条卜辞：甲子卜不雨？（《殷契粹编》720）现代主流的古文字检索系统均未将“”录为“联”的甲骨文字形。丁山（《甲骨文所见氏族及其制度》，中华书局，1988年）认为这个“”字为“缉”，“以绳系耳形”。郭沫若（1965）也以“”字当为“缉”，“延绵”的意思。于省吾（1979）认为该字为“茸”字，“细密”的意思。叶保民（《商周文字考（四篇）》，《复旦大学学报（社会科学版）》1981年第S1期，123—127页）认为这个“”就是“联”字的甲骨文，“不雨”就是“不联雨”，“”有连绵之义。后来于省吾（1996）改变了观点，也认为“”是“联”。我们赞成叶保民和于省吾的观点，即“”为“联”的甲骨文字形。

② 《战国玺印文字考释三篇》，《古文字研究（第十辑）》，中华书局，1983年，78—100页。

就是“连接”。后来，“联”又引申出“连绵”的意思。如：

（1）甲子卜不雨？（《殷契粹编》720）

例句中的“不雨”就是“是否连续下雨”的意思。在传世文献中，“联”首现于春秋战国时期。如：

（2）俚两罂，深平城，置板其上，联板以井听。（《墨子·备穴》）

（3）五家为比，十家为联；五人为伍，十人为联；四闾为族，八闾为联。（《周礼[1]·地官·族师》）

（4）三曰官联，以会官治。（《周礼·天官·大宰》）

例（2）的“联板”，孙诒让认为即“连板”，怀疑文中的“井”与“听”为误倒，“井”属下一句。按照这种理解，“联”在这里就是“连缀，连接”的意思，用的是本义。例（3）中的“联”是“古代户口编制及地方行政区域的名称”之义。例（4）“官联，就是指有关官员联合办事的法则”（杨天宇，2004），这里的“联”是“联合”的意思，《汉语大词典》解作“联合、联系”非常准确。

从上述几个例子，例（4）中“联”的联合义表达了参与者间互相依存的“同为共事”的关系，带有较明显的交互性，这可能是“联”字交互用法的最早源头。其实，表示“连接”义的“联”，如果它的主语为复数，就能用来表示参与者间的交互关系。[2] 不过先秦时期，尚看不到这种功能扩展的用例。“联”字“连接”义的交互用法，直到东汉才出现，见例（8）。

西汉时期，“联”的用例更多了，意义也更加丰富，其中就有明确的交互义用法。如：

（5）联蕙芷以为佩兮，过鲍肆而失香。（西汉·东方朔《七谏·沉江》）

---

① 《周礼》的成书年代，是学界公案，争论尤多。爬梳语料的时候，我们发现两周文献中，较早地文献如《尚书》《诗经》《周易》《老子》《论语》《礼记》，甚至除《墨子》外诸子散文中均未发现“联”的用例。而《墨子·备城门》以下十一篇，包括《备穴》篇，通常被认为是秦墨，即战国末期秦国墨家弟子的作品。即使如此，《墨子》中也只有1例“联”的用例，而且用的是本义。反观《周礼》中不仅“联”的用例甚多，而且用的大都是引申义，如例（4）；有的甚至词性都发生了转变，如例（3）中，“联”被假借来构成专有的术语名词。因此，从语言发展演变的角度来看，《周礼》中的相关材料可能不会早于《墨子》成书时期。当然，我们这里也仅仅还是一条旁证，具体的结论还有待进一步地综合研究和考证。

② 相关讨论可以参见本文第2章关于“接通水管”的分析。

（6）外迫胁于机臂兮，上牵联于缯缴。（西汉·严忌《哀时命》）

（7）物之可以喻意象形者，乃以穿通窘滞，决渎壅塞，引人之意，系之无极，乃以明物类之感，同气之应，阴阳之合，形埒之联，所以令人远观博见者也。（西汉·刘向《淮南子·要略》）

例（5）的“联”，《汉语大词典》解作“钩联，编联”；例（6）的“牵联”意为“连带”，整句的意思为“上面连带着受到（带着丝绳）短箭（的威胁）”。例（7）的“联”意为“关联”，“形埒之联”就是让各种迹象之间的关联（明确）的意思。这些句子中，例（7）“联”的“关联”义比较明确的表现出了交互关系，是“联”的交互表达。

东汉时期，“联”的本义也引申出表示交互关系的用法。如：

（8）襡，属也，衣裳上下相联属也。（东汉·刘熙《释名》）

例（8）中的“联”是“连接”之义，表示参与者间互相连缀的空间交互关系，因此是显豁的交互表达。

综上，“联”在甲骨文中便已出现，其本义为“连接”。虽然出现早，但是“联”在先秦传世文献中并不多见。西汉时期，“联”出现了明确表达交互关系的意义。[①] 到了东汉，“连接”义也出现了表交互关系的用法。

7.4.2 明清“联”类交互词语

明清时期，“联”类交互表达不太丰富，主要有复音交互词、“联”字四字格、“联”字短语和单音交互词等。

7.4.2.1 “联”字复音交互词

明清时期“联”字交互词数量不多，其中绝大部分是“联～”类，如联袖、联襟、联袂、联界、联亲、联镳、联吟、联诗、联珠、联婚、联接、联帜、联骑、联床、联榻和联宗等十数个；少量为“～联”类交互词，如翩联、结联、缝联等。

7.4.2.1.1 作谓语

明清，“联”字交互词主要充当谓语，少数充当状语、宾语等。如：

（9）至于婚姻大事，儿女亲情，有贪得富的，便是王公贵戚，自

① 鉴于《周礼》成书年代的争议太大，而且交互义用例太少。我们因此认为，把西汉时代的例（7）为“联”较早的交互义用例比较稳妥。

甘与团头作对；有嫌着贫的，便是世家巨族，不得与甲长联亲。（明·凌濛初《初刻拍案惊奇》）

（10）花栏竹架，常凭韵客联吟；绣户珠帘，时露娇娥半面。（明·凌濛初《初刻拍案惊奇》）

（11）精坚雄壮，二千里声势联接。（清·张廷玉等《明史》）

（12）备闻蜀道崎岖，千山万水，车不能方轨，马不能联辔；虽欲取之，用何良策？（明·罗贯中《三国演义》）

（13）尝以世子入侍，得联婚帝室，遂为甥舅，实感至恩。（明·宋濂等《元史》）

（14）仲英道："夜深路远，不如在此联榻罢。"（晚清·俞达《青楼梦》）

（15）认祖孙玉圃联宗　爱交游雪斋留客（清·吴敬梓《儒林外史》）

（16）今朕躬揽权纲，首严训迪，凡联事而合治，各涤虑以洗心。（清·毕沅《续资治通鉴》）

（17）或联袖，或凭肩，多是些凑将来的姊妹；或用嘲，或共语，总不过造作出的风情。（明·凌濛初《二刻拍案惊奇》）

例（9）的"联亲"结构上为支配关系，即"连亲""连姻"的意思；例（10）的"联吟"结构上为状中关系，"连属作诗"的意思；例（11）的"联接"就是"连接"，状中关系的动词；例（12）的"联辔"为"马骑并列而行"之意；例（13）的"联婚"就是"缔结婚姻关系"的意思；例（14）的"联榻"意为"同床共榻"；例（15）的"联宗"为"相互连接成一个宗族"的意思；例（16）的"联事"意为"联合处理事务"的意思；例（17）的"联袖"意为"手挽手"。以上"联～"类词都蕴含了所表示事件参与者间的交互关系，因而都是交互词。

除了上述"联～"类交互词，明清时期"～联"类交互词较少，主要功能也是充当句子的谓语。如：

（18）敌国不妨成好合，仇雠应自得翩联。（明·许仲琳《封神演义》）

（19）朱头领探听得有一起客商，约有十数人结联一处，今夜晚间必从旱路经过，特来报知。（明·施耐庵《水浒传》）

（20）童山人送了许多线，虽是叫你缝联，你也还该慢慢做些针凿才是。（清·西周生《醒世姻缘传》）

例（18）的“翩联”意为“伴随而飞”；例（19）的“结联”是“联合集结”的意思；例（20）的“缝联”是“缝合”之意。

7.4.2.1.2 作状语

此期，除了作谓语外，“联”字复音交互词还常充当状语。如：

（21）都中士女，倾国出城西郊所谓白云观者，联袂嬉游，席地布饮，都人名为耍烟九。（明·沈德符《万历野获编》）

（22）在前走着引路，三人联镳按辔而行。（明·凌濛初《二刻拍案惊奇》）

（23）良玉归营即先走，诸营俱走，启睿、文岳联骑奔汝宁。（清·张廷玉等《明史》）

（24）子中又吩咐打扫闻舍人的卧房，就移出自己的榻来，相对铺着，说晚间可以联床清话。（明·凌濛初《二刻拍案惊奇》）

（25）将近东华门，看见轿子四五乘叠联而来，南陔心里忖量道：“轿中必有官员贵人在内，此时不声张求教，更待何时？”（明·凌濛初《二刻拍案惊奇》）

例（24）的“联床”意为“并床、对床”；例（25）的“叠联”是“互相连接”。当与其他词语连用作状语时，“联”字交互词通常是最接近谓语中心的状语，这是交互义的描摹性①特点决定的。

7.4.2.1.3 作其他成分

除了主要作谓语和状语之外，“联～”交互词还偶尔充当宾语和表语等其他句法成分。如：

（26）李尚书既做了天佑舅舅，又做了天赐中表联襟，亲上加亲，十分美满。（明·凌濛初《初刻拍案惊奇》）

（27）元来衢州与徽州虽是分个浙、直，却两府是联界的。（明·凌濛初《初刻拍案惊奇》）

例（27）的“联襟”为谓语“做了”的宾语；例（28）的“联界”为“是”的表语，意为“交界”。

---

① 据张谊生（1996）研究，描摹性状语时最接近谓语中心的状语。

7.4.2.2　“联”类交互短语

7.4.2.2.1　四字格交互短语

明清时期，“联”字还在四字格中表达交互关系。如：

（28）琼琚玉珮下朝端，联珠积翠纷成团。（明·瞿佑《归田诗话》）

（29）这些旧时朋友见刘氏子来了，都来访他，仍旧联肩叠背，日里合围打猎，猎得些樟鹿雉兔，晚间就烹炮起来，成群饮酒，没有三四鼓不肯休歇。（明·凌濛初《初刻拍案惊奇》）

（30）高亚白仍与钱子刚并肩联袂，同出了东兴里。（清·韩邦庆《海上花列传》）

（31）舆情咸豫，协气用宣，万古帝图传，璧合珠联。（清·张廷玉等《明史》）

（32）自东海至于襄、邓，重兵数道，联帜接武，以为正兵。（明·宋濂等《元史》）

例（28）的“联珠积翠”意为“珠玉一般的美好事物连接堆积”；例（29）的“联肩叠背”是“肩挨肩，背靠背”之意，用来形容人多；例（30）的“并肩联袂”意为“肩并肩，手拉手”的意思，形容关系亲密；例（31）的“璧合珠联”即“珠联璧合”，是“完美契合”之意；例（32）的“联帜接武”是“旗帜相连，腿脚相接”的意思，形容人多。

7.4.2.2.2　非四字格交互短语

明清时期的“联”字还与其他词语构成表达交互关系的非四字格短语，充当句法成分。如：

（33）今观吾丈虔心，又且骨格有些道气，难得在此联寓，也是前缘，不妨为吾丈做一做。（明·凌濛初《初刻拍案惊奇》）

（34）芙蓉画出原双蒂，萍藻浮来亦共联。（明·凌濛初《初刻拍案惊奇》）

（35）臣等窃以杂谷内联威州、保县，外邻董卜韩胡。（清·张廷玉等《明史》）

（36）大家道是在此联舟相遇，实为有缘，彼此欣幸。（明·凌濛初《二刻拍案惊奇》）

(37) 拿在手中，仔细看了又看，比前番假的果是不同，只见祥光幌幌，瑞气纷纷，上有三十六缕红丝，穿经度络，表里相联。(明·吴承恩《西游记》)

(38) 醒尘梦轩庭合笑　联鸳被鱼水同谐（清·安阳酒民《情梦柝》）

(39) 吕颐浩、张浚联马追及帝于瓜洲镇，得小舟，即乘以济。(清·毕沅《续资治通鉴》)

(40) 元帅乌库哩德升力拒之，城西北隅坏，德升联车塞其处，三却三登，矢石如雨，守陴者不能立。(清·毕沅《续资治通鉴》)

(41) 所设总旗二，小旗十，大小联比以成军。（清·张廷玉等《明史》）

例（33)、例（34）和例（35）的状中短语“联寓”“共联”和“内联”为所在句子的谓语。例（36）的支配短语“联舟”作状语修饰谓词“相遇”。例（37）的状中短语“相联”为谓语。例（38）的支配短语“联鸳”作“被”的定语。例（39）和例（40）的支配短语“联马”“联车”分别作谓语中心“追”和“塞”的状语。例（41）的连动短语“联比”作方式状语修饰谓语“成军”。

7.4.2.3　单音交互词“联”

“联”在表交互关系的时候，还可以单独充当句法成分。如：

(42) 岂为有情联好句，应知无道起商参。（明·许仲琳《封神演义》）

(43) 小子如今再说一个不曾做亲过的，只为不忘前盟，阴中完了自己姻缘，又替妹子联成婚事。(明·凌濛初《初刻拍案惊奇》)

(44) 但区区之心，只欲结朱陈之好，联琴瑟之欢，非徒冀音问往来，遂以毕乃局也。(清·李修行《梦中缘》)

(45) 玻璃盏间琥珀钟，玛瑙杯联珊瑚斝。（明·施耐庵《水浒传》）

(46) 诸镇赴丰润、开平，联关兵以图滦。（清·张廷玉等《明史》）

(47) 每三舟联为一舫，中一舟装载，左右舟则虚其底而掩覆之。(清·毕沅《续资治通鉴》)

“联”在例（42)、例（47）中为“连缀”的意思；在例（43)、例（44）中意为“缔结”；在例（45）中为“夹杂”之意；在例（46）中为“联合”之意。

第8章
明清行为交互词语

人是社会性动物，每人的行为举止或多或少地会与人发生关联，因此人类行为中也隐含着大量的各类交互关系。本章打算通过“交”“错”“换”“对”四类交互词语，来考察明清时期行为交互关系的表达情况。

8.1 “交”类交互词语

8.1.1 “交”交互义的产生

“交”是个古老的词，其甲骨文作“”（甲八〇六），金文作“”（交君簠），《说文解字》小篆作“”，许慎《说文解字》释其本义为“交胫也”。许慎的解释在汉字构形上讲无疑是准确的，该论断也被广泛接受。如果许慎的解释是正确的，那么“交”的本义“交胫”（即“小腿相交”）就是表示交互关系的交互义，该交互义正是隐含于人的行为举止中。

到目前为止，人们尚未找到该本义用例，甲金文中有的只是“交”假借为人名的假借义。如：

(1) 戍及交于又衣。（甲八〇七）（转自徐中舒，1989）

早期传世文献《尚书》和《诗经》中的“交”有多种意义，但也没有上述本义用例。如：

（2）申命羲叔，宅南交。（《尚书·尧典》）
（3）庶土交正，厎慎财赋。（《尚书·禹贡》）
（4）交韔二弓。（《诗经·秦风·小戎》）
（5）我入自外，室人交遍谪我。（《诗经·邶风·北门》）
（6）十月之交，朔月辛卯。（《诗经·小雅·十月之交》）
（7）彼交匪敖，万福来求。（《诗经·小雅·桑扈》）
（8）献酬交错，礼仪卒度，笑语卒获。（《诗经·小雅·楚茨》）

例（2）的“交”，周秉均（1984）认为指的是“交趾”[①]。例（3）的“交”，伪《孔传》解为“俱也”，“庶土交正”屈万里（1977）解为“各地土地的优劣都已评定了”。《诗经》中“交”的用例较《尚书》更多，意义也更加丰富，如在例（4）中为“交叉、交错”之意；在例（5）中为“交替、轮流”之意；在例（6）中为“（时间的）前后交接”之意；在例（7）中通“绞”，“侮慢”之意。例（8）的“交错”意为“相互交叉”（向熹，2014）。这诸多不同的意义表明，“交”在《诗》《书》时期就已经高频率使用了，只有高频使用，词语的语义才能得到拓展。

“交”的本义“交胫”（“腿相交”）中蕴含了腿与腿互相交错的交互关系，并且这种交互关系是通过人的动作行为而产生的。因此从造字本义上看，“交”是一个行为交互词。但是由于种种原因，人们没有找到“交”的本义用例。我们只能从有文献可据的引申义或假借义用例中去探寻它所表达的交互关系。考察例（2）到例（8）诸句，人们不难发现例（4）、例（5）、例（6）和例（8）中“交”的意义正体现了事件参与者之间的交互关系，正是交互义。这些交互义用例都出自《诗经》，故而有文献可考的“交”的交互义始于《诗经》。从交互事件参与者的角度来看，《诗经》表达交互关系的例子中，既有其参与者为有生事物的行为举止类的交互句，如例（5）和例（8）；又有其参与者为无生事物的其他类别的交互句，如例（4）和例（6）。

8.1.2 明清“交”类交互词语

“交”字早在甲骨文时期便已经产生，在《诗经》时代便已非常活跃，扩展出许多新的语义功能。到了明清时期，“交”类词语无论在形式上还是在语义上

---

① 屈万里（1977）认为，这里的“交”是山名，不一定就是指“交趾“。我们采用周秉均的观点。“交趾”来自《礼记·王制》：“南方曰蛮，雕题交趾，有不火食者矣。”句中的“交趾”是“腿相交”的意思，正是“交”甲骨文的构形特征义。但是《礼记》成书晚于《尚书》，这只能证明例（2）的“交”是一个地名，不能证明例句中的“交”有“腿相交”的交互义。

都得到了空前的发展。此期，“交”类交互词语主要有“交”字复音交互词（根据“交”的位置不同，又可细分为“交～”和“～交”两类）、交互短语以及“交”单音交互词等几种形式。

8.1.2.1　“交”字复音交互词

8.1.2.1.1　“交～”类交互词

明清时期“交”字复音交互词都是双音节的，结构形式上以“交～”类交互词最多，如交通、交错、交口、交驰、交割、交互、交界、交锋、交战、交兵、交手、交争、交阵、交替、交换、交谊、交情、交章、交攻、交好、交厚、交契、交集、交媾、交欢、交合、交接、交相、交互、交往、交杂、交纳、交结、交游、交头、交颈、交友、交股、交杯、交作、交构、交易、交邻等。

此期“交～”类双音交互词不仅数量多，而且词义丰富，有的词在多个义项上均表达交互关系，如交通、交手等（详见下文）。由于高频使用，这些词的句法功能也很丰富，它们很大部分既可以充当谓语、主语、宾语，也可以充当状语和定语。

8.1.2.1.1.1　作谓语

明清时期的“交～”类双音交互词主要以动词为主，因此充当谓语是它们的基本功能。如：

(9) 乃密使人诬告彪交通袁术，遂收彪下狱。（明·罗贯中《三国演义》）

(10) 竹树交加，亭台轩敞。（清·吴敬梓《儒林外史》）

(11) 座上觥筹交错。（明·罗贯中《三国演义》）

(12) 我这里一手交钱，一手交货。你快把来两相交割。（明·施耐庵《水浒传》）

(13) 公孙瓒就桥边与文丑交锋。（明·罗贯中《三国演义》）

(14) 程普挺铁脊矛出马，与蔡瑁交战。（明·罗贯中《三国演义》）

(15) 两个交手，被张郃杀死。（明·罗贯中《三国演义》）

(16) 宾客交欢，不觉日已沉西。（明·许仲琳《封神演义》）

(17) 妾身虽在烟花之中，那些浮浪子弟，未尝倾心交往。（明·凌濛初《二刻拍案惊奇》）

(18) 此路到江南，要经过饶州、休宁、广信、开化等处，一路江西、安徽交界，犬牙相错。（清·唐芸洲《七剑十三侠》）

(19) 既是恁地，俺明日取小将军来到阵前，两相交换。(明·施耐庵《水浒传》)

(20) 所以很疑心他们趁我们新旧交替，两面影射。(清·李伯元《官场现形记》)

(21) 自此后，三五日一次赏玩，也不交友，也不他游。(明·吴承恩《西游记》)

(22) 我年轻的时候，就串百家门，无论男女，都得交际，人不是草木，还有没情的么？(清·张杰鑫《三侠剑》)

(23) 你做个首长，怎么纵容妇女上船交易、淫污人？(明·罗懋登《三宝太监西洋记》)

(24) 近邻苏子容人材出众，家殷富而好嫖赌，常过空氏之门，与此妇眉目交情而未得其隙，两相羡慕，其时已久。(清·魏文中《绣云阁》)

例（9）的“交通”意为“串通、勾结”[①]。例（10）的“交加”为“交错杂合”的意思。例（11）的“交错”意为“（互相）交替错杂”。例（12）的“交割”意为“（商业贸易中）相互结清手续”[②]。例（13）、例（14）和例（15）的“交锋”“交战”“交手”意义相同，都是“双方搏斗”之意[③]。例（16）的“交欢”

① 明清时期的“交通”是一个多义词。作谓语时，它在多个义项上均表达了交互关系。如在“自幼孤弱，躬耕读书，年四十不与人交通”（明·杨尔增《两晋秘史》）中，“交通”为“往来、交流”的意思；在“二女神常游戏于江之渊府，她的灵响能鼓三江，令风波之气共相交通”（明·钟惺《夏商野史》）中，“交通”意为“交错相通”。这些意义都表达了参与者间的交互关系。

② 明清时期的“交割”也是一个多义的交互词，它还可以表示交互关系的“互相移交、交换”义。如：你两家子都要推出人来。我这里三通鼓响，彼此都要交割清。(明·罗懋登《三宝太监西洋记》)

③ 此期，“交战”还有一个意义可以表达交互关系，如“和尚羞惭无地，不敢则声，寂寂向了里床，让他两个再整旗枪，恣意交战”（明·凌濛初《初刻拍案惊奇》）句中的“交战”指的是“交媾行为”。“交手”也有几个不同的义项可以表示交互关系。如“妇产一男，交手于项而死之”（清·蒲松龄《聊斋志异》）句中的“交手”是“双手交叉”的意思。除此之外，“交手”可以表示“猜拳”的意思，如“方小松等一个个一齐轮过，只有秋谷只顾和金媛媛说话，也不去管搳拳的输赢，直至宋子英要找他交手，方才打断了话头，两个便交起拳来”（清·张春帆《九尾龟》）。猜拳必须是在多人之间两两进行，因此也是一种隐含交互关系的行为。

意为“彼此结交欢悦”[1]。例（17）的“交往”为“交相往来”的意思。例（18）的“交界”、例（19）的“交换”、例（20）的“交替”、例（21）的“交友”、例（22）的“交际”和例（23）的“交易”都是现代汉语中常见的交互关系表达词，我们不做赘述。例（24）的“交情”在句中为“相互传情”[2] 的意思。

上述“交～”类双音交互词，直到现代汉语中仍在使用[3]。另外，此期还有一些双音交互词在现代汉语中难得一见，有的甚至已被淘汰。如：

（25）每日上楼几番，但遇着便眉来眼去，彼此有意，只不曾交口。（明·凌濛初《二刻拍案惊奇》）

（26）你这厮在乡中只是害人，交结权势，浸润官长，欺压良善。（明·施耐庵《水浒传》）

（27）凡缙绅士大夫有气节的，无不与之交好。（明·凌濛初《二刻拍案惊奇》）

（28）但他性情不同，既不求官爵、又不交纳朋友，终日闭户读书。（清·吴敬梓《儒林外史》）

（29）那人负气仗义，交游豪俊，却也在江湖上做大贾。（明·凌濛初《初刻拍案惊奇》）

（30）吾与陶恭祖交厚，子仲又亲到此，如何不去？（明·罗贯中《三国演义》）

（31）郝昭与某，同是陇西人氏，自幼交契。（明·罗贯中《三国演义》）

（32）蜀、吴交兵，乃天亡之也。（明·罗贯中《三国演义》）

（33）徐荣便奔夏侯惇，惇挺枪来迎。交马数合，惇刺徐荣于马下，杀散余兵。（明·罗贯中《三国演义》）

（34）后羿仰天乌殒落，薛仁交阵马飞腾。（明·罗懋登《三宝太监西洋记》）

---

① 此期，“交欢”有表达“男女交合”的语义功能，如“纣王见他如此，双手抱搂，偏殿交欢，云雨几度，方才歇手”（明·许仲琳《封神演义》）。这一功能也表达了事件参与者之间的交互关系。

② “交情”在明清汉语中也是一个多义词，可在多个意义上表示交互关系。除了上述例（24）外，如“李靖在袖中又取出一粒金丹，付与薛蛟道：‘你明日再与他交战，引他到此，同他交情，把此金丹暗含在舌下’”（清·如莲居士《薛刚反唐》）句中的“交情”意为“男女交媾”。

③ 有的词虽然还在使用，但是其意义已经截然不同了。如现代汉语中的“交通”“交情”与明清时期的“交通”“交情”在意义上判若两个词。

(35) 南夷北狄交侵中国，不绝如缕，此要速除。(明·余邵鱼《周朝秘史》)

上述诸例中，例(25)的"交口"意为"交谈"；例(26)的"交结"意为"勾结、结交"[①]；例(27)、例(28)和例(29)中的"交好""交纳"和"交游"都是"友好结交"的意思；例(30)和例(31)中的"交厚""交契"则是"关系友好"之意；例(32)、例(33)和例(34)中的"交兵""交马"和"交阵"都是"交战"的意思；例(35)的"交侵"则是"交替入侵"之意。

(36) 斗得那妖精淫兴发了，那里不分荤素安排，定要与我交媾，此事怎了！(明·吴承恩《西游记》)

(37) 却用女子为鼎器，与他交合，采阴补阳。(明·凌濛初《二刻拍案惊奇》)

(38) 那个要贴胸交股和鸾凤，这个要画壁归山访达摩。(明·吴承恩《西游记》)

(39) 未得野鸳交颈，且做羚羊挂角。(明·凌濛初《二刻拍案惊奇》)

(40) 阴阳交争，乍寒乍热，似有郁结于中而不遂之意也。(明·兰陵笑笑生《金瓶梅词话》)

(41) 弘治丙辰，科道官交章，极言皇亲寿宁侯太监李广事，朝廷震怒，悉下锦衣卫狱。(明·皇甫录《皇明纪略》)

(42) 当时人心向徐，因发两人交构，谋逐首揆状。(明·沈德符《万历野获编》)

(43) 朱氏最后则定襄王希忠，以封在故相张居正时，言官交攻，归罪权臣，遂并定兴王张懋夺之。(明·沈德符《万历野获编》)

(44) 巨干凌云，盘根踞地。青枝交互不说娑婆，绿叶丛铺宛然琪树。(明·方汝浩《东度记》)

(45) 长江一带，青红旗号交杂。(明·罗贯中《三国演义》)

(46) 如今权臣当道，况我不与费仲、尤浑二人交接，倘有人传至朝歌，奸臣参我假降邪神，白白的断送我数载之功。(明·许仲琳《封神演义》)

以上诸例，例(36)的"交媾"和例(37)的"交合"为"两性相交"的

---

① "交结"还有"交叉打结"的交互义用法。如"凡束腰之带必要交结扣处"(清·汪寄《海国春秋》)。

意思[①]；例（38）的“交股”意为“相拥而卧”；例（39）的“交颈”则指的是“雌雄动物颈部互相依偎摩挲的亲昵行为”[②]；例（40）的“交争”意为“互相争斗”；例（41）的“交章”则是“上奏章交互攻击”的意思；例（42）的“交构”为“互相构陷”之意；例（43）的“交攻”则是“互相指责、攻讦”之意；例（44）的“交互”和例（45）的“交杂”都有“交错”的语义特征，因而表达了交互关系；例（46）的“交接”是一个多义词，除了在句中表示“交往、结交”的交互义外，还有其他交互义用法。如：

（47）引西伯驾至，不见子牙，直到石室，果见林木苍苍，清幽淡雅，石泉交接，云树相映。（明·余邵鱼《周朝秘史》）

（48）妾于去年七月七日与君交接，腹已受妊，今当产了。（明·凌濛初《二刻拍案惊奇》）

例（47）中，“交接”是“接合、连接”的意思；例（48）中的“交接”则是“两性相交”的意思。它们都表达事件参与者间的交互关系，因而都是交互义。

8.1.2.1.1.2　作状语

除了经常充当谓语外，明清时期“交～”类双音交互词还经常充当状语等句法成分。我们略作展示如下：

（49）两个更不打话，排开阵势，交马便斗。（明·施耐庵《水浒传》）

（50）这关中守将何凤闻报，即时领兵出关，各通姓名，交手就战。（清·如莲居士《薛刚反唐》）

（51）彼此固逊多时，武王同众诸侯交相下拜。（明·许仲琳《封神演义》）

（52）凡左右手各用一梭交互织者，曰绉纱。（明·宋应星《天工开物》）

（53）子玉忙杀转本阵，晋兵四面八方，重围三匝，左士会，右栾枝，前有舟之侨，后有狐子羽，交争杀进。（明·余邵鱼《周朝秘史》）

---

① 此期“交合”还有表示其他交互关系的用法。如“楚怀王恐齐、秦交合，乃遣使厚结于孟尝君，与齐申盟结好，两国聘使往来不绝”（明·冯梦龙《东周列国志》）中，“交合”为“友好交往”的意思。

② 明清时期的“交颈”还有表示“头碰头，颈挨颈”形容人多的交互关系义，如“扶肩搭背，交颈并头”（明·施耐庵《水浒传》）。

(54) 日间交替入城，窥听消息。(明·甄伟《东汉秘史》)

(55) 众咸不直鸣凤，两京科道交章劾之，鸣凤坐降调。(明·沈德符《万历野获编》)

(56) 我把你的双锏打，你把我的单鞭打，大家交换用力，若是你打输了，你归降我定阳。(清·佚名《说唐全传》)

(57) 是夜，两人雨意云情，并头交颈而睡。(明·兰陵笑笑生《金瓶梅词话》)

(58) 已而抽出那话来，带着圈子，妇人还替他吮咂净了，两个方才并头交股而卧。(明·兰陵笑笑生《金瓶梅词话》)

(59) 这鼋却不是等闲之辈，他原是真武老爷座下龟、蛇二将交合而生者。(明·罗懋登《三宝太监西洋记》)

以上诸例中，例(50)的"交手"为"接手、搭手"的意思；例(53)的"交争"为"交相争先"的意思；例(56)的"交换"是"交替、轮流"的意思；例(59)的"交合"意为"交配"。此期作状语的"交合"还有"相接、相连"的交互义用法，如：

(60) 须臾，二龙交合嬉翔，解角而去。(明·杨尔增《两晋秘史》)

8.1.2.1.1.3 作主语

明清时期，"交～"类双音交互词还可以充当主语。如：

(61) 交锋不在恶杀，看各人的志量何如。(明·罗懋登《三宝太监西洋记》)

(62) 彼既逼寨排阵，我军不能成列，交兵恐有不利，故缓一日，待吾设计破之。(明·余邵鱼《周朝秘史》)

(63) 器械军马相同，须对砍对杀，交手方分胜负。(明·戚继光《练兵实纪》)

(64) 但晋兵来甚缓，去甚速，两国未尝见个雌雄，所以交争不息。(明·冯梦龙《东周列国志》)

(65) 总兵说："女儿之言有理，交战全赖此铃，倘被盗去，有些不妙。"(清·佚名《说唐全传》)

(66) 男女裸体，生性淫凶，交媾不避生人。(清·夏敬渠《野叟曝言》)

(67) 不拘娇艳宠，十二美红妆，交接从吾好，彻夜硬如枪。(明·兰陵笑笑生《金瓶梅词话》)

(68) 公子闻之，大怒诟骂，将致意者批逐出门，自此交往遂绝。(清·蒲松龄《聊斋志异》)

(69) 古人交谊断黄金，心若同时谊亦深。(明·施耐庵《水浒传》)

(70) 原来孙坚讨董卓之时，移家舒城，瑜与孙策同年，交情甚密，因结为昆仲。(明·罗贯中《三国演义》)

(71) 这有长见了这样人，只该远离莫亲，反上门往来，交好如同胶漆。(明·方汝浩《东度记》)

(72) 此人乃是杨阜之族弟杨陵也；与某邻郡，交契甚厚。(明·罗贯中《三国演义》)

(73) 今君既交游满京邸，愿以微躯托之官人。(明·凌濛初《初刻拍案惊奇》)

(74) 咱们老当家的是侠客，交友不论年长年幼，有事不可不禀。(清·张杰鑫《三侠剑》)

(75) 此人生性梗直，交易公道，故此客人来多投他，买卖做得去。(明·凌濛初《二刻拍案惊奇》)

(76) 由此观之，其人于书之体例，原不谙，但知信口詈骂，不知交际有礼义也。(清·章学诚《文史通义》)

(77) 而自来门户之交攻，俱是专己守残，束书不观，而高谈性天之流也。(清·章学诚《文史通义》)

以上诸例的“交～”类双音词，都表达了交互关系，也都充当各自所在句法结构的主语。稍微要注意的是，例（76）的“交际”为主谓短语“交际有礼义”的主语，该短语充当谓词“知”的宾语；例（77）的“交攻”为其后谓词“是”的主语。

8.1.2.1.1.4　作宾语

此期，“交～”类双音交互词还大量充当宾语。如：

(78) 刘仁、刘瑞大喜，准备交战不表。(清·佚名《说唐全传》)

(79) 遂依士匄之计，令各寨多造干粮，然后平灶塞井，摆列阵势，约次日交兵。(明·余邵鱼《周朝秘史》)

(80) 他曾与我老儿有些交手，故此认得。(清·佚名《海公大红袍全传》)

(81) 雷大春道：“正是同来，与你家庄主也有交谊。”(清·唐芸洲《七剑十三侠》)

(82) 前番吾念旧日交情，请你痛饮一醉，留你共榻。(明·罗贯

中《三国演义》）

（83）今日有个客来拜我，我和你要认作中表弟兄，将来自有一番交际。（清·吴敬梓《儒林外史》）

（84）二处臣子与福厚俱有交往，贪狠诚如所论，惟多费土产耳。（清·汪寄《海国春秋》）

（85）况五豹与他父亲俱有交结，谅无不允。（清·汪寄《海国春秋》）

（86）稽成既系冠军交好，今若伤之，未免冠军面上不好看，可放他回去，帮助冠军。（清·汪寄《海国春秋》）

（87）大人朝回，吾梁王思想昔日交契，特遣某来敦请入城，聊叙间阔。（明·罗贯中《五代秘史》）

（88）臣与隗嚣本实交友。（明·甄伟《东汉秘史》）

（89）辱爱弟魏征，顿首书拜大都案契兄崔老先生台下：忆昔交游，音容如在。（明·吴承恩《西游记》）

（90）素臣与长卿递了交杯，行拜定之礼。（清·夏敬渠《野叟曝言》）

（91）如今离此地有一百里远，是青州、泰安交界。（清·文康《儿女英雄传》）

（92）秀端容厉色，不容交接私语，众皆畏服。（明·甄伟《东汉秘史》）

（93）待成了交易，再议未迟。（明·凌濛初《二刻拍案惊奇》）

（94）以及诸棋僮奴亲属，不下数十万人，朝夕出入，能保其无夹带交构诸弊乎？（明·沈德符《万历野获编》）

（95）性理诸儒，又有朱、陆之同异，从朱从陆者之交攻。（清·章学诚《文史通义》）

（96）哽哽咽咽，两个哭了半夜，虽是交欢，终带惨凄，不得如常尽兴。（明·凌濛初《初刻拍案惊奇》）

以上诸例，例（78）和例（79）的“交战”“交兵”为同义词，均为“互相争战”的意思；例（80）、例（81）和例（82）的“交手”“交谊”和“交情”为同义词，都是“交情”之意；例（83）、例（84）和例（85）的“交际”“交往”和“交结”也是同义词，俱为“交往”的意思；例（86）、例（87）、例（88）和例（89）的“交好”“交契”“交友”和“交游”也是同义词，都是“朋友”的意思；例（92）的“交接”为“交谈”的意思；例（94）的“交构”意为“相互勾结”；例（95）的“交攻”意为“交相指责、攻讦”。

8.1.2.1.1.5　作定语

明清时期，“交～”类双音交互词作定语的用法也很普遍，甚至仅次于作谓语的用法。如：

(97) 交锋之际，张宝作法，风雷大作，飞砂走石，黑气漫天。(明·罗贯中《三国演义》)

(98) 因问从前交战之事。(明·冯梦龙《东周列国志》)

(99) 齐楚交兵之初，非练达老成者不可督兵！(明·余邵鱼《周朝秘史》)

(100) 你明日和他交手之时，他在前面跳下海，你在后面也要跳下海。(明·罗懋登《三宝太监西洋记》)

(101) 弘治间李广之死，六科十三道纠周贿赂交结诸状，周恚辨甚厉。(明·沈德符《万历野获编》)

(102) 公已有执凭公文，系是印信官文书，又不是假的，我们看宋押司日前交往之面，权且提负他些个，只抄了执凭去回话便了。(明·施耐庵《水浒传》)

(103) 吾郡西北数十里，聚落名乌镇者，嘉、湖、苏三府交互之地，最为奸宄渊薮。(明·沈德符《万历野获编》)

(104) 直送至交界地方，路上太平的了，然后别了韩赞卿告回。(明·凌濛初《二刻拍案惊奇》)

(105) 今乃斗宝之会，聚天下诸侯，必先立一明辅，然后斗宝，庶无交争之患！(明·余邵鱼《周朝秘史》)

(106) 宋使至于郑营，说明交换之事。(明·冯梦龙《东周列国志》)

(107) 又每船都有家人一名看守，丁全、吴自兴是交割之人。(清·李百川《绿野仙踪》)

(108) 比如初做一个倌人，最怕做出那小家气相，动脚动手，不顾交情的深浅，一味歪缠。(清·张春帆《九尾龟》)

(109) 这晚秀才去了，他却走来，问起与秀才交好之故。(明·凌濛初《二刻拍案惊奇》)

(110) 臣有交厚一人，姓孔名达，此人乃宋忠臣孔父之后。(明·冯梦龙《东周列国志》)

(111) 势力家又退了聘礼，交契之女残疾却愈了。(明·方汝浩《东度记》)

（112）交游的人，总是些剑客、博徒、杀人不偿命的无赖子弟。（明・凌濛初《初刻拍案惊奇》）

（113）宋与金交际之仪，则前后不同。（清・赵翼《廿二史劄记》）

（114）这就是行侠作义的人，明白交友之道。（清・张杰鑫《三侠剑》）

（115）交易事已成，不必说了。（明・凌濛初《初刻拍案惊奇》）

（116）春画之起，当始于汉广川王，画男女交接状于屋，召诸父姊妹饮，令仰视画。（明・沈德符《万历野获编》）

（117）交颈鸳鸯戏水，并头鸾凤穿花。（明・兰陵笑笑生《金瓶梅词话》）

（118）差我两个来此打这阴阳交媾的好水。（明・吴承恩《西游记》）

（119）进门便放下金盏银台，行交杯合卺礼。（清・文康《儿女英雄传》）

（120）当交股时，何不将荡儿淫女一并杀却？（清・蒲松龄《聊斋志异》）

（121）那凤凰又得交合之气，育生孔雀、大鹏。（明・吴承恩《西游记》）

（122）愚谓宜明授任以北征，得专征伐，萧何守管钥，深思廉、蔺屈身之义，平、勃交欢之情，必穆然无间，然后可以保大定功。（明・杨尔增《两晋秘史》）

上述诸例中，例（107）的“交割”意为“银货两讫的交易”；例（110）的“交厚”意为“关系友好”；例（113）的“交际”意为“交往”；例（116）的“交接”意为“男女交配”；例（118）的“交媾”意为“阴阳交合、融合”①；例（120）的“交股”、例（121）事物“交合”都是“两性交配”的意思；例（122）的“交欢”是“友好、交好”②。

---

① 作定语的“交媾”仍然有表示“性交”的用法。如“忽然听得房中似有交媾之声”（清・李汝珍《镜花缘》）。

② 除此之外，作定语的“交欢”还有表达多种交互关系的功能。如“郑正乃与贞娘极尽交欢之美，未及天明而去”（明・安遇时《包公案》）句中的“交欢”为“男女交配”之意；又如“长老哥哥妙人，请一杯交欢酒儿”（明・吴承恩《西游记》）句中的“交欢”意为“男女成婚”。

8.1.2.1.2　“～交”类交互词

相较“交～”，明清时期的“～交”类双音交互词的数量和使用频率要少得多，主要结构形式有私交、世交、至交、绝交、故交、缔交、结交等。从句法功能上看，“～交”主要充当谓语、宾语、主语和定语，作状语和补语则难以见到。

8.1.2.1.2.1　作谓语

此期，充当谓语的“～交”类交互词在语义上大多表示“人与人之间的往来”的交互关系。如：

（123）素有大志，专好结交天下豪杰。（明・罗贯中《三国演义》）

（124）庄王疑黑肩有外心，恐其私交外国，树成王子克之党，所以不用。（明・冯梦龙《东周列国志》）

（125）好事者多与缔交，无敢以为鬼也。（明・沈德符《万历野获编》）

（126）朱颇有后言，贺闻而作长书詈之，二公遂绝交。（明・沈德符《万历野获编》）

（127）学生与老丈通家至交，有何妨碍？（明・凌濛初《初刻拍案惊奇》）

（128）牛先生，你我数十年故交，凡事忘形。（清・吴敬梓《儒林外史》）

（129）你我世交，知己间何必做这些客套！（清・吴敬梓《儒林外史》）

（130）此人乃东海许州人氏，姓姜，名尚，字子牙，别号飞熊，与小侄契交通家。（明・许仲琳《封神演义》）

以上诸例的“～交”的意义较为显豁易解，其中，例（130）的“契交”即“至交”，意为“交情密切”。除此之外，例（124）的“私交”偶尔还用于表示不正当男女关系，如：

（131）女多私交不以为耻，男女苟合不以为污。（明・安遇时《包公案》）

8.1.2.1.2.2　作宾语

明清时期，“～交”双音交互词也比较大量地充当句子的宾语。如：

（132）议革有司分考以杜私交。（明・沈德符《万历野获编》）

(133) 我不合那大勋臣们打结交。(清·西周生《醒世姻缘传》)

(134) 玄德叱曰:“子龙是我故交,安肯反乎?”(明·罗贯中《三国演义》)

(135) 他合安府上也算个世交,称安老爷作“世叔”。(清·文康《儿女英雄传》)

(136) 先君却是伯父至交。(明·凌濛初《初刻拍案惊奇》)

(137) 我如今四大无收,想你为吾指个脱离,故此来寻契交。(明·方汝浩《东度记》)

8.1.2.1.2.3 作主语

明清时期,充当主语的“~交”类双音交互词比充当谓语和宾语的更少一些。

(138) 狐妖道:“古语说得好,‘结交须胜己,似我不如无。’”(明·方汝浩《东度记》)

(139) 浇俗靡靡,私交扰扰。庆媳仙英苟合贪欲,通情甚多。(明·安遇时《包公案》)

(140) 故交到舍,无物佐酒,是以求鱼。(清·汪寄《海国春秋》)

8.1.2.1.2.4 作定语

此期,作定语的“~交”双音交互词也不太多。如:

(141) 众人心怕起来,说道:“郑家如何有人防范我们?想是他平日结交的好汉。”(明·方汝浩《东度记》)

(142) 你两个今番却做个至交的弟兄。(明·施耐庵《水浒传》)

(143) 水溶笑道:“世交之谊,何出此言。”(清·曹雪芹《红楼梦》)

(144) 姓汪名琦,生得清秀,是个风流浪子,常往来邱惇家,惇以契交兄弟情义待之。(明·余邵鱼《周朝秘史》)

除了上述常见的使用频率高的“交”字双音交互词外,此期还有很多表交互关系的“交”类双音交互词,它们或者使用频率较低,或者是现代汉语中常见的交互词。如:交酢、交言、交聘、交臂、交盟、交匝、交关、交和、交质、交谈、交朋、交叉、交迹、交兑、交识、交涉、交会、交拜、纳交、面交、神交、定交、旧交、开交、知交、接交、初交、订交、成交等。各举一例如下,不再赘述。

（145）重耳大喜，夫妇交酢，更使侍女歌舞进觞。（明·冯梦龙《东周列国志》）

（146）适一日，彼此交言偷情，相约深夜来会。（明·安遇时《包公案》）

（147）交聘乃邻国之常，未必助楚害吴，不可遽兴兵旅。（明·冯梦龙《东周列国志》）

（148）陈、蔡、郑、宋，交臂事楚，晋莫能禁，其弱可知。（明·冯梦龙《东周列国志》）

（149）交盟已在前矣，君若有信，鬼神鉴之，何必再歃？（明·冯梦龙《东周列国志》）

（150）杨化身尸，颈子上有绳子交匝之伤，的系生前被人勒死。（明·凌濛初《初刻拍案惊奇》）

（151）但你我虽是相好，产业交关，少不得立个文书，也要用着个中人才使得。（明·凌濛初《二刻拍案惊奇》）

（152）北匈奴遣使诣朝，请求交和。（明·谢诏《东汉秘史》）

（153）周、郑交质，自昔有之。（明·冯梦龙《东周列国志》）

（154）这尊长矫情励俗，不与那富贵的交谈，乃与那寒薄的接语。（明·方汝浩《东度记》）

（155）如今且与你弄个隐身法儿，走到前村，看哪家堂上有相聚的交朋，好歹去鼓弄一番，看那僧人怎么演化。（明·方汝浩《东度记》）

（156）正面两扇朱红槅子，门上使着胳膊大锁锁着，交叉上面贴着十数道封皮。（明·施耐庵《水浒传》）

（157）其山人射猛兽者名曰窝弩，安顿交迹之衢，机傍引线，俟兽过，带发而射之。（明·宋应星《天工开物》）

（158）那国里见了绫罗等物，都是以货交兑。（明·凌濛初《初刻拍案惊奇》）

（159）房主人罗老爷，看来是个有作用的人，早晚相公中了，也是个交识。（清·李百川《绿野仙踪》）

（160）玄玄子财未交涉，何遽生谋？死尚身留，必非毒害。（明·凌濛初《二刻拍案惊奇》）

（161）春太白犯镇星于斗牛，过天津，荧惑又逆行，与太白会于天关，金火交会，必有新天子出。（明·罗贯中《三国演义》）

（162）交拜毕，分宾主而坐。（明·兰陵笑笑生《金瓶梅词话》）

（163）凡朝野知名之士，无不纳交。（明·冯梦龙《东周列国志》）

（164）我与他原是个面交酒友，一遇患难，他便高飞远去。（明·方汝浩《东度记》）

（165）孤与子瑜可谓神交，非外言所得间也。（明·罗贯中《三国演义》）

（166）稼轩适在楼上看见，大以为奇，遂与定交。（明·凌濛初《二刻拍案惊奇》）

（167）细想莫非叫我劝化“四里”旧交。（明·方汝浩《东度记》）

（168）但凭我连中三箭，你们两家子就要开交。（明·罗懋登《三宝太监西洋记》）

（169）剥民官府过于贼，应为知交放贼来。（明·施耐庵《水浒传》）

（170）再说那顺天府尹新任官进衙门，把已结未结之案，接交明白。（清·佚名《施公案》）

（171）你我虽是初交，你外面询一询，邓某也颇颇的有些微名。（清·文康《儿女英雄传》）

（172）文长自负高一世，少所许可，独注意汤义仍，寄诗与订交。（明·沈德符《万历野获编》）

（173）因性急银子要紧，等不得好价，见有人来买，即便成交。（明·凌濛初《二刻拍案惊奇》）

8.1.2.2 “交”类交互短语

明清时期，“交”类交互表达非常活跃。这不仅表现在由它为基本构词语素构成的交互词数量多、语义丰富和使用频率高等方面，还表现由它为主要成分构成的成语、类成语以及其他类型短语的丰富和句法语义功能强大等方面。

8.1.2.2.1 “交”字四字格短语

由“交”字为主要成分构成的四字格短语，包括流传到现在的成语[①]和类成语的四字格短语。

---

① 本文中的成语主要参照《汉语大词典》（1994），被收录的就视为成语，否则视为一般四字格短语。

8.1.2.2.1.1　“交”字成语

明清时期，“交”字四字格短语比较发达，它们大多具有表达交互关系的语义功能，其中有一部分到现代汉语中已经凝固为成语，而另外一些则被淘汰，逐渐走向消亡。此期使用过的逐渐凝固为现代汉语成语的四字格短语如下：

（174）不许擅离方位。不许交头接耳。（明·罗贯中《三国演义》）

（175）乃封胜为客卿，教以远交近攻之策。（明·余邵鱼《周朝秘史》）

（176）若不让回正院与他，皇上必然有以怪我。此际更不可开交。（清·佚名《海公大红袍全传》）

（177）嗣后万万不可亲自下山，惟恐被人看出，彼此性命交关。（清·李汝珍《镜花缘》）

（178）辗转思念，是夜目不交睫，慕想不止。（清·佚名《海公大红袍全传》）

（179）这也难怪他，是我来的交浅言深，说的是偷牛盗贼，无因至前的是非。（明·方汝浩《东度记》）

（180）从前虽是亲热，究有男女之分，此时则更水乳交融矣。（清·夏敬渠《野叟曝言》）

（181）座上觥筹交错。（明·罗贯中《三国演义》）

（182）叵耐那厮枉与他许多年结生死之交，今日全无些仁义。（明·施耐庵《水浒传》）

（183）吾与黄祖心腹之交，舍之不义。（明·罗贯中《三国演义》）

（184）廉颇不悦，而相如解之，廉颇闻而肉袒负荆谢罪，遂为刎颈之交。（明·余邵鱼《周朝秘史》）

以上诸例中，例（174）的“交头接耳”又作“交头附耳”；例（175）的“远交近攻”又作“远交近合”；例（178）的“目不交睫”又作“眼不交睫”；例（181）的“觥筹交错”又作“觥筹交举”。如：

（185）行至中途，突遇张、杨二人做漆回家，望见新来，交头附耳。（明·安遇时《包公案》）

（186）南望踌躇数十年，远交近合各纷然。（明·冯梦龙《东周列国志》）

（187）吴氏倍加扫兴，忿忿不已，眼不交睫，直至天明。（明·凌濛初《初刻拍案惊奇》）

（188）携了此妾下湖，浅斟低唱，觥筹交举。（明·凌濛初《初刻拍案惊奇》）

"AB之交"是本期使用最为广泛的"交"字四字格交互短语，除了凝固为成语的"生死之交""心腹之交"和"刎颈之交"（见例182、例183和例184）外，还有诸如"一面之交""朋友之交""异姓之交""忘年之交""贫贱之交""鸾凤之交""布衣之交""匹夫之交""一拜之交""八拜之交"[①]"童稚之交""平生之交""三世之交"等类成语的短语，不再赘述。

8.1.2.2.1.2　非成语的四字格短语

本期，"交"字四字格短语除了大量的"AB之交"之外，其他的主要有"交言串话""交官通吏""交杯换盏"等表交互关系的并列式联合短语。如：

（189）两个并肩而坐，交杯换盏饮酒。（明·兰陵笑笑生《金瓶梅词话》）

（190）先把他母女带下看守，不许交言串话。（清·佚名《施公案》）

（191）那穷酸交官通吏，行贿府学。（清·佚名《施公案》）

（192）老爷此时，早看透了邓九公是个重交尚义，有口无心，年高好胜的人。（清·文康《儿女英雄传》）

（193）西门庆与妇人重斟美酒，交杯叠股[②]而饮。（明·兰陵笑笑生《金瓶梅词话》）

（194）进门便放下金盏银台，行交杯合卺礼[③]。（清·文康《儿女英雄传》）

---

① 体词性定中短语"八拜之交"有时又变形为谓词性的状中短语"八拜为交"，在句中充当谓语等句法成分，如"专诸大喜，乃入告于母，即与伍员八拜为交"（明·冯梦龙《东周列国志》）。

② 与"交杯叠股"相似的四字格短语还有"交头叠股""并肩交股"等。如：

（1）两个相搂相抱，交头叠股，鸣咂其舌。（明·兰陵笑笑生《金瓶梅词话》）

（2）枕上并肩交股，直睡到次日饭时不起来。（明·兰陵笑笑生《金瓶梅词话》）

③ "交杯合卺"又写作"合卺交杯"，如"当有伴房搀扶新人送至洞房，与许公子坐床撒帐，合卺交杯，诸事已妥"（清·佚名《施公案》）。

(195) 枕上并肩交股[①]，直睡到次日饭时不起来。（明·兰陵笑笑生《金瓶梅词话》）

(196) 两个各自做了一个门户，交肩打背[②]，也约较了三十余围。（明·佚名《续英烈传》）

(197) 石可信素常廉贫寡交，国外有何礼收？（清·汪寄《海国春秋》）

(198) 且说这双敖谷在金蟹山前，两山交抱峙立，如二敖之状，故名双敖谷。（清·汪寄《海国春秋》）

(199) 论交之道，不在肥马轻裘。（清·曹雪芹《红楼梦》）

(200) 乃倡议晋、楚二君，相会于宋，面定弭后交见之约。（明·冯梦龙《东周列国志》）

8.1.2.2.2　“交”字其他交互短语

除了四字格短语外，明清时期还有大量的其他“交”字短语用表达交互关系，其中又可分为三字短语与二字短语。

8.1.2.2.2.1　“交”类三字格交互短语

明清时期，三字短语相对少见些，主要的有“打交道”[③] 和“杯酒交”等

---

① 明清时期，与“并肩交股”相似的短语还有“並头交股”“交股並头”“贴胸交股”“贴身交股”等。如：

(1) 已而抽出那话来，带着圈子，妇人还替他吮咂净了，两个方才並头交股而卧。（明·兰陵笑笑生《金瓶梅词话》）

(2) 挨胸贴肉几于似片团成，交股並头直欲如胶不解，床帏乐事，计亦无逾此者。（清·夏敬渠《野叟曝言》）

(3) 那个要贴胸交股和鸾凤，这个要画壁归山访达摩。（明·吴承恩《西游记》）

(4) 璇姑头脸香腻，哀音宛转，既是可怜，兼以贴身交股，实难为情！（清·夏敬渠《野叟曝言》）

② “交肩”类的四字格短语还有状中式的“交肩过去”“交肩而过”等。如：

(1) 说话之间，二船交肩过去。（清·佚名《施公案》）

(2) 那船来得正快，转眼之间，交肩而过，与大船相离已远。（清·佚名《施公案》）

③ “交往”义的短语“打交道”出现于清代中晚期，此期还有“打起交道”“打这个交道”等变形用法。如：

(1) 和女孩儿们打起交道来，也是不好。（清·曹雪芹《红楼梦》）

(2) 剩了我一个人儿，叫我合他们怎生打这个交道？（清·文康《儿女英雄传》）

"AB交"[①] 交互短语，它们主要是充当宾语和谓语。

(201) 自己是天生的不愿意同僧道打交道。（清·文康《儿女英雄传》）

(202) 人臣无境外交，新甲身在朝廷，辄擅便宜通款北境，辱国无君，莫此为甚。（清·邵廷采《东南纪事》）

(203) 陶情道："看此，定是势利交。"（明·方汝浩《东度记》）

(204) 然予与翁初无杯酒交，而计非翁又无由梯以见女，乃因翁之子媳褚者，介以见翁。（清·文康《儿女英雄传》）

(205) 唐之林仁肇、蜀之高彦俦，俱智勇兼全，任军国事，而与不佞有刎颈交。（清·汪寄《海国春秋》）

(206) 不要说相交的，总是至亲骨肉，关着财物面上，就换了一条肚肠，使了一番见识，当面来弄你算计你，几时见为了亲眷不要银子做事的？（明·凌濛初《二刻拍案惊奇》）

例（206）的"相交的"为"的"字短语，意为"互相交往的朋友"。

8.1.2.2.2.2 "交"类双音短语

本期，表达交互关系的"交"类双音短语有初交、厚交、外交、交处、交托等。因为短语数量不多，用法也相对简单，本文此处不再根据句法功能的不同分开描写。

(207) 你我虽是初交，你外面询一询邓某，也颇颇的有些微名，况我这样年纪，难道还赚你这张弹弓不成？（清·文康《儿女英雄传》）

(208) 信陵君招贤纳士，天下亡命者皆归之，又且平原君之厚交，必然相庇。（明·冯梦龙《东周列国志》）

(209) 夏姬因有外交[②]，留徵舒于城内，从师习学，自家退居株林。（明·冯梦龙《东周列国志》）

(210) 其中陈英杰、石中、卫斯尤其狡猾，牛达结为死交。（清·汪寄《海国春秋》）

(211) 他最好的两个心交，一个是文素臣，一个是景日京。（清·夏敬渠《野叟曝言》）

① 由下面的例子来看，此期的"杯酒交"为四字格短语"AB之交"的简省形式。采用三字格的形式，便于它们与其前的单音动词组成新的稳定的四字格。具体见例（203）至例（206）。

② 本例中的"外交"不是现代汉语中的"外交"，而是"外面奸情"的意思。

（212）远交，以离人之欢；近攻，以广我之地。（明·冯梦龙《东周列国志》）

（213）小子昔年交处一友，名唤索疏。（明·方汝浩《东度记》）

（214）咱就把四个徒弟，交托与他。（清·夏敬渠《野叟曝言》）

8.1.2.3　“交”独用表交互

明清，“交”还是一个常见的单音交互词，在句中以各种不同的交互义充当不同的句法成分。如：

（215）雪斋也是交满天下的。（清·吴敬梓《儒林外史》）

（216）一言相契，便肯沥胆订交。（清·文康《儿女英雄传》）

（217）以石掩口，蜡封交缝。（清·汪寄《海国春秋》）

（218）其操绍兴之兵，必须重令以劫其心，决令以立其信，操之能以短兵交刃，而后可用也。（明·戚继光《练兵实纪》）

（219）方升堂，未交一语，罗氏即拔剑斩之。（清·杜纲《南朝秘史》）

（220）楚既遣使，必然有备，兵锋一交，不可复解。（明·冯梦龙《东周列国志》）

（221）那里不交朋友？（清·佚名《施公案》）

（222）向老者要出借约，当了大众银、约两交。（明·佚名《施公案》）

（223）白猿也起身，将两手交起，似还礼之状。（清·汪寄《海国春秋》）

（224）叙太公、周公之好，交致玉帛。（明·冯梦龙《东周列国志》）

例（215）和（216）中的“交”为名词，分别为“朋友”和“情谊”之意，在句中分别作主语和宾语。例（217）的“交”为形容词，意为“相交叉的”，作定语。例（218）至例（222）诸例中的“交”都是动词，在各自的结构中充当谓语：例（218）中意为“交接、错杂”；例（219）中意为“交谈”；例（220）中意为“相连、相接”；例（221）中意为“结交”；例（222）中意为“交换、结清”。例（223）和例（224）中的“交”作状语，分别意为“交叉”和“互相”，前者为动词，后者为副词。毫无疑问，“交”的这些语义中均蕴涵了事件参与者间的交互关系，因而都是交互用法。

8.2 “错”类交互词语

8.2.1 “错”交互义的产生

“错”字甲金文未见，《说文解字》小篆作“”，睡虎地秦简作“”。“错”的本义，许慎的《说文解字》认为是“金涂也”，段玉裁注曰“涂，俗作塗，又或作搽，谓以金措其上也。”许慎这一观点一直以来广受质疑。

有的学者认为，“错”是“厝”的今字。“厝”，甲金文未见，《说文解字》作“”。许慎：“厝，厉石也”，徐灏以为“凡摩鑢金石谓之厝，古通作错”。《诗·小雅·鹤鸣》：“它山之石，可以为错。”毛亨传：“错，石也，可以琢玉。”我们国内两部权威的汉语辞书《汉语大字典》和《汉语大词典》或把“磨刀石”、或把“琢玉石的砺石、磨石”作为“错”的第一个义项放在释义的首位，这显然是受徐灏等影响的结果。

无论其本义是上述两个中的哪个，都没有表达参与者间的交互关系，因而都不是交互义。虽然本义不是交互义，但是“错”的交互义用法在《尚书》和《诗经》时期便已出现，算是很早的了。据周民[①]统计，《尚书》中“错”共出现6次，均在《夏书·禹贡》篇中，其中1次为“治玉之石”之义，其他5次均为“交错、间杂”之义。如：

(1) 厥赋惟上上，错。(《尚书·夏书·禹贡》)

句子的大意为“该州（冀州）的赋税为一等（《禹贡》中将赋税、田地等分为‘上上、上中、上下、中上、中中、中下、下上、下中和下下’九个等级，其中‘上上’为最高的等级），二等（赋税）夹杂其间”。

《诗经》中，“错”所表达的交互关系更为明显。如：

(2) 献酬交错，礼仪卒度，笑语卒获。(《诗经·小雅·楚茨》)

据向熹（2014），句中的“错”义为“交叉”，“献酬交错”指君臣之间互相交错敬酒的状况，因此是典型的交互关系。

8.2.2 明清“错”类交互词语

早在《尚书》和《诗经》时代，“错”就是一个多义词。到了明清时期，它

---

① 《尚书词典》，四川人民出版社，1993年。

的语义更加丰富，但是能表达交互关系的仍然只是“交叉、交错”和“间杂、夹杂”等少数义项，这些义项的用例数也不多。我们分双音交互词、交互短语和单音交互词分别进行介绍。

8.2.2.1　“错”字双音交互词

明清时期“错”字复音交互词都是双音节，其数量不多，用例也不太多，主要有错杂、错过、错落、错综、错互、错出、错简、交错、参错等。它们在句中主要充当谓语，少数充当其他句法成分。

8.2.2.1.1　作谓语

(3) 正南上是民房错杂，没有甚么关隘。(明·罗懋登《三宝太监西洋记》)

(4) 我修炼了一世，不能相遇，岂知足下当面错过！(明·凌濛初《二刻拍案惊奇》)

(5) 虬枝错落，盘数千条赤脚老龙；怪影参差，立几万道红鳞巨蟒。(明·施耐庵《水浒传》)

(6) 京师人陈澜，以顺天乡试第二为会元，廷试第三人，虽占第三名，然稍错综矣。(明·沈德符《万历野获编》)

(7) 五色中更晕出碧绿红蓝，深浅错互。(清·夏敬渠《野叟曝言》)

(8) 精熟者受上赏，骑射合式者受中赏，步伐错乱、武艺荒疏者轻则薄责，重则除名，分三等定功过。(清·文康《侠女奇缘》)

(9) 战国之文，奇邪错出，而裂于道，人知之；其源皆出于六艺，人不知也。(清·章学诚《文史通义》)

(10) 今观此阵，旌旗杂乱，队伍交错，刀枪器械无一可能胜吾者，始知前日之言谬也。(明·罗贯中《三国演义》)

(11) 其于辩析义理，参错事物，发明疑难，有以起人。(明·叶盛《水东日记》)

(12) 载此事者，或在正统五年，或在七年，年分参错。(清·顾炎武《菰中随笔》)

(13) 内属戎人与西界蕃族错居，保吉屡经胁诱。(清·吴广成《西夏书事》)

上述诸例中，例 (7) 的“错互”为“间杂、夹杂”之意；例 (9) 的“错出”为“交替出现”之意；例 (11) 的“参错”为“互相融合”之意；例 (12) 的“参错”为“错乱”之意；例 (13) 的“错居”为“杂居”之意。

8.2.2.1.2 其他句法成分

除了主要作谓语外，少量的“错”字交互词还可以充当其他句法成分。如：

(14) 若最粗而为毯者，则驽马诸料杂错而成，非专取料于羊也。(明·宋应星《天工开物》)

(15) 便是朱夫子见了，也得给他注明说：“此错简，当在第三道衶钮儿之上。”(清·文康《儿女英雄传》)

(16) 移易经文，动言错简，乃宋明人习气，不可为训。(清·皮锡瑞《经学通论》)

(17) 零瀼寒透金茎柱，错落光疑玉树枝。(明·罗懋登《三宝太监西洋记》)

上述诸例中，例(14)的“杂错”为“交错配合”之意，作方式状语；例(15)的“错简”指的是“次序错乱的文字”，作后文“在”的主语；例(16)的“错简”则作“言”的宾语；例(17)的“错落”作定语。

8.2.2.2 “错”字交互短语

8.2.2.2.1 四字格短语

与“交”不同，此期的“错”字交互短语数量较少，用例也少。为数不多的交互短语中，包括少数“错”字的成语和其他四字格短语。如：

(18) 座上觥筹交错。(明·罗贯中《三国演义》)

(19) 脚似排沙，遇石壁铜墙，一步也支撑不去；手如锯树，到盘根错节，两人都扯拽不来！(清·夏敬渠《野叟曝言》)

(20) 周礼名始歆莽，武氏说尤分明，自是之后，周官周礼互见错出。(清·皮锡瑞《经学通论》)

(21) 两岭犬牙相错，夹着曲折深溪，只有半边岭腰，熔金撑木，造成栈道。(清·汪寄《海国春秋》)

(22) 甥女今日细观此山，层岩峭壁，怪石攒峰，错错落落，接连不断，虽无屋宇，到处尽可藏身。(清·李汝珍《镜花缘》)

上述诸例中，例(18)和例(19)到现代汉语中已经凝固成了成语，其他的都是四字格短语。其中例(18)的“觥筹交错”在明清时期尤为活跃，不仅可以充当谓语，还可以充当多种句法成分(状语和宾语)，也可以有“献酬交错”等不同形式，如例（23）至例（25）。而例（21）的“犬牙相错”后来凝固为成语“犬牙交错”。

（23）当下姊妹两个唱了一套，席上觥筹交错饮酒。（明·兰陵笑笑生《金瓶梅词话》）

（24）正在那里觥筹交错之际，孙大圣一直走将上去，被老龙看见。（明·吴承恩《西游记》）

（25）文官武将轮次把盏，献酬交错。（明·罗贯中《三国演义》）

8.2.2.2.2　其他交互短语

明清，“错”类交互短语中还包括少量的双音节短语，用例不多。如：

（26）宋嘉祐时，各路登解举子入朝，班缀分错，每为阁门使之累。（明·沈德符《万历野获编》）

（27）于是或于此处注传见某卷，于彼处注详见某志，字样纷错，事实倒乱，体裁烦碎，莫此为甚。（清·章学诚《文史通义》）

（28）今儿他来，明儿我来，间错开了来，岂不天天有人来呢？（清·曹雪芹《红楼梦》）

例（26）的“分错”又作“纷错”，见例（27），“纷乱错杂”的意思。例（28）的“间错”为“间隔、岔开”的意思。

8.2.2.3　“错”独用表交互

自产生以来，表达交互关系始终不是“错”的主要语义功能，也就是说，交互义不是它的典型语义功能。众所周知，语言中只有典型功能才会采用无标记形式表达，而非典型的功能需要形式标记。“错”单独使用时是一种无标记的形态，因此，通常情况下，它在独用时不会表达交互义。但是在语言使用中，在具体语境中语用的标记下，“错”独用也具有表达交互关系的能力。这种语用标记是偶然的、少见的。明清时期，这种受语境标记的，能够表示交互关系的独用的“错”也有一些，虽然比较少见。如：

（29）赵东邻燕，西接秦境，南错韩、魏，北连胡貊，四野之地，其民习兵，不可轻伐。（明·冯梦龙《东周列国志》）

（30）乍掩、乍隔则初食，半掩、半隔则食既，全掩、全隔则食甚，彼此相错，则生光而复圆。非天狗之为也。（清·文康《儿女英雄传》）

(31) 张家轿子李家抬，都从十字街头错去；麻面郎君光面女，总向各人命里招来。(清·夏敬渠《野叟曝言》)

(32) 黄英白李，错红霜叶中，亦仲冬一奇景。(明·徐弘祖《徐霞客游记》)

例(29)中，“南错韩、魏”与上下文的“东邻燕”“西接秦境”和“北连胡貉”相对为文，形成一个语义相同相类的排比句式。因此“错”的意义就必然受到“邻”“接”和“连”的制约和影响而趋同。而后者都是表达毗邻关系的空间交互动词，受此影响，“错”也必然要表达空间毗邻的交互关系，因此在句中只能是“接壤、交界”的交互义。

例(30)中，“错”字句首有交互代词“彼此”，其前又有交互标记“相”标记，因此不得不表示交互关系。

例(31)中，第一句“张家轿子李家抬”表示事件参与者双方搞错了各自的对象，这是后继事件的原因。在读者社会生活经验的认知中，第二句“都从十字街头错去”是前一事件的结果，因此句中作状语修饰谓词“去”的“错”，表示“去”(离开)的状态，此时解作“错误、过失”最合适。但是，后一句“麻面郎君光面女，总向各人命里招来”认为各种事件都是“命里招来”的，这就否定了前面事件的错误性。另外，在人们的语感中，“错去”如果理解为“错误地离开”，在语义上也不能自足。因此前面的“错去”就只能理解为“交错离开”。

例(32)中，主语“黄英白李”，以及补语“红霜叶”和方位词“中”就决定了它们的谓语“错”只能作“间杂”“混杂”“交杂”等语义理解，而这些意义无一不蕴涵了参与者(即混杂者、交杂者)间的交互关系。

8.3 “换”类交互词语

8.3.1 “换”交互义的产生

“换”甲金文未见，许慎《说文解字》小篆作“”，释义为“易也，从扌，奂声。”王筠《说文句读》：“易者，傷之省形存声字。谓更易也。”“更易”就是“改变、改换”(《汉语大词典》)的意思。

朱骏声在《说文通训定声》中认为“换”为“奂”的今字。马叙伦也认为前者是后者的后起字。(《古文字诂林》第9册)许慎《说文解字》“奂，取奂也”，《汉语大字典》认为“取奂”即“换取”的意思。张晗认为《侯马盟书》

中的部分“奂”字就是后来的“换”字或者“涣”字，是“改易离散”的意思。（《古文字诂林》第 9 册）

我们以为，既然“换”的本义是“更改、改变”，而“奂”又是“换”的古字，那么“奂”至少也要有“更改、改变”的义项。但是很遗憾的是，学者们至今没有见到“奂”字用作“更改、改变”的用例。这就使得朱骏声等人的观点失去了基本的支撑。因此，这一问题有进一步深入研究的必要。

从目前的材料看，“换”最早出现于《墨子》[①]，如：

（1）寇在城下，时换吏卒署，而毋换亓养。（《墨子·备城门》）

句中，“换”正是“更改、改变”的意思。

卢英顺[②]认为，“换”在人头脑中的认知图式能够激活四个要素：“换”的施事者（A）、被替换的对象（M）、用以替换的目标对象（O）和施事者共事对象（R）。在实际的汉语表达中，主要有七种不同的组配方式。[③] 用这种方法分析，例（1）中的“时换吏卒署”激活的要素如下：上下文预设的负责守城官员者即施事者 A；已经在守城的吏卒 M；用于替换的将要守城的吏卒 O。句子的组配方式为（A）—V（换）—M/O。句中的“毋换亓养”与“时换吏卒署”激活的要素和组配方式均相同。

从表达交互关系的角度来看，我们认为，只有同时激活人认知图式中施事者（A）和施事者共事对象（R），并且施事 A 与共事 R 必须都以对方为“换”字词所表示行为的最终目的地（即双方之间具有“相互依存”的关系），唯有如此“换”字句才是交互句，否则就是非交互句。这与这些语义要素是以哪种方式组配在一起无关，与“换”字词是表示“替换”还是“兑换”等具体的意义也无关。因为，如果不同时激活施事共事双方，那么“换”就失去了发生交互的对象。换句话说，能够实施“换”这一行为的参与者必须是复数，是“换”

---

① 《墨子》非一人一时所作，现在普遍认为它是墨家弟子的“著作总集”。《墨子·备城门》及其后十一篇通常被认为是战国后期秦代墨家弟子所作，但朱希祖等认为是汉代的伪作。（李光辉，《〈墨子〉成书年代及著者考证综述》，《殷都学刊》2006 年第 4 期，102—105 页）因此，汪维辉（2000）认为《墨子》究竟是秦代还是汉代的作品，还难以确定。

② 卢英顺：《“换”类动词的语义特点及其所构成的句式》，《语言研究集刊（二十三辑）》，上海辞书出版社，2019 年，1—13 页。

③ 卢文中这七种组配方式分别为：（1）A—用/拿/以 M—V—O 式；（2）A—V—M 式；（3）A—V—O 式；（4）M—V—O 式；（5）O—V—M 式；（6）T—V—O/M 式（T 指话题）；（7）M/O—V 式。其中的“V”指的就是动词“换”或者以“换”为核心词素的复音词，如交换、替换等。我们不完全赞成卢文对组配方式的描述，在正文中的术语也与卢文不完全一致。同时我们认为，实际语用中常见的组配方式不止七种。但是，卢文从激活认知图示语义要素的角度来看问题，颇有启发。

的双方，否则“换”的交互性不能成立。而激活双方的工具既可以是显性的文字符号，也可以是隐性的语用预设或语境蕴涵。由此看来，例（1）中的“时换吏卒署”和“毋换亓养”都没有激活共事R，因此没有表达交互关系，也就不是交互句。又如：

（2）玄德曰：“临阵眼生，误人性命。吾所骑白马，性极驯熟，军师可骑，万无一失。劣马吾自乘之。”遂与庞统更换所骑之马。（明·罗贯中《三国演义》）

（3）懿大喜曰：“若兵果在山上，乃天使吾成功矣！”遂更换衣服，引百余骑亲自来看。（明·罗贯中《三国演义》）

例（2）的“更换”激活了认知图式中所有的四个语义要素，即施事者——刘备（A），被替换的对象——刘备的马（M），替换的目标——庞统的马（O），施事者共事对象——庞统（R）。同时，刘备和庞统都是以对方为更换的最终对象，故而该句是一个不折不扣的交互句。而例（3）的“更换”则只激活了A（司马懿）、M（换掉的衣服）和O（换上的衣服），而没有共事R。因此，句中司马懿没有更换衣服的对象，故而此举为非交互句。两句中的“更换”虽然词汇意义相同，但是它们在表达交互关系上却截然不同。

“换”字词真正表示交互关系的用法，始于东汉。如：

（4）宣即以令奏赏与恭换县。二人视事数月，而两县皆治。（《汉书·薛宣传》）

小句“赏与恭换县”中，“换”所激活的认知图式要素为：“赏”“恭”两位县令“尹赏”和“薛恭”互为A和R；他们各自管辖的县互为M和O。四要素齐全，因此该小句表达了明显的交互关系。

8.3.2 明清“换”类交互词语

明清时期，“换”的语义和功能较前代变化不大：“换”作为单音词的用例占主流，“换”字双音节词不多，变化也不太明显。

8.3.2.1 “换”字双音交互词

明清时期“换”字复音交互词都是双音节的，结构上以联合式为主[①]，句法功能上以作谓语为主，少数充当其他状定语等句法成分。比较常见的“换”字

① 我们在明清语料中发现，只有“互换”一词是状中关系的偏正式复合词，其中“互”为副词性的语素；其他的“～换”双音交互词都是“V换”形式的联合式复合词。

双音交互词有更换、易换、交换、互换、倒换、轮换、抵换、兑换、替换、转换、调换、打换、递换、换易和换班等。

此期，“换”字双音交互词都能表达交互关系，也有些词受具体语境的影响不能激活施事（A）或共事（R），因而没有交互关系，如例（3）中的“更换”。我们仅讨论其表交互关系的用例。

8.3.2.1.1　作谓语

“换”自身就是动作性强的动词，由它作核心语素构成的双音交互词自然也是动词，因此充当谓语就是其最主要的句法功能。明清时期，几乎所有的“换”字交互词都有作谓语的用例。除了上述例（2）所举的“更换”之外，其他的交互词用例如下：

（5）其船昼夜前征，所至求冰易换，急如星火。（明·沈德符《万历野获编》）

（6）郑伯应允，各将槛车推出阵前，彼此互换。（明·冯梦龙《东周列国志》）

（7）宋江道：“既是恁地，俺明日取小将军来到阵前，两相交换。”（明·施耐庵《水浒传》）

（8）如有玉玺，作速献来；如无玉玺，倒换通关牒文，又往他国。（明·罗懋登《三宝太监西洋记》）

（9）徐州府退出，一到衙内，分派各事，每三日轮换。（清·佚名《施公案》）

（10）且将二精牢拴紧缚，待明早抵换八戒也。（明·吴承恩《西游记》）

（11）随同众人一齐上去，到了店家交货明白，彼此兑换。（明·凌濛初《初刻拍案惊奇》）

（12）户外又令壮士，持利器，互相替换，巡视不息。（明·余邵鱼《周朝秘史》）

（13）才入阵中，只见八方旗色，纷纷转换，认不出那一门是休、生、伤、杜、景、死、惊、开了。（明·冯梦龙《东周列国志》）

（14）薛夫人命从人退后，表姊妹相见。徐夫人说：“将来与你换子，留你一脉。”二人调换。（清·佚名《说唐全传》）

（15）前日我这里活捉的他那个小将军，是兀颜统军的孩儿，正好与他打换。（明·施耐庵《水浒传》）

（16）黄四又拿出四锭金镯儿来，重三十两，算一百五十两利息之数，还欠五百两，就要搗换了合同。（明·兰陵笑笑生《金瓶梅词话》）

(17) 回家只望今日去号里一交一纳，谁知是夹铅的，即找原主回换。(清·佚名《海公大红袍传》)

(18) 你也还有衣裳首饰，拿出件来变换了也过过年下。(清·西周生《醒世姻缘传》)

(19) 我和你这淫妇换兑了罢，要这命做甚么！(明·兰陵笑笑生《金瓶梅词话》)

(20) 凡差伏路人役，每一昼夜换班一次，俱以辰饭毕遣出，到彼该回之人，即还赴中军销报。(明·戚继光《纪效新书》)

(21) 连忙脱落白袍，与何宗宪换转。(清·佚名《说唐全传》)

8.3.2.1.2 作其他成分

除了充当谓语，明清时期的“换”字双音交互词还有少量充当状语、定语和主宾语等其他句法成分的用例。如：

(22) 瑜都教相见毕，就列于两傍而坐。大张筵席，奏军中得胜之乐，轮换行酒。(明·罗贯中《三国演义》)

(23) 替换督工，昼夜不息，民间不胜疲苦，劳死于台下者，纵横枕藉。(明·余邵鱼《周朝秘史》)

(24) 因两手拉竿，左右互换而上，直至竿末，放开一手。(清·夏敬渠《野叟曝言》)

(25) 怎当得妻妾两个，推班出色，递换来扰？(明·凌濛初《二刻拍案惊奇》)

(26) 呼延灼把腰里料袋解下来，取出些金带倒换的碎银两。(明·施耐庵《水浒传》)

(27) 古璋道：“迭挽者，短用民力，使不疲劳，乃更换替代之法也。”(清·汪寄《海国春秋》)

(28) 其楮墨互换处，一览洞然。士大夫恨恶之，而其人素横秽，无屑与辨者。(明·沈德符《万历野获编》)

(29) 快快收拾细软东西、替换衣服，打成两个包袱，等待天明同你逃出城，往那乡再作道理。(清·佚名《施公案》)

(30) 每日轮把总一员，车正每一总一名，巡逻过夜，至次日平明交代与换班之人。(明·戚继光《练兵实纪》)

(31) 更换方毕，将及华泉，韩厥之车，已到马首。(明·冯梦龙《东周列国志》)

(32) 原来刘先锋、王应袭俱有万夫不当之勇，况兼又是两个人成了双，作了对，有照管，有互换，放心大胆，拿定要捉那个番官。(明·罗懋登《三宝太监西洋记》)

(33) 当初原是换亲，他既休了你姐姐，你也就把你媳妇儿休了！(清·西周生《醒世姻缘传》)

例(22)至例(25)是“换”字交互词作状语的用例；例(26)至例(30)是作定语的用例。相对于用例较多的状语和定语，明清时期“换”字双音交互词作主宾语的用例尤其少。例(31)中，“更换”为“毕”的主语；例(32)的“互换”和例(33)的“换亲”为所在小句的宾语的。

8.3.2.2 “换”字交互短语

明清时期，“换”字交互短语不常见。其中双音节的短语数量稍多，但每个短语的用例数较少。三音节短语比较常见的是“的”字短语，用例也不多。四字格短语较三字格短语数量要多些，用例也要多些。

(34) 渊急使人到黄忠寨，言愿将陈式来换夏侯尚。忠约定来日阵前相换。(明·罗贯中《三国演义》)

(35) 你既要鞋，拿一件物事儿，我换与你，不然天雷也打不出去。(明·兰陵笑笑生《金瓶梅词话》)

(36) 那娘娘擎杯，这妖王也以一杯奉上，二人穿换了酒杯。(明·吴承恩《西游记》)

(37) 你也还有衣裳首饰，拿出件来变换了也过过年下。(清·西周生《醒世姻缘传》)

例(34)至例(37)都是双音节的“换”字交互短语。其中，例(34)的“相换”是黄忠和夏侯渊二者双方的交互行为。例(35)的“换与”还可以写作“换……与……”，如例(38)。两者相比，前者更常见，后者少见。例(37)“变换”通过语用预设了“变换”的共事对象(R)——一般指当铺，也预设了目标对象(O)——钱财，所以句子也是要素俱全的预设隐含的交互句。

(38) 我的鞋应当还我，教换甚物事儿与你？(明·兰陵笑笑生《金瓶梅词话》)

此期，“换”字三音节交互短语种类少，用例也不多，常见的只有“的”字短语，它通常充当句子的主宾语。如：

(39) 人换了他的东西，果然有来兑换的，照了帖一一换去。(清·西周生《醒世姻缘传》)

(40) 今天操演了半天，还要巡夜。时候三更天快亮了，换班的还不来替，我实在熬不住了。(清·佚名《施公案》)

例 (39) 中，“兑换的”为宾语，例 (40) 的“换班的”为主语。

明清的四字格的交互短语有“交杯换盏”“传杯换盏”“换盏轮杯”等[①]。

(41) 两个并肩而坐，交杯换盏饮酒。(明·兰陵笑笑生《金瓶梅词话》)

(42) 于是传杯换盏，酒过数巡，各添春色。(明·兰陵笑笑生《金瓶梅词话》)

(43) 但见纣王亲至，牡丹亭上首添一席，同众臣共饮欢笑，乐声齐奏，君臣换盏轮杯，不觉天晚，帝命掌上画烛。(明·许仲琳《封神演义》)

这些四字格短语都是“互相敬酒”之意，依次表示气氛的热烈。明代该短语有着诸多异写形式，到了清代，异写形式少了许多，较多地写作“传杯换盏”。如：

(44) 蘧公子十分大酒量，王太守也最好饮，彼此传杯换盏，直吃到日西时分。(清·吴敬梓《儒林外史》)

8.3.2.3 “换”独用表交互

明清时期，“换”交互词更常见的还是作单音节动词使用，充当相应句法成分来表达交互关系，此时它相当于“交换”“兑换”等意思。如：

(45) 遂送桓阶回营，相约以孙坚尸换黄祖。(明·罗贯中《三国演义》)

(46) 宣教忙在袖里取出一包珠玉来，捧在手中道：“闻得县君要换珠宝，小子随身带得有些，特地过来面奉与县君拣择。”(明·凌濛初《二刻拍案惊奇》)

---

① “交杯换盏”又写作“传杯弄盏”；“传杯换盏”又作“换盏传杯”；“换盏轮杯”又写作“轮杯换盏”。如：

两傍列坐，传杯弄盏，花簇锦攒。(明·兰陵笑笑生《金瓶梅词话》)

纣王大喜，传旨排宴。费、尤侍于左右，换盏传杯。(明·许仲琳《封神演义》)

异人施礼已毕，坐在一旁，轮杯换盏。(明·余邵鱼《周朝秘史》)

(47) 老汉见鸡有悲鸣之状，不忍，劝客莫杀，宁可以饭食准算求换。(明·方汝浩《东度记》)

例(45)、例(46)中的“换”为谓语，例(47)中的“换”为宾语。

汪维辉[1]认为“换”字在口语中取代“更”“易”的时间不晚于隋代。到了明清，“换”的使用更是到了一个前所未有的高度，以至于到了只要存在“两个不同物体之间发生的交替现象”，那么就要由动词“换”来表达的程度。(古川裕，2009)此期的“换”不仅使用范围广，使用量大，而且用法灵活。它除了最常见的在句中作谓语受各种状语和补语修饰之外，还开始出现了重叠、排比等用法，以表达不同的语用义。如：

(48) 我和你换换，我和你换换。(明·吴承恩《西游记》)

(49) 酒保又陪小心道：“上下，周全小人的买卖，换一换有何妨。”(明·施耐庵《水浒传》)

(50) 惟独这尤聪……常把囤里的粮食，不拘大米、小麦……得空就偷，得偷就是一、二斗，偷去换簪换针、换糕换饼、换铜钱、卖银子……(清·西周生《醒世姻缘传》)

例(48)中的“换”字叠用，语用上有表达短时、轻松语气的作用。孙悟空要与妖怪交换茶水，就表明他看破了对方别有用心的伎俩。用这种轻松语气提出交换的要求，一方面表明孙悟空不想让唐三藏等人受到惊吓，毕竟妖怪尚未暴露凶恶的本来面目，另一方面也是用于迷惑妖怪，逼迫其尽早暴露。

“V一V”具有时间短、次数少的语用意义。例(49)中酒保的“换一换”隐含有“仅交换一次”“仅吃饭时间交换”的意思。这种降低“换”的负面预期效果和预期损害的语言，有助于他达到规劝听话者顺从安排的目的。

例(50)中，几个“换”字重复使用，“换”字的宾语却各不相同，这形象地表明“尤聪”这个人换的东西不仅多而且杂。几个“换”字短语的排比使用，又表明他换东西的频率极高。这些都表明尤聪偷东西频率极高，从而形象地刻画出他贪婪、手脚又极不干净的特点。

元明时期开始的这种种新用法，是“换”旺盛生命力的表现，这种活跃的状况一直延续到现代汉语中。

---

① 汪维辉：《东汉—隋常用词演变研究》，南京大学出版社，2000年。

8.4 “对”类交互词语

8.4.1 “对”交互义的产生

“对”在甲骨文中比较多见，字形大致作“”，金文作“”（毛公鼎），许慎《说文解字》小篆作“”。关于“对”的造字本义，争论颇多，许慎认为是“譍无方也”，段玉裁注“云譍无方者，所谓善待问者，如撞钟，扣以大者则大鸣，扣以小者则小鸣也。”对此，很多学者有不同的观点：有的认为是手持（丵）版准备应答；有的认为是手持“辉煌之镫”；有的认为是手持古代兵器；有的认为同“封”，疆界的意思。（《古文字诂林》第3册）詹鄞鑫认为，“对”应该训为“治”。苏杰（2000）认为，包山楚简中的“对”同“诊”，“验（证）”的意思。程邦雄[①]则认为，“对”字取象来自“织绣积绕丝线物品”，然后引申出“治理”义和“聚合、聚集”义。邓飞[②]认为，甲骨文中“对”的核心义素为“应合”。目前最权威的几部辞典《汉语大字典》《汉语大词典》《现代汉语词典（第七版）》观点还是比较一致，都以“回答、应答”作为“对”的第一个义项，这大概来自金文中的“对杨”“对越”等词。

上述各家对“对”字源义的解释所涉及的参与者有的是单方的，如“手持古兵器”“疆界、边疆”；有的没有表现出参与者双方之间的交相互为关系，如“治”“应合”“应答”等。因此，这些释义都没有表达交互关系。

到了《诗经》，“对”的意义扩展后，情况开始发生变化。如：

（1）帝作邦作对，自大伯王季。（《诗经·大雅·皇矣》）

例（1）中的“对”，《毛传》解作“配也”。《郑笺》：“作配，谓为生明君也。是乃自大伯、王季则然矣。”向熹先生（2014）将其解作“配：相配的人；相当的人”。《汉语大字典》将此句中的“对”也解作“相当、相配”。人们都知道，“相当的人，相配的人”表示的是两个或以上的参与者之间的一种相近或相类的同比关系，而这种关系对参与者来说是交互的。例如，当人们说“A是与B相当/配的人”的时候，不仅说的是“A与B相当/配”，同时也蕴涵了“B也与A相当/配”的意思。据此，我们可以认为“对”的表交互关系用法产生于《诗

① 程邦雄：《释“对”》，《古汉语研究》2001年第4期，56—58页。

② 邓飞：《甲骨文“对”考》，《茂名学院学报》2010年第5期，49—52页。

经》时代。有的学者（邓飞，2010）认为例（1）中的“对”是“配祭”的意思。按照此解释，句中的“对”则不是交互用法。

如果说，《诗经》时代的“对”字是否具有真正的交互用法尚有争议，那么，到了战国时期的《仪礼》中，“对”字就有了明确的交互用法。如：

（2）御布对席。（《仪礼·士昏礼》）

（3）揖妇，即对筵。（《仪礼·士昏礼》）

（4）妇乘以几，从者二人坐持几，相对。（《仪礼·士昏礼》）

例（2）的“对席”指的是与男方席位相向的女方席位，即“妇席”。例（3）的“即对筵”就是男女双方在他们相向的席位上就座，“对筵”就是指相对的席位。例（4）的“相对”即相向的意思。上述三例中的“对”都是“相向”的意思，表达的是明确无误的空间位置交互关系。

8.4.2　明清“对”类交互词语

明清时期，“对”既可以以核心语素的方式与其他语素构成复合词表达交互关系，也可以单独使用，以单音词的形式表达交互关系，还可以与其他的词组成短语共同表达交互关系。总之，表达交互关系的形式灵活多样，所表达的具体交互义项也比较丰富。此期的“对”字交互表达可以分为交互词和交互短语，其中交互词又可以分为“对～”类双音交互词、“～对”类双音交互词、“对”类交互短语和单音交互词“对”的交互表达。

8.4.2.1　“对～”类双音交互词

明清，“对”字参与交互表达的最主要方式就是组成双音交互词。在所组成的双音交互词中，“对～”类交互词数量最多、用例最多、用法也最为丰富；与前者相比，“～对”无论在词的数量上、词的使用频率上，还是在功能用法上都要逊色许多。

此期“对～”类交互词有对坐、对敌、对打、对阵、对圆、对局、对峙、对簿、对证、对质、对词、对理、对话、对嘴、对弈、对酌、对泣、对席、对亲、对照、对面、对过、对门、对联、对子、对头、对手、对襟/衿等。它们大部分是交互动词，也有小部分是交互名词。其中，对面、对过、对门、对坐、对酌、对泣、对席、对联、对子、对襟/衿等主要表示空间上的交互关系，其他的则是由空间转喻投射而来的抽象交互关系。

8.4.2.1.1　作谓语

此期，大部分“对～”双音交互词可以充当所在句法单位的谓语成分。如：

(5) 孔明请老叟入庙，礼毕，对坐于石上。（明·罗贯中《三国演义》）

(6) 儁令玄德为其先锋，与贼对敌。（明·罗贯中《三国演义》）

(7) 两人大门对打，他弱我用强，他强我弱让。（明·戚继光《纪效新书》

(8) 只是两家对手，臣也不惧怯于他。（明·罗懋登《三宝太监西洋记》）

(9) 方欲对阵，蜀兵又退。（明·罗贯中《三国演义》）

(10) 两阵对圆，旗鼓相望。（明·罗贯中《三国演义》）

(11) 如与贼对垒，须去营二十步，每队然火一堆，彻夜，见贼即与抵敌。（明·戚继光《纪效新书》）

(12) 那日王府中对局，果然是奴家输与他了。（明·凌濛初《二刻拍案惊奇》）

(13) 小臣贵溪县西南八十里，有一座山，其峰峭拔，两面对峙，如龙昂虎踞之状，故此叫做个龙虎山。（明·罗懋登《三宝太监西洋记》）

(14) 抚按从而勘实之，又令刘乡人告刘居乡诸不法状，亦对簿追赃，刘坐戍广西之浔州，病死。（明·沈德符《万历野获编》）

(15) 黄奎大叫："无罪!"操教苗泽对证。（明·罗贯中《三国演义》）

(16) 用起刑法来，又叫尼姑真静与他对质。（明·凌濛初《二刻拍案惊奇》）

(17) 皇后娘娘不知何人陷害，天子怒发西宫，剜去一目，炮烙二手，如今与刺客对词，请千岁速救娘娘！（明·许仲琳《封神演义》）

(18) 且提去府里，你自与他对理明白。（明·施耐庵《水浒传》）

(19) 如今俺娘要和你对话哩。（明·兰陵笑笑生《金瓶梅词话》）

(20) 探春喝命丫鬟道："你们听他说的这话，还等我和他对嘴去不成。"（清·曹雪芹《红楼梦》）

(21) 早上起来设朝，百官朝罢，圣旨独留丞相魏徵同到文华殿对弈。（明·罗懋登《三宝太监西洋记》）

(22) 宗仁一日有亲眷家送得一小坛美酒，夫妻两个将来对酌。（明·凌濛初《二刻拍案惊奇》）

(23) 冯大惊异，立招邸中款之，令婢窥于屏后，果其嫡兄，因相持对泣，重叙亲谊，且诉向来兵燹仳离之苦，喜极而恸。（明·沈德符《万历野获编》）

(24) 潼关总兵盛元杰献了潼关，与敌人对亲。（清·佚名《说唐全传》）

(25) 仰望天上，又有两轮太阳对照。（明·罗贯中《三国演义》）

(26) 故有善谐者，谓欲假贷，当先图一像来，以俟他日对照。（清·龚炜《巢林笔谈·缓急称贷》）

(27) 平日又与他冤家对头，如今他当了家，我们倒要在他喉下取气了。（明·凌濛初《初刻拍案惊奇》）

例（5）的“对坐”是“相向而坐”的意思，表示事件参与者（孔明与老叟）在空间上彼此相向的空间交互关系。

例（6）的“对敌”本来也是表示空间上的“朝向敌人”之意，是一个非交互关系的动词短语。[①] 到了明清时期，它早已是一个表示“与敌对峙、交战”等抽象交互关系的动词了。这种交互关系是通过语用预设来表达的，即“对峙”或“交战”本身就预设了该事件一定是发生在两个或以上的参与者之间，而且这些参与者彼此互相依存不可或缺——任何一方都不能脱离对方独自“对峙”或者“交战”。

例（7）的“对打”[②]、例（8）的“对手”都是“打斗、交锋”的意思，它们与例（6）的“对敌”相似，都是通过类似的预设来表现参与者间的交互关系。明清时期，“对手”作谓语还可以有“（双方）势均力敌、旗鼓相当”的意思，如例（28）：

(28) 褚标复向贺人杰道：“你高兴吗？咱与你杀个老少对手。”（清·佚名《施公案》）

---

① 《周礼·春官·车仆》：“车仆，掌戎路之萃、广车之萃、阙车之萃、苹车之萃。”郑玄注：“萃，犹副也。此五者皆兵车，所谓五戎也。戎路，王在军所乘也；广车，横陈之车也；阙车，所用补阙之车也；苹，犹屏也，所用对敌自蔽隐之车也；轻车，所用驰敌致师之车也。”《汉语大词典》将郑玄注中的“对敌”解释为“面对敌人；对敌人作战”。从交互关系表达的角度看，《汉语大词典》的解释尚可商榷。因为如果是“面对敌人”之意，那么“对敌”就是一个表示施事单方行为的单向义动词；如果是“对敌人作战”之意，那么此时的“对敌”就是一个蕴涵作战双方互相战斗的隐性交互义动词。从郑玄的注解上下文来看，郑注中的“苹车”是指面对敌人进攻时，士兵用于保护自己的防御型战车，“轻车”是用于冲击敌阵的进攻型战车，二者都是与敌人作战时使用的战车。由此可知，郑注“苹，犹屏也，所用对敌自蔽隐之车也”中的“对敌”的确切意义应该是“面对敌人（进攻）”，而非“与敌作战”。因此，郑注中的“对敌”尚没有交互义。

② 此期的“对打”还可与其他词构成并列式四字格短语，如“两人小门对打对揭须急变（急变时勿使他揭著，揭著则不及矣）”（明·戚继光《纪效新书》）。

例（28）中的“老少对手”就是“老少二人旗鼓相当”。句中，“对手”充当“老少”的谓语，然后一起组成主谓短语充当动词“杀”的补语。

例（9）、例（10）和例（11）的“对阵”（有时写作“对陈”）、“对圆”和“对垒”都是“两军或双方对峙交战”的意思。[①] 这三个词都是通过双方在空间上的相向，转指交战的事件本身。这是空间交互关系转喻后的抽象事件交互关系。

例（12）的“对局”与例（21）的“对弈”意义相同，都是“下棋”的意思。我们知道，下棋尤其是下围棋，通常需要双方互为敌对方进行博弈，因此“对弈、下棋”本身就预设了事件参与者双方，而双方在下棋这件事上是一种互相依存的交互关系。明代，“下棋、对弈”偶尔也会用“对手”来表示，如例（29）：

（29）是咱看见两个老者对手着棋，咱问他道：“大国是甚么国？”他说道：“是撒发国。”（明·罗懋登《三宝太监西洋记》）

例（13）的“对峙”指“山峰相对而立”，这是它的本义用法。后来，通过隐喻投射，“对峙”也用于指人情等抽象的对立，如例（30）、例（31）：

（30）两厂对峙，用成化故事。（明·沈德符《万历野获编》）

（31）皇考入庙，宜迁于穆庙之首，与成祖对峙，三昭三穆列于前，成庙睿庙翼于左右。（明·沈德符《万历野获编》）

例（30）指的是东厂与西厂两个机构的对立，例（31）指明睿宗父亲明宪宗与明成祖地位平列，两位已故帝王各自位于昭穆之首而对立。无论是哪一种对立，“对峙”都表达出了事件参与者之间相对而立的交互关系。

例（14）的“对簿”，例（15）的“对证”，例（16）的“对质”，例（17）的“对词”，例（18）的“对理”和例（19）的“对话”都有“核对事实”的意思。不同之处在于，它们凸显的侧面各不相同。“对簿”侧重于从狱词文书即诉状的角度核对事实，凸显的是对象；“对证”侧重于从证实的角度来核对实施，凸显的是结果；“对质”强调的是相关人员互相当面核对质问对证，凸显的是相关人员现场核实；“对词”则侧重于言语供词上的核对，凸显的是口头供词；“对理”侧重于核对审理，凸显的是对诉讼的处理；“对话”侧重于核实话语，凸显的是日常的口头谈话核实，审理的意味最弱。这些词中，“对话”指的是一方核对另一方，其交互性最弱。明清时期，“对话”还有表示“交谈”义的用法，这时候它才是一个比较典型的交互义动词，如例（32）：

---

① “对圆”，《汉语大词典》解释为：“两军临战前各自列成半圆形阵势，因相对成圆，故称。”由此看来，“对圆”就是“对阵”，只不过前者借用交战双方军队对阵时的外在形态，来转指交战；后者则用双方阵垒相向的情状来转指交战。

（32）此时两人对话，一递一来。（明·凌濛初《二刻拍案惊奇》）

在表示“交谈”之意时，明清时期人们还偶尔用“对语”一词，如例（33）：

（33）二人马头相交，各按辔对语。（明·罗贯中《三国演义》）

例（20）的“对嘴”是“争论、争辩”之意，其预设的事件参与者为两人或以上，因此“对嘴”隐含了比较明显的交互关系。清代“对嘴”还偶尔与其他同义的词构成并列式四字格短语。如：

（34）那里那么大工夫和他对嘴对舌的。（清·曹雪芹《红楼梦》）

例（22）的“对酌”，意为“相向饮酒”，这表明它们隐含了空间上的交互关系。明清时期“对酌”只用于两人之间喝酒，一般只作谓语。

例（23）的“对泣”中的“对”也是“相向、相对”的意思，因此“对泣”也是一个隐含空间交互关系的动词。

例（24）的“对亲”意为“结亲、联姻”。因为“结亲”是男女双方共同参与的，彼此互为自己配偶的行为，所以它是一个隐含交互关系的交互动词。

例（25）的“对照”为“相对而照”的意思，即空间上二者相向，互相照耀，因而表达的是一个空间交互关系。这一用法唐代就已经出现了，如例（35）：

（35）中有佛坐像，高七尺余，相好允备，威肃嶷然，首戴宝冠，光明对照。（唐·玄奘《大唐西域记》）

与上述两例不同，我们现代汉语中常用的“对照”是“对比、比较”的意思，这一语义功能也是在唐代就已经出现，如例（36），不过使用频率一直不高，一直延续到明清，如例（26）。

（36）或却以性为法，以心为义。故须约三宗经论相对照之。法义既显，但归一心，自然无诤。（唐·宗密《禅源诸诠集》）

例（27）的“对头”是“冤家、仇人”的意思，在句中作谓语。与朋友、同学、亲戚等人际关系名词一样，“对头”所表示的对立关系也是人与人之间相互的，是一种交互的关系：成为对头冤家的人一定是复数的，而且他们之间互相以对方为自己的对头冤家。

明清时期的交互动词“相对”用例很多，并且它所表示的交互关系尤其灵活多变。如：

（37）御史再三推辞，定要旁坐，只得左右相对。（明·凌濛初《二刻拍案惊奇》）

（38）次日，两军相对，各布成阵势。（明·罗贯中《三国演义》）

(39) 二人相对，分枪即进者为上等。(明·戚继光《练兵实纪》)

(40) 此女颇贤，门楣相对，仍当俯就，不可过于执拗。(清·汪寄《海国春秋》)

(41) 大郊见他说出银子数目相对，已知果是杨化附魂。(明·凌濛初《初刻拍案惊奇》)

(42) 宅上虽然清淡些，到底是官宦人家。罗宅眼下富盛，却是个暴发。两边扯来相对，还亏着孺人宅上些哩。(明·凌濛初《初刻拍案惊奇》)

(43) 大军与晋兵遇于鞍，相对二十里下寨。(明·余邵鱼《周朝秘史》)

(44) “乐”字下有一“道”字，盖“未若贫而乐道”与下句“富而好礼”相对。(清·李汝珍《镜花缘》)

“相对”本来指事件参与者互相朝着对方的“面对面”，表达的是空间上的交互关系，如例(37)。例(38)和例(39)的“相对”都是“交战”的意思，不同的是，前者为集体军队的“对垒”，后者是个人间的“对打”。在表达交互关系方面，它们在例(37)的基础上有了新发展：既指双方在空间上的面对面，也指双方在立场等抽象事理上的对立。例(40)至例(42)的“相对”表示的都是抽象交互关系，分别为“相当”“相吻合”“相比较”等意思。例(43)和例(44)的“相对”分别意为“彼此相距”和“互相对仗”，这两种语义功能明清罕见。

8.4.2.1.2 作主语

明清时期有很大一部分“对～”类双音交互词是体词性的，如：对面、对过、对门、对席、对联、对子、对头、对手、对襟/衿等。其主要句法功能之一就是充当主语。如：

(45) 只见对面并无士卒，独自一人。(明·许仲琳《封神演义》)

(46) 对阵开处，当先出马一只大将，燕国会阴人也，姓市名彼，威风凛凛。(明·余邵鱼《周朝秘史》)

(47) 对垒即是番兵屯营之所，彼听我军来到，必出索战。(明·熊大木《杨家将传》)

(48) 籍没严分宜，则碧玉、白玉、围棋数百副，金、银象棋亦数百副，若对局用之，最为滞重不堪，藏之则又无谓，真是长物。(明·沈德符《万历野获编》)

(49) 奈我平时没有恶业，对证过了，还要重生。（明·凌濛初《二刻拍案惊奇》）

(50) 对门有一个老儿，姓程，年纪七十来岁，终日坐在门前一只凳上，朦胧着双眼，看人往来。（明·凌濛初《二刻拍案惊奇》）

(51) 只因拿一不堪匹夫，不防对过有一贱人，用石打伤面门，复一石又打伤脊背，致失机而回。（明·许仲琳《封神演义》）

(52) 这呼家与我们是世代通家，同朝共政的大功臣，对亲恰是不错。（清·佚名《呼家将》）

(53) 对联为御制御书，不知当时在事者，何以处此？（明·沈德符《万历野获编》）

(54) 那对子就是才说的那个属马的写的。（清·文康《儿女英雄传》）

(55) 我的对子已经阉割过了，没有本钱，那里去讨个快活？（明·罗懋登《三宝太监西洋记》）

(56) 对头改去，我今作速讨个差与你回去，救取岳丈了事。（明·凌濛初《二刻拍案惊奇》）

(57) 非俺将军失机，只是撞得对头不巧。（明·罗懋登《三宝太监西洋记》）

(58) 客店相对有一小宅院，门首挂着青帘，帘内常有个妇人立着，看街上人做买卖。（明·凌濛初《二刻拍案惊奇》）

(59) 对岸有苦坐而曲躬者，日捣砧石。（清·汪寄《海国春秋》）

(60) 对江有一座寒江关，关上老将姓樊，名洪。（清·佚名《说唐全传》）

例（45）中“对面”作主语，与其后的“并无士卒”组成存现式的主谓短语，然后共同充当它们前面动词“见”的宾语。句中“对面”表示交战中对立方的所在位置。众所周知，战场上交战双方在空间上和立场上均为彼此的对立面，因而“对面”在语用中就预设了，己方与对方对立的情状，因此该词隐含了双方在空间上和事理上的交互关系。

例（46）的“对阵”意为“对方阵地”，也是表达空间交互关系的词。它在句中与其后动词“开”组成主谓短语，然后共同充当名词“处”的定语，组成一个更大的定中式偏正短语，然后一起充当所在存现句的处所主语。

例（47）的“对垒”为“对方营垒”之意，在句中为处所主语，也表达了空间上的交互关系。

例（48）的“对局”、例（49）的“对证”隐含的都是抽象的交互关系。

例（50）的“对门”和例（51）的“对过”都是“对面”的意思，也都是隐含这空间上的交互关系。二者不同之处在于，“对门”指的是更为具体的对面的人家，而“对过”则更宽泛些。

例（52）的“对亲”为“联姻”之意，表示两家人结为婚姻之好。

例（53）的“对联”和例（54）的“对子”都是“对联”的意思。大家都知道，对联是由上下联构成，它们之间有平仄对仗等的严格要求，因此“对联”隐含着比较明显的上下联间的交互关系。不过，明清时期，“对子”作主语时偶尔还用来表示“伴侣、情人”等意义，如例（55）的受事主语“对子”。

例（56）和例（57）中的两个“对头”意义略有不同，前者指“仇家、仇人”，后者指“对手、敌人”。此外，“对头”还可以表示“对面”的意思，如例（61）：

（61）我先上岗子去，看有对头来的牲口，好招呼他一声儿。（清·文康《儿女英雄传》）

句中，“对头”与动词“来”构成主谓短语充当“牲口”的定语，然后再共同充当动词“有”的宾语。

例（58）、例（59）和例（60）中的“相对”“对岸”和“对江”都出现于存现句中，为存现动词“有”的主语，都表达了空间上的交互关系。

8.4.2.1.3 作宾语

明清时期，充当宾语的“对～”类双音词与充当主语的差不多。如：

（62）西门庆奖了一回，便坐在妇人对面。（明·施耐庵《水浒传》）

（63）今我王自认不是，遣人到贡，彼必休兵，不劳对敌也。（明·钟惺《夏商野史》）

（64）宋江大纵三军，掩杀过对阵来。（明·施耐庵《水浒传》）

（65）小而一局一宗，以至一伍五人，一隅三人，平时则在教场，急时则在对垒，学战实战，皆照此。（明·戚继光《练兵实纪》）

（66）皮评道：“此无对局，不敢款留。”（明·方汝浩《东度记》）

（67）眼前境界不好，必是夏主簿要我做对证，势必要死。（明·凌濛初《二刻拍案惊奇》）

（68）老嬷只得又走将过对门去。（明·凌濛初《二刻拍案惊奇》）

（69）薛教授极是欢喜，只是杨家的对过，外人怎么插得进去？（清·西周生《醒世姻缘传》）

（70）董超坐在对席，酒保一面铺下酒盏、菜蔬、果品、案酒，都搬来摆了一桌。（明·施耐庵《水浒传》）

（71）楼上也有名人题诗对联，也是刊板砂绿嵌的。（明·兰陵笑笑生《金瓶梅词话》）

（72）又见那二门上有一联对子，写着："静隐深山无俗虑，幽居仙洞乐天真。"（明·吴承恩《西游记》）

（73）河北袁绍，正是丞相对头。（明·罗贯中《三国演义》）

（74）关某威震华夏，未逢对手；今遇令明，真劲敌也。（明·罗贯中《三国演义》）

（75）何不速下，棹过对岸，再作区处！（明·罗贯中《三国演义》）

（76）里水寨中四个水军总管见乌龙岭已失，睦州俱陷，都弃了船只，逃过对江。（明·施耐庵《水浒传》）

（77）宝玉早向贾珍手里接过对牌来，强递与凤姐了。（清·曹雪芹《红楼梦》）

例（72）的"对子"除了有"对联"之意外，作宾语时还可以表示"可匹敌的对手、敌手"的意思，如例（78）：

（78）姜金定自知他不是天师的对子，放开马望正西上逃生。（明·罗懋登《三宝太监西洋记》）

例（73）的"对头"作宾语也可以表示多种隐含交互关系的意义，本例除了"仇人"之意外，还可以表示"可匹敌的对手、敌手""配偶""敌人"等。现分别举例如下：

（79）此剑一挥，百神退位，故此诸神做不得他的对头。（明·罗懋登《三宝太监西洋记》）

（80）我家门户低微，目下取得妻来，不过是农家之女，村妆陋质不是我的对头。（明·凌濛初《二刻拍案惊奇》）

（81）一个作恶的官宦，做着没天理的勾当，后来遇着清正严明的宪司做对头，方得明正其罪，说来与世上人劝戒一番。（明·凌濛初《二刻拍案惊奇》）

例（74）的"对手"，明清时期也是一个多义的交互词，作宾语时，既表示的"可匹敌的人、旗鼓相当的人"；还可以表示"相匹配的人、配偶"，"敌人"等隐含交互关系的意义，如例（82）和例（83）：

（82）周时吕望，要寻个同钓鱼的对手；汉时伏生，要娶个共讲书的配头。（明·凌濛初《初刻拍案惊奇》）

(83) 浮石诸将亦纷纷而上，各寻对手厮杀。(清·汪寄《海国春秋》)

例 (82) 的“对手”与其后的“配头”相对为文，故此二者意义相同，即为“配偶”之意。

8.4.2.1.4 作定语

明清时期，作定语的“对～”类双音交互词用法比较丰富，用例也多。如：

(84) 吩咐众匠人要芦席五百领，对面洲上使用。(明·罗懋登《三宝太监西洋记》)

(85) 若魏延造反，临阵对敌之时，方可开拆，便有斩魏延之计。(明·罗贯中《三国演义》)

(86) 探子马出军前，大叫曰：“请对阵主将答话!”(明·罗贯中《三国演义》)

(87) 况选锋之说，盖选于无警之日，非选于对垒之秋。(明·戚继光《纪效新书》)

(88) 正为对局的事要与嬷嬷商量。(明·凌濛初《二刻拍案惊奇》)

(89) 臣常布置其姑媳对奕之势，虽罄竭心思，推算其所言九秤胜负之说，终不可得。(清·褚人获《隋唐演义》)

(90) 遂吩咐家人，将三项银子立时交与张老儿，叫他到对质时拿来呈缴。(清·佚名《海公大红袍传》)

(91) 刘 (八) 素有艳称，对簿日呼之上，谛视之，果光丽照人。(明·沈德符《万历野获编》)

(92) 今日纵不来查究，待日后班师，自有对证之法。(清·佚名《说唐全传》)

(93) 原来阴间镜照出毛妻张氏同受银子之时，张氏在阳间恰像做梦一般，也梦见阴司对理之状。(明·凌濛初《二刻拍案惊奇》)

(94) 一日正在门前坐地，呆呆的看着对门帘内。(明·凌濛初《二刻拍案惊奇》)

(95) 没多时，只见对过芦苇泊里三五个小喽罗，摇着一只快船过来，径到水亭下。(明·施耐庵《水浒传》)

(96) 五指望店主人脸上只一掌，把那店主人打个踉跄，直撞过那边去，那对席的大汉见了大怒。(明·施耐庵《水浒传》)

(97) 迨及笄之岁，一则愁无对头之亲，二则恐有失和之事。(清·佚名《海公大红袍传》)

(98) 此是花法胜，而对手工夫渐迷，武艺之病也；虚文张，而真营却废，制阵之病也。(明·戚继光《纪效新书》)

(99) 上穿白绫对襟袄儿，下着红罗裙子。(明·兰陵笑笑生《金瓶梅词话》)

(100) 童贯与酆美、毕胜勒马在万军之前，遥望见对岸水面上芦林中一只小船。(明·施耐庵《水浒传》)

(101) 只见对港芦苇丛中，早有小喽罗摇过船来。(明·施耐庵《水浒传》)

(102) 莫大以对床之情，消阋墙之衅。(明·凌濛初《二刻拍案惊奇》)

例 (97) 的"对头"为"匹配、相当"的交互义。例 (98) 的"对手"则是"对敌、交手"之意，此外，作定语时它还有其他的语义功能，如例 (102) 中意为"匹敌、旗鼓相当"。例 (99) 的"对襟"也写作"对衿"，如例 (103)，指衣领相对的服装款式，也隐含交互关系。明清时期该词只有定语用法。

(103) 老人家酒量极大，不用讲家里，便是外面，交遍天下，总不曾遇见个对手的酒量，往往见人不会吃酒，便说这人没出长儿，没干头儿。(清·文康《儿女英雄传》)

(104) 换了一套绿闪红缎子对衿衫儿、白挑线裙子。(明·兰陵笑笑生《金瓶梅词话》)

8.4.2.1.5　作状语

此期，作状语的"对～"类双音交互词比较少，其用例也不多。如：

(105) 你既是本领高强，再和我对面硬杀几十合。(明·罗懋登《三宝太监西洋记》)

(106) 却见玄德与操对坐饮酒。(明·罗贯中《三国演义》)

(107) 尚师徒道："我就放程咬金还你，须要对阵交换。"(清·佚名《说唐全传》)

(108) 小道人将王府中与妙观对局赌胜的事说了一遍。(明·凌濛初《二刻拍案惊奇》)

(109) 史进请三位头领上坐，史进对席相陪。(明·施耐庵《水浒传》)

(110) 二人相对而泣，坐以待旦。(明·罗贯中《三国演义》)

（111）因被褥已经踹踏，另换两付铺盖，仍至素臣房中，对榻寝宿。（清·夏敬渠《野叟曝言》）

8.4.2.1.6　其他句法成分

除上述的句法成分外，部分“对～”类双音交互词还可以充当补语和兼语等句法成分，不过词的数量相对更少，但是绝对的用例数并不少，“对联”“对子”更是经常用作兼语。如：

（112）只见天霸与李配，杀了个对手。（清·佚名《施公案》）

（113）里边又有一对联云：“一张铁嘴，识破人间凶与吉；两只怪眼，善观世上败和兴。”（明·许仲琳《封神演义》）

（114）又见那二门上有一联对子，写着：“静隐深山无俗虑，幽居仙洞乐天真。”（明·吴承恩《西游记》）

（115）猛见对岸有个人，在那里拉曳吊桥。（清·佚名《施公案》）

例（112）的“对手”是“势均力敌”的意思，在句中作动词“杀”的补语。例（113）的“对联”既是“有”的宾语，也是后面“云”的主语，因此是个兼语。例（114）和例（115）的“对子”和“对岸”也都是兼语。

8.4.2.2　“～对”类双音交互词

除了大量的“对～”类交互词外，明清时期也存在一定的“～对”类交互词，比如捉对、作对、放对、确对、的对、比对、配对、抵对、质对、冤对、勘对、户对等。这些词主要是动词和名词，在句中主要充当谓语。

8.4.2.2.1　作谓语

（116）只寡孤凤，霎时间交仗成双；寡妇鳏男，一席话搬唆捉对。（明·施耐庵《水浒传》）

（117）又且路见不平，专要与那瞒心昧己的人作对。（明·凌濛初《初刻拍案惊奇》）

（118）妙观见说写的是“饶天下最高手”，明是与他放对的了。（明·凌濛初《二刻拍案惊奇》）

（119）此与时人惜于少保之语曰：“鹭丝冰上走，何处寻鱼嗛？”真一时的对，亦千古冤痛。（明·沈德符《万历野获编》）

（120）道人，你既说小小道童也有来历不怕，如今就与他比对个拳脚。（明·方汝浩《东度记》）

(121) 要好是大家好，不好倒不能配对了！（清·佚名《施公案》）

(122) 故此自来，要与大郊质对，务要当官报仇。（明·凌濛初《初刻拍案惊奇》）

(123) 已知着爱皆冤对，岂料酬恩是祸胎！（明·施耐庵《水浒传》）

(124) 我也每每听得有人说，祝家庄那厮要和俺山寨敌对。（明·施耐庵《水浒传》）

(125) 童环对叔宝、金甲道："你看他目中无人，待我去打这狗头下来！"遂大叫道："我来与你较对！"（清·佚名《说唐全传》）

例（116）的"捉对"与前面的"成双"同义。

例（117）的"作对"是"成为对头"的意思，明清时期"作对"还可以表示"相当、相匹"等交互意义，如例（126）：

(126) 上命给（洪茂仔）口粮脚力，送还其家，正堪与程复作对。（明·沈德符《万历野获编》）

例（126）讲述的是"洪茂仔"的事例与程复的事例刚好相当。

例（118）的"放对"也是"成为对头"的意思。此外，"放对"还可表示其他的交互义。如例（127）：

(127) 两个就林子里，一来一往，一上一下，两个放对。（明·施耐庵《水浒传》）

例（127）中，"放对"为"一对一，单挑"的意思。

例（119）的"的对"为名词，意为"好的贴切的对子"，这种用法在书面语色彩比较浓厚。

例（120）的"比对"是"比试、较量"的意思。现代汉语中表示"比较核对"义的"比对"在清代也出现了，但它们为非交互用法，如例（128)：

(128) 请母亲取出衣饰原匣，然后逐件说出比对，才见得不是假冒哩！（清·夏敬渠《野叟曝言》）

例（121）的"配对"是"配成一对"的意思。此外，"配对"后还偶尔可以带宾语，为"与……配成一对"的意思。如例（129）：

(129) 本藩奉元帅之令，将来与小姐作伐，配对世子丁山。（清·佚名《说唐全传》）

8.4.2.2.2 其他句法成分

除了普遍可以充当谓语外，“～对”类交互词充当其他句法成分的尚不多，作宾语的词和用例相对稍多，作其他成分的词数既少，词频又少。下面略加介绍：

(130) 虽系戏言，实是确对。(明·沈德符《万历野获编》)

(131) 时粤中新罹大盗曾一本之乱，民生疾首，其乡人恶曾之谄，即号士楚为曾一本，盖以前疏为戏，正与科中陈可作的对也。(明·沈德符《万历野获编》)

(132) 褚标、朱光祖二人看得真切，便喝一声彩道：“真是配对呀!”(清·佚名《施公案》)

(133) 上面各字，与外面匾对一样，都是科斗古文，若有一字认得，算我有心欺你。(清·李汝珍《镜花缘》)

以上均是作宾语的例子，而且句中的“～对”类交互词充当的都是判断句的宾语。例(130)的“确对”意为“妥帖的对仗”；例(131)的“的对”意为“完全匹配”；例(132)的“配对”意为“般配的一对”；例(133)的“匾对”[①]是“匾额与对联”的合称。

(134) 四员将捉对儿厮杀。(明·罗贯中《三国演义》)

(135) 狐狸麋鹿成双走，野兽玄猿作对吟。(明·罗贯中《三国演义》)

例(134)和例(135)是作状语的例子。其中例(134)说明“儿”化现象早在元明时期便已广泛存在于口语中。

(136) 匾对皆非虚誉，父皇在宫，常欲以母事太婆，兄事公公。(清·夏敬渠《野叟曝言》)

(137) 且又有同胞手足，捉对夫妻，与叔侄郎舅，以及跟随主仆，争斗冤仇，皆一样的酒筵欢乐，无问亲疏。(明·施耐庵《水浒传》)

(138) 那时天霸既不能卖弄武艺，怎能杀得配对呢？(清·佚名《施公案》)

---

① “匾对”亦称“扁对”，明代即有用例，如“贞甫以时艺名世，本不工书，而酷好濡染，精绫名茧，布满都下，即园亭中扁对亦多出其手，故周有此问”(明·沈德符《万历野获编》)。

例（136）的“匾对”为主语；例（137）的“捉对”为定语；例（138）的“配对”意为“配合成双”，作句子的补语。

8.4.2.3 “对”类交互短语

8.4.2.3.1 四字格交互短语

8.4.2.3.1.1 交互成语

明清时期“对”字交互义短语比较丰富，其中四字格短语也相对较多，其中不乏一些成语，如门当户对、针锋相对、死无对证等。

（139）恐怕一时难得门当户对的佳配，所以且说个取妾。（明·凌濛初《二刻拍案惊奇》）

（140）我欲待杀了你，可惜死无对证。（明·罗懋登《三宝太监西洋记》）

（141）棋逢对手难藏兴，将遇良才可用功。（明·吴承恩《西游记》）

（142）叫舞剑，左右的成双作对舞剑。（明·罗懋登《三宝太监西洋记》）

（143）他句句话与你针锋相对，分明是豪客剑侠一流人物。（清·文康《儿女英雄传》）

例（139）的“门当户对”又可以写作“当门对户”。如：

（144）金家儿子虽然聪明俊秀，却是家道贫穷，岂是我家当门对户？（明·凌濛初《二刻拍案惊奇》）

此期，有的文献有时候也用“人死无对”“无可对证”等短语来表示与“死无对证”相类似的意思。如：

（145）殿下，你忒暴躁，如今杀了姜环，人死无对。（明·许仲琳《封神演义》）

（146）操恐打死，无可对证，令狱卒揪去静处，权且将息。（明·罗贯中《三国演义》）

例（142）的“成双作对”又可写作“作对成双”。如：

（147）作对成双的金瓜钺斧，行歌互答的玉笛鸾笙。（明·罗懋登《三宝太监西洋记》）

例（143）的“针锋相对”是“尖锐对立”的意思，明清时期它还有表示

“彼此吻合、相互协调一致”的语义功能，如例（148）：

（148）这十三妹本是个玲珑剔透的人，他那聪明正合张金凤针锋相对。（清·文康《儿女英雄传》）

梁晓虹[①]认为，“针锋相对”源于佛门用语“针锋相投”，本用于比喻“事情恰到好处、无丝毫差错”。因此，例（143）和例（148）中“针锋相对”表达的意义都应当是其本义的引申义。

8.4.2.3.1.2　其他四字格交互短语

除了成语外，此期还有些“对”字四字格短语不是成语，也表达了交互关系，其中包括构式“对A对B”和重叠式短语“对证对证”和“拼对拼对”等，它们大多数是并列关系短语。如：

（149）两人小门对打对揭须急变（急变时勿使他揭着，揭着则不及矣）。（明·戚继光《纪效新书》）

（150）老嬷道：“对门对户，日前相处面上，甚么大事说起谢来！”（明·凌濛初《二刻拍案惊奇》）

（151）那里那么大工夫和他对嘴对舌的。（清·曹雪芹《红楼梦》）

（152）小弟先在那里等候着，当头对面，把这是非都对得明白了。（明·施耐庵《水浒传》）

（153）元帅义不服人，演武何论于文，他日交锋对陈，亦事吟诗以退敌哉？（明·余邵鱼《周朝秘史》）

（154）那些对门两舍的妇女也都出来看晁大舍与珍哥起身，也有羡慕的，也有数说的，也有笑话的。（清·西周生《醒世姻缘传》）

（155）我们且到寇家去，一则吊问，二来与他对证对证，看是何人见我做贼。（明·吴承恩《西游记》）

（156）我施某的官也作烦了，少不得与你拼对拼对。（清·佚名《施公案》）

明代的时候，“对A对B”构式中的“对”是“相向、对面”之意，例（149）的“对打对揭”即为“相向/对面打斗”，引申为“互相打斗”；例（150）的“对门对户”意为“门对门，户对户（的近邻）”。到了清代，AB为名词的“对A对B”构式中的“对”语义发生了扩展，可以表示“较量、对抗”之义了，因此例（151）的“对嘴对舌”意为“争论、斗嘴”。

---

① 梁晓虹：《汉译佛经与汉语辞书》，《辞书研究》1990年第1期，71—78页。

例（152）的“当头对面”意为“当面对质”；例（153）的“交锋对陈”就是“对阵、交战”之意；例（154）的“对门两舍”是“附近邻居”的意思。例（155）和例（156）分别是“对证”和“拼对”的“ABAB”式重叠短语，前者带有短时的构式义，后者带有尝试的构式义。

8.4.2.3.2　非四字格交互短语

8.4.2.3.2.1　三字交互短语

明清最常见的“对”字三字格交互短语是“A 对 A”、含“对”字“的”字短语、“对”字“儿”化短语以及“对一对”“一对对”等重叠构式。如：

（157）还只是面对面射罢！（明·罗懋登《三宝太监西洋记》）

（158）对敌的看见箭来，少不得把个兵器来革。（明·罗懋登《三宝太监西洋记》）

（159）四员将捉对儿厮杀。（明·罗贯中《三国演义》）

（160）是必等他两个对一对局，定个输赢来我们看一看，也是着实有趣的事。（明·凌濛初《二刻拍案惊奇》）

（161）两条条，四面混汗龙；一对对，巴山白额虎。（明·罗贯中《五代秘史》）

例（157）的“面对面”是“A 对 B”构式的一个具体表现。在该构式中，“对”表示“朝向”“较量”之意，而前后的“A”与“B”既可以为同一事物也可以是不同事物，此期在大多数情况下，二者是相同的。[①] “A 对 B”构式整体表示参与者双方彼此相向，或者以物件相向。在具体语境中则或者表示参与者双方互相争斗，如本例（157），或者表示互相相向做其他事情，如例（162）。

（162）门旁一条大板凳上，两上庄丁面对面地骑马势坐着，中间摆了一碗酒一碗肉。（清·佚名《施公案》）

明代时期，“A 对 B”中的“A”“B”通常都是名词，后来功能发生扩展，出现了形容词的用法。如：

（163）你们黑对黑，是一对绝好夫妻。（清·佚名《说唐全传》）

例（158）的“对敌的”是“的”字短语的一个具体用例，其在语义上转指具有“对敌”性质的参与者，在本例中具体指“交战的人”。明清时期，还有

① “A”与“B”不同用例，如：“钯对刀，他入我四角，我四下不相粘……”（明·戚继光《纪效新书》）；“蓝对白，黑对红，鹅黄对魏紫，绿柳对青葱”（明·罗懋登《三宝太监西洋记》）。

“者”字短语的使用，如：

(164) 今古怪事堪作对者，何所不有。（明·沈德符《万历野获编》）

例（164）中的“作对者”就是“作对的”“配对成双”的意思。与“的”字短语相比，“者”字短语文言色彩更浓，更具有书面语色彩。

例（159）的“捉对儿”就是“捉对”的意思。据王媛媛（2007）等的研究，汉语儿化现象早在唐宋时期便已出现。明清时期这一用法更为普遍，还出现了短语“A对A”的儿化现象，这使得该类短语带有“儿”化所特有的轻松或小巧可爱之意。如：

(165) 拿住些文武百官，叫他领出番王来，一个个面对面儿，口对口儿，只是一个不吭气。（明·罗懋登《三宝太监西洋记》）

(166) 殷氏以小杯拼大杯，有时口对口儿送饮，有时坐在大雄怀中劝吃。（清·李百川《绿野仙踪》）

例（160）的“对一对局”是“对局”这一支配式复合词（VN）通过重叠动词（V）而得到的“V一VN”型短语。因为该短语的“短时”“尝试”义主要通过重叠构式“V一V”来表达，因此我们将其放在三字短语中讨论。

例（161）的“一对对”是重叠构式“一AA”的具体表现，其表达出了该构式所具有的“数量多”的构式义。

8.4.2.3.2.2 双音交互短语

明清时期，“对”的两字短语数量较多，但是每一种短语的使用频率均不高，主要有对山、对和、对邻、对立、面对和对职等。略举数例如下：

(167) 隐隐望见对山一老叟扶杖而来，形容甚异。（明·罗贯中《三国演义》）

(168) 紫粉（缥红色，贵重者用胡粉、银朱对和，粗者用染家红花滓汁为之。）（明·宋应星《天工开物》）

(169) 梅敬道：“生员对邻果有一人名唤康七。”（明·安遇时《包公案》）

(170) 我本与他对职的，止有那下面站的小土地，才受他的节制。（明·罗懋登《三宝太监西洋记》）

(171) 娶妻王氏，姿色非凡，颇称当对。家私富裕，多亏那王氏守把。（明·凌濛初《初刻拍案惊奇》）

(172) 倘是果真，明日互对之时，你将此事一一详说，看他父亲如何处置，我必拘他女来对证。（明·安遇时《包公案》）

(173) 南兵本等强梁无对，况兼深入我的藩篱，怎么得他退去。（明·罗懋登《三宝太监西洋记》）

例(167)的定中短语“对山”中，“对”是“对面”的意思，相似的短语还有对湖、对楼、对溪、对河等。[①] 例(168)的状中短语“对和”为“互相掺和”之意，其中，“对”为“互相”的意思。相似的短语还有对拜、对试、对战等。[②] 例(169)的“对邻”为“对面邻居”之意，相似的短语还有“对居”。[③] 例(170)的“对职”是“职务相当”之意，相似的短语还有“对品”等。[④] 例(171)的“当对”是“门当户对”的藏词。例(172)的“互对”为“互相对证”之意。例(173)的“无对”是“没有对手”之意。

除了上述的短语外，此期较为常见的“对”字二字短语还有对立、面对、对哭、对礼等。如：

(174) 海洋中间两山对立，一个东，一个西，就象天竺山形，故此叫做东西竺。（明·罗懋登《三宝太监西洋记》）

(175) 初时也将言语支吾，却被吕大在旁边面对，知县又用起刑来，只得一一招承。（明·凌濛初《初刻拍案惊奇》）

---

① “对湖”的用例，如“陈秀才有两个所在：一所庄房，一所住居，都在秦淮湖口；庄房却在对湖”（明·凌濛初《初刻拍案惊奇》）。

“对楼”的用例，如“贾秀才走到后窗缝里一张，见对楼一个年少妇人坐着做针指，看光景是一个大户人家”（明·凌濛初《初刻拍案惊奇》）。

“对溪”的用例，如“奔到一条溪边，军马都且去吃水，只听得对溪一声炮响，箭矢如飞蝗一般射将过来”（明·施耐庵《水浒传》）。

“对河”的用例，如“他家住对河竹漪内，可过桥到车篷转弯，便是单家也”（清·汪寄《海国春秋》）。

“对船”的用例，如“对船上头目，看见李俊等船上并无军器，因此就不放箭”（明·施耐庵《水浒传》）。

② “对拜”的用例，如“国壁亦与对拜了几拜，妹夫、大舅相称”（清·佚名《海公大红袍传》）。

“对试”的用例，如“比枪，先单枪试其手法、步法、身法、进退之法；复二枪［对］试，真正交锋”（明·戚继光纪效新书）。

“对战”的用例，如“阙见西门势头更急，心知寡不敌众，便督敢死士三千，出城与陈友谅对战”（明·无名氏《皇明英烈传》）。

③ “对居”的用例，如“在下与皇孙公馆对居，有事必与吾说，吾亦尽知其详”（明·余邵鱼《周朝秘史》）。

④ “对品”的用例，如“成化丁未年，太宰李裕始奏设才力不及一条，对品调用”（明·沈德符《万历野获编》）。

（176）即令人取莫怀古夫妇至，彼此相持对哭。（清・佚名《海公大红袍传》）

（177）是时，谅祚使石方入献，称宣徽南院使，欲与辽使对礼，礼官不可。（清・吴广成《西夏书事》）

（178）郭起凤见人已来齐，有了防备，后又蹿上墙头，向前赶去，但见大堂外面兵刃声音，在那里恶对。（清・佚名《施公案》）

（179）紫鹃忙往外走，和李纨走了个对脸。（清・曹雪芹《红楼梦》）

（180）劈牌定对的好汉在那房里安歇？（明・施耐庵《水浒传》）

例（174）的“对立”是“相对而立”的意思，表达的是空间交互关系；例（175）的“面对”是“当面对质”之意；例（176）的“对哭”是“相对而哭”的意思；例（177）的“对礼”为“对等礼仪”之意；例（178）的“恶对”意为“恶斗”；例（179）的“对脸”是“脸对脸”的意思；例（180）的“定对”为“确定比试较量”的意思。

8.4.2.4　“对”独用表交互

明清时期，“对”也常常以单音节词的形式充当各类句法成分，其表达交互关系的语义也比较丰富。

8.4.2.4.1　作谓语

明清时期，“对”作为单音节动词充当谓语表达交互关系的情况仍然普遍，表现为语义丰富以及使用频率高。

（181）有几个伶透的，见了他们对了口，怕又生事，都拿起脚来各自走开了。（清・曹雪芹《红楼梦》）

（182）或者不拘那里天缘有在，等待依心像意寻个对得我来的好女儿为妻，方了平生之愿。（明・凌濛初《二刻拍案惊奇》）

（183）似此等军马为前部，与吾对敌，正如驱羊与虎豹对也！（明・杨尔增《两晋秘史》）

（184）也有饶六七子的，也有饶四五子的，最少的也饶三子两子，并无一个对下的。（明・凌濛初《二刻拍案惊奇》）

（185）众人道：“说不得，自到当官去对。”（明・凌濛初《初刻拍案惊奇》）

（186）他太欺心，我饶他不过，今日合他对了命罢！（清・西周生《醒世姻缘传》）

(187) 众人动手，将夹棍收的对了头，见思敬已死过去。(清·李百川《绿野仙踪》)

(188) 看着湖心亭上，有匾额曰“南湖”，与北山亭遥遥正对。(清·夏敬渠《野叟曝言》)

(189) 当得意时慢开口，当失意时慢开口；与气味不投者对慢开口，与性情相投者对慢开口。(清·文康《儿女英雄传》)

单音词“对”在例（181）中意为“较量”，在“对了口”的具体语境中则为“斗嘴、吵架”的意思；在例（182）中为“匹配”的意思；在例（183）中为“敌对、作对”之意；在例（184）中意为“匹敌、抗衡”；在例（185）中意为“对质”；在例（186）中为“抵换”之意；在例（187）中意为“靠、交接”；在例（188）中意为“相向”；在例（189）中为意为“酬答、交谈”。

8.4.2.4.2　作状语

“对”单独作状语表达交互关系的情况在明清时期不少见，但其语义相对简单，最常见的是“互相”和“面对面、相向”。虽然如此，这两种语义的用例却很多，很灵活。这种活跃的情况一直延续到现代汉语中。

(190) 三太子听见叫个女将和他对射，他心上好笑又好恼。(明·罗懋登《三宝太监西洋记》)

(191) 飘摇纸带，尽写着梵字金言；绰约冥童，对捧着银盆绣。(明·凌濛初《初刻拍案惊奇》)

状语“对”在例（190）中为“互相”之意；在例（191）中为“相向、面对面”的意思。

8.4.2.4.3　作宾语

单音交互词“对”充当宾语时，用例也不多，其意义为“成对成双的人或物”，在具体语境中则意为“匹偶”“伙伴”或“对联”等。如：

(192) 雌雄拆对不相呼，子母分离难叫唤。(明·吴承恩《西游记》)

(193) 原来刘先锋、王应袭俱有万夫不当之勇，况兼又是两个人成了双，作了对，有照管，有互换，放心大胆，拿定要捉那个番官。(明·罗懋登《三宝太监西洋记》)

(194) 乃魏之名将，有万夫不当之勇，恐汝非其对也。(明·罗贯中《隋唐野史》)

(195) 一日媚娘正在佛堂内看怀清写对。(清·褚人获《隋唐演义》)

例(192)的"对"意为"配偶";例(193)的"对"意为"伙伴";例(194)的"对"意为"敌手、对手";例(195)的"对"意为"对联、对子"。

8.4.2.4.4 其他

明清时期,单音词"对"在表达交互关系时很少单独充当定语、补语等其他句法成分。例(196)中的"对"作定语,为"交战、对阵"之意。

(196) 对时拨转马头,诈败下阵而去。(明·罗懋登《三宝太监西洋记》)

第 9 章
结语

9.1 明清交互表达的层级

交互关系普遍存在于人与人、人与物、物与物之间，也普遍存于语言的各个意义范畴之内。就汉语而言，交互关系不仅存在于人类指代表达和言语交际上，还存在于人类的行为举止和客观的时空上等。正是因为在人类认知世界内的广泛存在，人们必须使用各种语法单位来表达各级各类交互关系。汉语中语素、词、短语和句子四级语法单位各个层面均可以表达交互关系。

9.1.1 明清交互关系的词法表达

通常在排除外来音译词和拟声词等的情况下，汉语一个音节就是一个汉字，也是一个语素。上古汉语时期单音节词占统治地位，一个汉字就是一个语素，也是一个词。这个时候，语素的交互义就是单音节词的交互义。

中古以后，汉语双音节词占统治地位，因而在更多的情况下，语素的交互义只有通过其构成的词语来表达。大多数情况下，这种表达比较顺畅，语素的交互义与词的交互义是统一的。例如，“互”具有“相互”和“交错”等交互性语素义，明清时期以它为核心语素的复音词中，这些交互义就得到了比较好的表达，如“互换”中的“互”就是交互义，而“错互”中的“互”就是交错义。此时，语素义其实就是通过词来表示的。

另外，特别要注意的是，语素是一个语法结构单位，不能独立运用，它的交互义要通过词来表达。因此，词法范畴所包含的语素和词两级单位中，表达交互关系的其实只有交互性词。

通过考察我们发现，明清交互词的交互义大致有以下几个来源。

首先，来自字体构形本义的预设。根据我们前文的考察，出现时代早并且通过构形表达的造字本义就隐含有交互关系的单音词“互”和“交”等。[①]“互”的造字本义是带有交错外形特征的“收绳器”，后来“互”演变为标记交互关系的交互标记。“交”的造字本义“交胫也”，指的是小腿相交的动作，后来“交”伴随着功能扩展演变为表示带有交互关系的动作和行为。

其次，来自核心构词语素本义的引申。有的构词语素在造字之初没有表达交互义，但是在长期的使用过程中通过引申，最终产生了交互义用法。例如，“相”在造字之初表示“省视、查看”的意思，后来在《诗经》时期引申出了明确地表示互指的交互义用法。通观本书的考察，引申产生交互义的方式有三种：第一，最常见的通过转喻扩展功能，从而引申产生交互义。例如，“联”本义为非交互的“连属、连接”义，两汉时期扩展出“连结”“联合”等交互义用法。第二，通过隐喻引申出交互义。例如“彼此”，最初指示空间的远近两端，后通过隐喻功能扩展，引申出指代事件参与者双方的用法，这一用法就常常用于表示交互关系。第三，通过假借引申出交互义。例如，“离”本指“捕鸟的网”，后来假借表示具有空间交互关系的“距离”义。

最后，通过逆向构词而来。通过逆向构词产生新词新义的例子极为罕见，“商”是唯一的例子。“商”最初没有“商量”等交互义用法，直到唐宋产生“商量”“商榷”等交互义双音词后，逆向产生表交互关系的单音词“商”。（张雁，2004）

9.1.2 明清交互关系的句法表达

明清时期，交互关系还可以通过短语和句子等句法单位来表示。根据是否包含表达交互关系的词或语素，我们可以将表达交互关系的短语分为两类：一类是“成分交互义”短语。此类短语的构成成分中有表达交互关系的词或语素，如“挨肩擦背”“交杯换盏”“相对”等短语中，带有“挨”“交”“换”和“相”“对”等具有交互义的词或语素。另一类是“结构交互义”短语。此类短语内部没有表示交互关系的组成成分，但是其短语的结构所带有的结构义（构式义）中蕴涵了交互关系。如反复体构式“V 来 V 去”中没有表示交互义的短语结构成分，但是在特定语境下可表示交互义。[②]

---

① 除了“交”“互”外，本义中就隐含有交互关系的还有“並”“议”和“谈”等。不过，“谈”和“议”出现的时代太晚，其字形的形体构造中没有隐含交互义。因此，在本书所考察的范围内，真正从字形结构中隐含交互义的只有“互”“交”和“並”。

② 见刘云峰、石锓（2020）。

同样，根据内部有无表示交互关系的结构成分，句子也可以分为带交互义成分的“成分交互义”句子，以及不带交互义成分的“结构交互义”句子。如：

（1）上下之分既明，事使之义斯定。（明・罗懋登《三宝太监西洋记》）

（2）巍峨阙殿隐灵谷，星列辰分环辇毂。（明・罗懋登《三宝太监西洋记》）

（3）两个秀才见说了，吓得魂不附体，你看我，我看你，一时做不得声。（明・凌濛初《二刻拍案惊奇》）

例（1）的“分”为“区别”义，例（2）的“分”为“不聚在一起”的“分开”义。上述两例中的“分”分别表达了“上”与“下”，“星辰”与“星辰”之间的交互关系。这两例就是具有“成分交互义”的交互句。例（3）中的“你看我，我看你”中没有表达交互义的句内成分，但是前后两部分构成所属的回环句构式构成了表达交互关系的结构义，只要进入“AVB，BVA”回环构式，就能表达参与者“A”与“B”之间的交互关系。因此，例（3）是“结构交互义”的交互句。

限于笔者的学识和时间精力，明清交互关系句法表达的诸多形式中，本书仅仅讨论了部分“成分交互义”交互短语，其他部分只能留待将来。

9.1.3　交互表达显隐的语用制约

表达交互关系的各级语法单位中，除了不能独立使用的语素之外，其他三级语法单位（词、短语和句子）都至少有两种表达交互的方式：一种是通过内部具有交互义的成分来表达，另一种是通过其他方式（词义引申或结构表达式等）来表达。

当一个语法单位其内部的成分具有交互义，那么该语法单位是否一定表达了交互义呢？通过前文的考察，我们发现语法单位能否表达交互义要受到多方面的制约。这些制约条件除了交互义成分外，还包括句法成分之间的互相制约以及语用上的压制等。例如，有一些带有交互义的语素构在成词后，其交互义被压制而在词的使用中不再显现。如“分布”等词中，语素“分”仍然是带有交互关系的“分开”义，但整个词的表意重心在于表示“布置”义的“布”，“分”所表示的交互义便被压制，该双音词在通常情况下便没有了交互表达的功能。如：

（4）玄德观看江东艨艟战舰、旌旗甲兵，左右分布整齐，心中甚喜。（明・罗贯中《三国演义》）

例（4）的“分布整齐”事件参与者“左右”之间不存在相互依存的共事关系或其他的交互关系，因此句中的“分布”没有交互义。其实，即使在现代汉语中，“分布”也不是一个交互词。

同样，带有交互词语的短语和句子也未必一定就在短语或句子层面表达出了交互义，交互义能否得到表达也要受到具体语境等的制约。例如：

（5）你既是本领高强，再和我对面硬杀几十合。（明·罗懋登《三宝太监西洋记》）

（6）那虎见人欲来打它，便弃了羊，对面扑来。（明·罗贯中《五代秘史》）

“对面”本来是“面对面”的意思，是一个比较典型的交互词，明清时期经常作状语表示交互义，如例（5）。但是它作状语时，也还要受到主语及其后谓语的限制。例（6）中的谓语“扑”通常表示一方对另一方的动作，“扑”的主语为承前省略的“虎”，为单一的行为方，这些就决定了状语“对面”只能作非交互的“迎面”理解，而不是“面对面”。

除了交互词受语境制约而不表交互义外，交互短语受具体语境压制也可能不表交互义。如：

（7）狰狞隶卒挨肩立，蓬垢内囚徒侧目窥。（明·凌濛初《二刻拍案惊奇》）

（8）一个大儿子名询，年十六岁；一个女儿名涉姑，年十四岁；一个小儿子名咏，年十二岁；挨肩的三个儿女。（清·西周生《醒世姻缘传》）

“挨肩”本来是“肩并肩”的意思，是一个典型的空间交互义支配短语，如例（7）。但是在例（8）中，它由空间上的并列，通过隐喻投射转指时间上先后并列的几个儿女。人类认知的空间是三维平面，参与者之间可以有相互并列的情况，但是时间却只是一维线性的，只有先后没有并列。因此，受人类生活现实和人类认知的制约，“挨肩”在用于时间语境中的时候，便只能表示“连续、连串”的线性连贯义，而不能表达交互义。

9.2 构形核心义素与交互关系的表达

通过考察我们发现，明清汉语交互词语交互性的强弱[①]与否与其造字本义有密切的关系：通常某字的构形理据中里带有交互性义素的，在使用之初就表达了交互关系的字，在明清汉语中的交互性比较强，它们通常为典型的交互标记或交互词。那些构形理据中没有交互性义素，其交互义是在长期使用中通过引申而来的字，其在明清汉语中的交互性则往往较弱，它们表达的交互关系要么比较隐晦，要么就是该词具有多项语义功能，交互义只是其中一项。

在本文考察的范围内，造字之初的构形中有“互”“交”“並”等字带有交互性语义特征，而且它们的交互义出现极早。这几个字在明清汉语中表交互义的情况比较普遍，也比较典型。相对而言，其他功能相似的交互词在表达交互关系的时候则逊色一些。我们以“互”与“相”为例，比较说明它们在明清时期交互义表达上的强弱差异。

“互”和“相”通常都是充当状语修饰谓词，表达时间参与者间的交互关系。它们的运用范围广，表示交互义显豁，交互表达功能强大，因此被当作交互标记而被普遍接受。在现代汉语中，“相”比“互”更加口语化，使用的范围更广和频率更高，因此作为交互标记的认知度更高。但如果仔细分析，我们就会发现，在表达并标记交互关系这一方面，“互”比“相”更“专业”，典型性更高，交互性更强，可以从以下几方面得到表现。

首先，“互”的交互义是其造字本义中就有的，是本质性的语义特征，是骨子里带来的。“相”的交互义是后来引申出来的，非造字本义本身所固有的语义特征。

“互”最早字形为小篆的“彑”，本义为“收绳器”，字形也与“收绳器”的外形相像，其特点是“对称”和“交互”（苏杰，2001）。它最早的引申义也是指具有对称、交互特点的事物，如“互乡”　“牛牲之互”。[②] 因此，交互性是“互”字的本质属性。

---

① 交互性强弱不仅表现为其表达的交互义显豁还是隐晦，典型还是不典型，还表现为其表达交互关系的频率高低，如“互”几乎任何时候都表示交互关系，所以交互性强；而“错”“通”等在很多时候并不表交互关系，因此它们的交互性就弱。交互性强弱是一个相对的概念，也是一个连续统。

② 详情请参见本书第 3 章第 1 节。

“相”甲骨文为“”，为“目（眼睛）”看“木（植物）”之形，本义为“省视”。从字的构形上看，“相”字没有交互性的结构成分；它的本义也找不出与交互关系相关的语义特征。西周时期的《尚书》和《诗经》中，“相”字才引申出表示交互关系的互指和非交互的偏指用法。① 由此可知，交互义并非“相”字的本质语义特征。

其次，同是放在动词前构成“互 V”和“相 V”结构，前者表达的都是交互义，后者则有更多不确定性，既可以是表达交互义的互指用法，也可以是不表达交互义的偏指和递指等用法。如：

（1）作对成双的金瓜钺斧，行歌互答的玉笛鸾笙。（明·罗懋登《三宝太监西洋记》）

（2）到临邑地方，遇着赞画旧同僚，五军断事高巍，两个相向大哭。（明·陆人龙《型世言》）

（3）蒋日休相帮娘舅，发货上船，自家回在店中。（明·陆人龙《型世言》）

（4）着江夏侯护送岑伯颜为田州土官知府，职事传授于子孙，代代相继承袭。（明·陆人龙《型世言》）

例（1）的“互答”是“相互应答”之意，例（2）的“相向”则是“彼此面对”之意，二者表达的都是参与者之间的交互关系，表达的是交互义。例（3）的“相帮”指的是“蒋日休帮助他娘舅”，表示的是一方对另一方的单向行为义，不是交互义。例（4）的“相继”是“一代接一代”的意思，表示的是“递相”义，也不是交互义。

我们将它们放在相同的动词前，能更清楚地看出这种差异。

（5）两个互看间，忽见那女娘眉抒柳叶，唇绽樱桃，微微的一笑。（清·李百川《绿野仙踪》）

（6）今日多蒙大恩人另眼相看，谁知命蹇时乖，果然做了他乡之鬼。（明·凌濛初《初刻拍案惊奇》）

例（5）的“互看”为交互义，而例（6）的“相看”则是一方对另一方的单向义。“互 V”与“相 V”的这种交互关系表达的差异一直延续到现代汉语中，如互助—相助、互帮—相帮、互信—相信等都是前者表达交互关系，后者没有表达交互关系。

最后，除了放在动词前的用法外，“互”字还可以作动词，放在其他动词后并与之共同构成并列式短语，明清时期流传下来的这些短语已经凝固成具有强

① 详情请参见本书第 3 章第 2 节。

烈交互义的双音动词，如错互、参互、歧互、交互等。

(7) 故《战国策》说士或言鹄，或言鹤，交互不一，物同而音亦同也。(明·谢肇淛《五杂俎》)

(8) 其他家奴妇女一切招辞，牵连错互，虽胪列之以示天下，而手诏皆不及焉。(清·钱谦益《牧斋初学集》)

“相”字除了位于动词前的指代义用法外，也有其他用法。与“互”字不同的是，这些表示省视、查看、辅助等语义的其他功能无一例外都不能表示交互关系，不表交互义。例如，“相面”“相宅”“看相”等中的“相”就不能表示交互关系，没有交互义。其实明清时期指代功能的“相”与其他功能的“相”在读音上早已不同①，人们通常将它们看作两个不同的词。但是如果从来源上来看，二者还是有共同的语源②，只不过之间的引申关系已不很清晰。

综上所述，无论是位于 V 前，还是 V 后，“互”的交互义表达没有受到限制，是一个纯粹的交互标记。而“相”则不同，它的交互义表达的范围很小，是一个很受限的交互标记：只有位于 V 前，表示互指的时候才能表达交互关系，其他时候均不表示交互义，不能标记交互关系。

与“互”的交互性强于“相”类似，“交”的交互性要强于同样表示行为举止交互的动词“错”和“换”等。这与“交”字构形上就带有交互语义特征息息相关，构形上的特征使得交互性成为“交”等字的内在本质语义特征，而这些特征通常会在以后的发展演变中继续保留下来。其他构形上没有交互性特征的，其交互义表达就会受到很大限制，从而在典型性上与前者有着不小差距。

---

① 《广韵》中“相”就有平声“息良切”和去声“息亮切”两种读音的区别。到了明代，《洪武正韵》中指代义的“相”归入“阳”韵，表示省视、查看等动词性非交互义的“相”归入“漾”韵，二者区分明显。

② 可参看杜桂林（《古代汉语“相 V”句式之研究——兼论“相”字词类之归属》，《宁夏大学学报（社科版）》1987 年第 2 期，21—29 页）、梁梅（《浅谈古汉语中“相”的演化过程》，《广西师院学报（哲社版）》1994 年第 4 期，79—82 页）、李润（《论“相＋动词＋宾语”结构与“相”的词性》，《古汉语研究》2007 年第 2 期，63—68 页）、雷瑭洵（《上古汉语“相”的音义关系》，《国学学刊》2015 年第 3 期，97—108 页）。

参考文献

［1］白丁．副词连用分析［J］．中南民族学院学报，1986（3）：55-61.

［2］曹炜．近代汉语并列连词“并”的产生、发展及其消亡［J］．语文研究，2003（4）：37-39.

［3］曹志国．从语音角度看“相”和“厮”的关系［J］．台州学院学报，2010（4）：50-53.

［4］董秀芳．古汉语中偏指代词“相”的使用规则［J］．四川大学学报（哲学社会科学版），2001（2）：134-141.

［5］董志安．诗经词典［Z］．济南：山东教育出版社，1989.

［6］冯胜利．论汉语的“韵律词”［J］．中国社会科学，1996（1）：161-176.

［7］冯胜利．汉语的韵律、词法与句法［M］．北京：北京大学出版社，1997.

［8］公炎冰．古诗中“连”之词义汇释［J］．楚雄师专学报，1999（4）：67-70.

［9］古川裕．“变化”事件的两种认识及句式特点［J］．汉语学报，2009（4）：23-30.

［10］管燮初．西周金文语法研究［M］．北京：商务印书馆，1981.

［11］郭齐．连词“并”的产生和发展［J］．汉语史研究集刊，2000（00）：19-35.

［12］黄河．常见副词共现时的顺序［G］//缀玉集．北京：北京大学出版社，1990.

［13］黄征．敦煌字诂——“並”“并”“併”考辨［J］．南京师大文学院学报，2000（4）：44-51.